Jörn Oldenburg

Lebensstrategien

Entscheidungs- und Organisationstheorie

Herausgegeben von Prof. Dr. Egbert Kahle

Die Schriftenreihe soll Forschungsergebnisse aus den Bereichen Entscheidungstheorie und Organisationstheorie einschließlich der damit verbundenen Problemfelder Kommunikation, Wahrnehmung, Unternehmenskultur, Unternehmensethik und Unternehmensstrategie vorstellen und – über Einzeldarstellungen hinaus – den Gesamtzusammenhang der Probleme und Lösungsansätze vermitteln. Der ausdrückliche Theoriebezug schließt dabei eine konkrete Praxisorientierung im Einzelnen mit ein.

Jörn Oldenburg

Lebensstrategien

Ein Simulationsmodell zur Früherkennung von Suizidalität und Optionen zur Stärkung der Lebensfähigkeit

Mit Geleitworten von Prof. Dr. Egbert Kahle und Prof. Dr. Ute Lockemann

Deutscher Universitäts-Verlag

Bibliografische Information Der Deutschen Nationalbibliothek
Die Deutsche Nationalbibliothek verzeichnet diese Publikation in der Deutschen Nationalbibliografie; detaillierte bibliografische Daten sind im Internet über <http://dnb.d-nb.de> abrufbar.

Dissertation Universität Lüneburg, 2007

1. Auflage September 2007

Lektorat: Frauke Schindler / Britta Göhrisch-Radmacher

Der Deutsche Universitäts-Verlag ist ein Unternehmen von Springer Science+Business Media.
www.duv.de

Umschlaggestaltung: Regine Zimmer, Dipl.-Designerin, Frankfurt/Main
Gedruckt auf säurefreiem und chlorfrei gebleichtem Papier
Printed in Germany

ISBN 978-3-8350-6091-3

Wie jede Blüte welkt und jede Jugend
Dem Alter weicht, blüht jede Lebensstufe,
Blüht jede Weisheit auch und jede Tugend
Zu ihrer Zeit und darf nicht ewig dauern.
Es muß das Herz bei jedem Lebensrufe
Bereit zum Abschied sein und Neubeginne,
Um sich in Tapferkeit und ohne Trauern
In andre, neue Bindungen zu geben.

Und jedem Anfang wohnt ein Zauber inne,
Der uns beschützt und der uns hilft, zu leben.

Wir sollen heiter Raum um Raum durchschreiten,
An keinem wie an einer Heimat hängen,
Der Weltgeist will nicht fesseln uns und engen,
Er will uns Stuf' um Stufe heben, weiten.
Kaum sind wir heimisch einem Lebenskreise
Und traulich eingewohnt, so droht Erschlaffen,
Nur wer bereit zu Aufbruch ist und Reise,
Mag lähmender Gewöhnung sich entraffen.
Es wird vielleicht auch noch die Todesstunde
Uns neuen Räumen jung entgegen senden,
Des Lebens Ruf an uns wird niemals enden…
Wohlan denn, Herz, nimm Abschied und gesunde!

(Hermann Hesse, Stufen 1941)

Bild: „Requiem“ (Noah Wunsch 2005);
„Requiem aeternam dona eis, Domine = Herr, gib ihnen die ewige Ruhe.“ (Duden 5)

Geleitwort

Die vorliegende Arbeit über die Früherkennung von Suizidalität und Optionen zur Stärkung der individuellen Lebensfähigkeit mit Hilfe eines Simulationsmodells erweitert den Kontext dieser Reihe um eine bedeutsame und weiterführende Facette, die sich mit verschiedenen in dieser Schriftenreihe erschienene Arbeiten zu organisationstheoretischen Grundlagen verbinden lässt.

Die Bedeutung des Themas liegt auf der Hand: Die Todesursache „Suizid" ist häufiger als Verkehrsunfall, Aids, illegale Drogen und Gewalttaten zusammen, wie nachweisbar ist. Der Transfer des innovativen Ansatzes von VESTER als eine Form systemtheoretischer Analyse von Problemen, die bisher vor allem auf ökonomische oder politische Probleme angewendet wurde, auf ein medizinisch-menschliches Problem stellt eine nicht zu unterschätzende innovative Leistung dar.

Aus dem systemtheoretischen Konzept heraus wird erkennbar, dass für die systemische Analyse der Suizidalität der Aspekt der Früherkennung von besonderer Bedeutung für eine tragfähige Lösung ist und dass deshalb ein Früherkennungssystem verwendet werden sollte. Entscheidend für die erfolgreiche Bearbeitung des Problems ist die Entwicklung und Betrachtung von Wirkungsgefügen, wie sie in verschiedener Form entwickelt wurden. Forschungsökonomisch war es sinnvoll, sich eines Modells zu bedienen, dessen instrumentelle Anwendung ausgereift ist. Die wichtigsten Schritte des Sensitivitätsmodells von VESTER werden vorgestellt und gewürdigt. Für alle vorgestellten Elemente des Systems werden aus der Literatur die inhaltlichen Zusammenhänge erfasst und im Anhang als Wirkungsfunktionen mit unterschiedlichen Verläufen dargestellt.

Die Simulation der Verläufe zeigt äußerst interessante Ergebnisse und bestätigt, dass die systemische Analyse und Simulation eine – und wahrscheinlich die einzige – Möglichkeit ist, derartige komplexe und zeitlich-kausale Verknüpfungen sachgerecht zu erfassen.

In der Arbeit konnte gezeigt werden, dass das multikausale Phänomen Suizid sich einer systemischen Analyse unterziehen lässt, in der differenzierte Aussagen und Prognosen der Reaktion auf bestimmte Veränderungen der Situation und/oder des

Verhaltens von Individuen getroffen werden können. Es wurde damit ein Instrument geschaffen, das es den Fachleuten erlaubt, gezielt Eingriffe in Situationen oder Verhaltensweisen von Suizidgefährdeten vorzunehmen und deren Ergebnisse im Vorhinein simulativ zu bewerten. Damit ist ein wesentlicher Baustein für die interdisziplinäre Forschung in diesem Feld geleistet.

Ich wünsche der theoretisch weiterführenden und für die Praxis anwendbaren Arbeit von Herrn Oldenburg die verdiente positive Aufnahme bei Lesern aus Theorie und Praxis.

Professor Dr. Egbert Kahle
Universität Lüneburg
Institut für Betriebswirtschaftslehre

Geleitwort

Herr Oldenburg hat ein sehr wichtiges und hochaktuelles Thema von hoher Praxisbedeutung mit interdisziplinärer Methodik bearbeitet. Sowohl aus psychologischer und psychotherapeutischer als auch aus medizinischer (und hier insbesondere rechtsmedizinischer) Sicht ist der Suizid als Akt der Selbstvernichtung die Endstation einer für den Suizidenten unerträglich und ausweglos erscheinenden Lebenssituation. In der medizinischen Literatur finden sich diverse Abhandlungen und Studien zum Suizidgeschehen, zur Ursachenforschung, zu Versuchen der – überwiegend monodirektionalen – Vorbeugung, zum Umgang mit Beinahe-Suizidenten sowie zum Umgang mit Hinterbliebenen.

Mit der hier vorliegenden Studie wird das Thema der Suizidvorbeugung erstmals auf überraschend originelle Weise unter systemtheoretischen Aspekten untersucht, wobei es Herrn Oldenburg sehr elegant gelungen ist, fächerübergreifend Modelle von Früherkennungssystemen aus der Betriebswirtschaft auf das psychologisch-medizinische Phänomen des Suizids zu übertragen.

Vor der Grundidee, dass die heutige Welt als unabdingbare Fähigkeit von den Menschen verlangt, vernetzt zu denken, Dinge nicht isoliert zu betrachten und zu optimieren, sondern die Wechselwirkungen hinter den Dingen als entscheidend zu erkennen und zu akzeptieren, liefern die Computersimulationen sehr interessante Ergebnisse. Dem Leser der klar gegliederten und logisch aufgebauten Studie wird schnell deutlich, wie befruchtend und horizonterweiternd ein interdisziplinärer Diskurs sein kann.

Prof. Dr. med. Ute Lockemann
Universitätsklinikum Hamburg-Eppendorf
Institut für Rechtsmedizin

Inhaltsverzeichnis

Abbildungsverzeichnis

1 Problemstellung

„Ökonomie ist die Kunst,
das Beste aus dem Leben zu machen.“
(George Bernhard Shaw)[1]

Oberstes Ziel eines Lebewesens ist die Sicherstellung des eigenen Überlebens, in der Sprache der Systemtheorie der „Viabilität“ (vgl. Abschnitt 3.2.3). Das ist nicht immer einfach, und nicht wenige scheitern an der oben zitierten Kunst des Lebens. In Deutschland sterben jedes Jahr nach offiziellen Angaben etwa 12.000 Menschen durch Suizid. Das sind mehr Tote als durch Verkehrsunfälle, Aids, illegale Drogen und Gewalttaten zusammen.[2] Zusätzlich kann von einer hohen Dunkelziffer ausgegangen werden.[3]

„Selbstvernichtung aber ist ein Signal für Probleme ganz anderer Größenordnung. Auf jeden Selbstmord kommen Hunderte tief verzweifelter Menschen und Tausende, die still ein geschädigtes Leben führen.“ (Schmidtchen 1989, 10f.). Schätzungen[4] kommen auf weit über 100.000 behandlungsbedürftige Suizidversuche pro Jahr. Wenn man typische Vorläufer einer Suizidhandlung, wie harten Drogenkonsum, Depression oder Mobbing, mit berücksichtigt, wird über die persönlichen Schicksale hinaus das Ausmaß an volks- und betriebswirtschaftlichen Schäden deutlich, das durch nicht mehr arbeitsfähige Menschen und hohe Gesundheitskosten verursacht wird.

Mediziner, Psychotherapeuten und oft auch Psychologen werden meist erst nach einer Suizidhandlung konsultiert. Doch wenn ‚das Kind schon in den Brunnen gefallen ist‘, ist der Therapieerfolg in der Regel sehr begrenzt, wie Götze, Leiter des The-

---

[1] Zit. in: Becker (1993, 1).

[2] Verkehrsunfälle: 5.458 Tote, AIDS: 491 Tote, illegale Drogen: 1.835 Tote, Gewalttaten: 2.641 Tote (Fiedler 2007; auf Datenbasis des Statistischen Bundesamtes 2001-2005 und des Bundeskriminalamtes 2001).

[3] „Die offiziellen Angaben über Suizide unterschätzen die tatsächliche Zahl. Es kann von einer hohen Dunkelziffer ausgegangen werden. Unter den Todesarten Verkehrsunfälle, Drogen und den unklaren Todesursachen dürfte sich noch ein erheblicher Anteil nicht erkannter Suizide verbergen. … Die Daten des Statistischen Bundesamtes können deshalb als eine sehr konservative Schätzung der tatsächlichen Anzahl der Suizide gewertet werden, die um mindestens 25% höher angenommen wird.“ (Fiedler 2005, 1).

[4] Aus datenschutzrechtlichen Gründen gibt es in Deutschland keine offizielle Erfassung.

rapie-Zentrums für Suizidgefährdete am Universitätsklinikum Hamburg-Eppendorf, bestätigt: „Heute gilt unverändert die gleiche Faustregel wie vor fünfundzwanzig Jahren: Nach einem Suizidversuch begeht jeder dritte mindestens einen weiteren und jeder zehnte stirbt durch einen Suizid.“ (TZS 2006[5]).

Mehr Erfolg könnten Ansätze versprechen, die suizidale Tendenzen frühzeitig erkennen. Dieser Problemstellung widmet sich die vorliegende Untersuchung.

Parallele aus der Betriebswirtschaft

Die Arbeit wurde aus betriebswirtschaftlicher Perspektive verfasst, insbesondere aus Sicht der systemorientierten Entscheidungstheorie.

Ähnlich wie einzelne Menschen sind in Deutschland jedes Jahr etwa 30.000 Unternehmen durch Insolvenz vom ‚Sterben‘ bedroht.[6] Hier versuchen Insolvenzverwalter in zahlungsunfähigen Unternehmen die bereits entstandenen Schäden zu begrenzen – meist mit bescheidenem Erfolg. Um nicht erst in der schweren Krise zu reagieren, sondern „proaktiv Risiken und Chancen zu erkennen und Maßnahmen zu ergreifen, die eine zielorientierte Gestaltung ermöglichen, ist es erforderlich, die Zukunft systematisch auf solche Risiken und Chancen hin zu erforschen“ (Kahle 2006, 333). Hierfür bietet die Betriebswirtschaftslehre so genannte Früherkennungssysteme an. Sie sollen frühzeitig Signale senden, um Defizite zu erkennen und auszugleichen, bevor sie sich zu einem Berg von kaum lösbaren Problemen aufschaukeln.

1.1 Ziel und Vorgehen

Diese Arbeit versucht, in der Betriebswirtschaftslehre bewährte Ansätze und Verfahren zu nutzen, um nach ökonomischem Vorbild ein individuelles System-Modell zur Früherkennung von Suizidalität zu entwickeln,

- das zunächst hilft, den aktuellen Gesamtzustand einer Person zu erfassen – mit ihrem emotionalen und körperlichen Befinden sowie dem sozialen, familiären und materiellen Umfeld,

---

[5] Internetquelle ohne Seitenangabe (URL und Stand: s. Literaturverzeichnis).

[6] Unternehmensinsolvenzen im Jahr 2006 (Statistisches Bundesamt 2007).

- das beschreibt, wie es – meist im Zusammenwirken mehrerer Faktoren – zu Suizidalität kommen kann und
- das durch Simulationsmöglichkeiten Unterstützung anbietet, um rechtzeitig und quasi spielerisch zu lernen, knappe menschliche Ressourcen – wie Geld, Zeit und Aufmerksamkeit – so sinnvoll zu verteilen, dass die Lebensfähigkeit eines Menschen langfristig gestärkt wird und suizidale Tendenzen rechtzeitig erkannt werden.

Aus Sicht der Suizidologie soll ein Erkenntnisgewinn beigesteuert werden, indem ein offenes, rekursives Modell erarbeitet wird, das versucht, Erklärungsansätze verschiedener Disziplinen zu integrieren, und das variabel ergänzt, geändert und verfeinert werden kann.

Aus Sicht der Betriebswirtschaftslehre, insbesondere der systemorientierten Entscheidungstheorie, soll ein wissenschaftlicher Fortschritt erzielt werden, indem ein Entscheidungsmodell erstellt wird, mit dem verschiedene Strategien zur Verteilung von knappen Ressourcen des komplexen Systems ‚Mensch' getestet werden können – mit dem Ziel, die langfristige Lebensfähigkeit sicherzustellen.

Um das Ziel der Arbeit zu erreichen, bietet sich folgendes Vorgehen an:
Vor Überlegungen zu einem Simulationsmodell ist es zunächst notwendig, den aktuellen Erkenntnisstand zum Suizidphänomen herauszuarbeiten. Mit den Erklärungsperspektiven der Hauptvertreter der Suizidologie aus den Disziplinen Medizin, Psychologie, Biologie und Soziologie beschäftigt sich **Kapitel 2**. Die Auswertung von Literatur und Studien ergibt eine umfangreiche Liste möglicher **Elemente** mit Einfluss auf Suizidalität, die in das spätere Modell zu integrieren sind.

Kapitel 3 spannt den gewählten systemtheoretischen Rahmen. Er hat zum einen integrativen Charakter, indem er durch die Bereitstellung eines neutralen einheitlichen Begriffsapparates Voraussetzungen für die interdisziplinäre Forschung und **Vernetzung** verschiedener Disziplinen bietet. Zum anderen stellt er geeignete Theorien zum Umgang mit komplexen multikausalen Systemen bzw. Problemen zur Verfügung, aus denen insbesondere in der systemtheoretisch orientierten Betriebswirtschaftslehre praktische Verfahren abgeleitet wurden.

Auf den Grundideen der Systemtheorien basieren auch modernere betriebswirtschaftliche Früherkennungssysteme, die **Kapitel 4** vorstellt. Besonders das *Sensitivitätsmodell Prof. Vester®* wird mit Erfolg in der betrieblichen Praxis eingesetzt, um ein Unternehmen zunächst in seiner Ganzheit kennen zu lernen, in einem Modell abzubilden und anschließend durch verschiedene **Simulationen** mögliche Gefahren und Chancen für ein Unternehmen – zum Beispiel durch gravierende Umweltänderungen – rechtzeitig zu erkennen und entsprechende Maßnahmen voraus zu planen.

Die **Integration** der vorausgegangenen Erkenntnisse erfolgt in **Kapitel 5**. Hierin wird das entwickelte System-Modell zur Früherkennung von Suizidalität beschrieben: Risiken, denen sich ein Mensch konfrontiert sieht, sollen rechtzeitig erkannt werden, bevor sie sich zu einem hohen Berg an Problemen auftürmen, unter dessen Last ein Mensch keinen anderen Ausweg erkennt, als sein Leben vorzeitig zu beenden. Darum liegt der Versuch nahe, das in der Wirtschaft erprobte Verfahren des *Sensitivitätsmodells Prof. Vester®* auf das System ‚Mensch' und hier insbesondere auf das Suizidphänomen zu übertragen.

In Simulationen werden verschiedene Handlungsstrategien unter verschiedenen Rahmenbedingungen auf ihre Stress- und Krisentauglichkeit getestet, mit dem Ziel, die individuelle Lebensfähigkeit zu stärken. Genauso wie für ein Unternehmen geht es dabei auch für einen Menschen nicht nur darum, Risiken zu vermeiden, sondern auch aktiv Chancen zu erkennen und wahrzunehmen. Um Chancen zur Weiterentwicklung zu nutzen, ist manchmal eine Krise sogar notwendige Voraussetzung, wie Fälle aus der Psychologie (Frankl 1980) und Pädagogik (Adl-Amini 2004) eindrucksvoll belegen. Hier schließt sich der Kreis zum systemtheoretischen Bezugsrahmen, der ähnliche Beispiele anbietet (Haken 1991).

Das **Schlusskapitel 6** diskutiert Ergebnisse und Grenzen des vorgestellten Modells. Es gilt, vorsichtig zu sein mit voreiligen Antworten, die aus dem Modell abgeleitet werden könnten. Denn trotz des interdisziplinären Ansatzes und des regen Austausches mit verschiedenen Experten beruht das Modell hauptsächlich auf der „subjektiven Wirklichkeit"[7] des Verfassers, und das könnte für ein Modell, das grundsätzlich für jeden Menschen gelten soll, etwas wenig sein. Und so versteht sich diese Arbeit auch keinesfalls als neuer Ratgeber für Psychologen und Mediziner im Umgang mit dem Suizidphänomen. Es sollen weniger vorgefertigte Antworten geliefert werden, als vielmehr ein mögliches Theoriegebäude und ein Verfahren zum Umgang mit dem komplexen System ‚Mensch', das sich im betriebswirtschaftlichen Anwendungsbereich bereits erfolgreich bewährt hat.

[7] Vgl. Abschnitt 3.2.2.

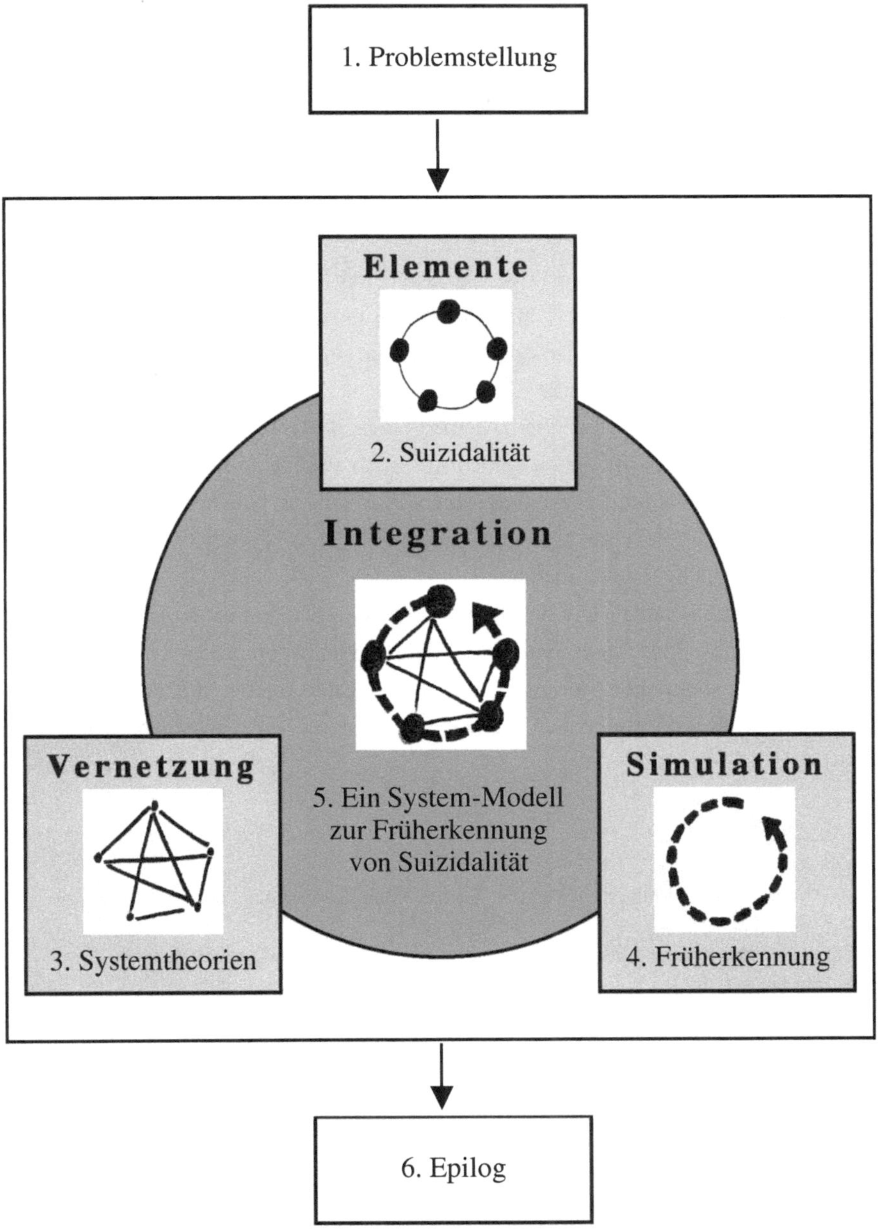

Abb. 1: Ablaufschema der Arbeit

1.2 Methoden und Grenzen

Zur für das Modell notwendigen Datensammlung wurden Studien, Literatur und Dokumentationen zu Symposien ausgewertet.[8]

Für den Aufbau des Modells wurden das lizenzierte Verfahren *Sensitivitätsmodell Prof. Vester®* genutzt und zwei Workshops mit Experten des Malik Management Zentrum St. Gallen durchgeführt.[9]

Die Überprüfung und regelmäßige Anpassung des Modells erfolgte anhand von eigenen Plausibilitätsprüfungen[10], Interviews von Experten verschiedener Fachdisziplinen[11], der Vorstellung im Doktorandenseminar und dem Besuch einer medizinischen Fachtagung zu Suizidalität[12].

Wegen der Breite des gewählten Themenfeldes, das verschiedene Wissenschaftsgebiete berührt, erhebt die Arbeit keinen Anspruch auf eine vollständige Darstellung der relevanten Studien und Forschungsergebnisse, sondern behandelt nur ausgewählte für das Modell relevante Aspekte der Suizidologie, Systemtheorie sowie der betriebswirtschaftlichen Krisenforschung.[13]

Das Simulationsmodell und der theoretische Rahmen sind ausgerichtet auf einen ursprünglich gesunden Menschen [Ausgrenzung von psychischen Krankheiten wie Borderline-Persönlichkeitsstörungen] aus dem deutschsprachigen Kulturraum. Religiöse, kulturelle und regionale Unterschiede werden ebenso wenig berücksichtigt

[8] Vgl. Kapitel 2.

[9] Vgl. Übersicht zu Verfahrensschritten in Kapitel 5 und Beschreibung des Sensitivitätsmodells in Abschnitt 4.3.

[10] Ist der Simulationsverlauf mit ‚gesundem Menschenverstand' nachzuvollziehen?

[11] Es wurden u. a. folgende Experten befragt: Prof. Dr. Ute Lockemann (Universitätsklinikum Hamburg-Eppendorf, leitende Oberärztin am Institut für Rechtsmedizin), Prof. Dr. Egbert Kahle (Universität Lüneburg, Dekan, Institut für Betriebswirtschaftslehre, Entscheidung und Organisation), Prof. Dr. Bijan Adl-Amini (Universität Kiel, Begründer der Krisenpädagogik), Dipl.-Geologin Gabriele Harrer (Malik Management Zentrum St. Gallen, Projektleitung Sensitivitätsmodell Prof. Vester), Dr. Karl-Heinz Oeller (Malik Management Zentrum St. Gallen, Geschäftsleitung Management, Cybernetics & Bionics), Dr. Martin Hohendorf (Studiendirektor i. R.).

[12] Medizinische Fachtagung „Suizidalität und Suizidprävention" in der Ärztekammer Hamburg am 27. 2. 2007.

[13] Weitere Gedanken und Beispiele zu Methoden und Grenzen werden in der Modellbeschreibung in Abschnitt 5.1 angeführt.

wie geschlechts- und altersspezifische Unterschiede, obgleich diese durchaus erheblich sein können.[14]

Keinesfalls erhebt das grobe Modell den Anspruch, einen Menschen in all seinen Facetten realistisch abzubilden. Es soll eher dazu anregen,

- den Menschen als Ganzes zu betrachten,
- die vielfältigen Vernetzungen zwischen verschiedenen Elementen spielerisch nachzuempfinden und so
- einen Beitrag zum interdisziplinären Austausch zu liefern, indem ein offenes, rekursives Modell vorgestellt wird, das variabel ergänzt, geändert und verfeinert werden kann.

Ein Computer-Simulationsmodell kann vielfältige Möglichkeiten eröffnen, am Computer verschiedene Situationen durchzuspielen. Auch das hier entwickelte Modell wird erst lebendig durch die Variation von Ausgangszuständen und externen Störgrößen, die individuelle Verteilung von Ressourcen und die anschließende Simulation von Systemabläufen, die zu einem veränderten Endzustand führt. Parallelen zum ‚echten Leben' sind vielleicht zu entdecken, die mit dem gesunden Menschenverstand nachvollzogen werden können. Erst das Spielen mit dem Systemmodell führt möglicherweise zu neuen Einsichten in System- bzw. Problemzusammenhänge und macht verborgenes Wissen deutlich, das oft zu intuitiv richtigen Entscheidungen führt, die später aber nicht erklärt werden können. Darum ist es schwierig, einen möglichen Sinn und Nutzen des Simulationsmodells in analoger schriftlicher Sprache zu beschreiben. Es soll im folgenden dennoch versucht werden.

---

[14] Beispiele für Studien, die sich diesen Unterschieden widmen, werden in der Übersicht in Abschnitt 2.3 genannt.

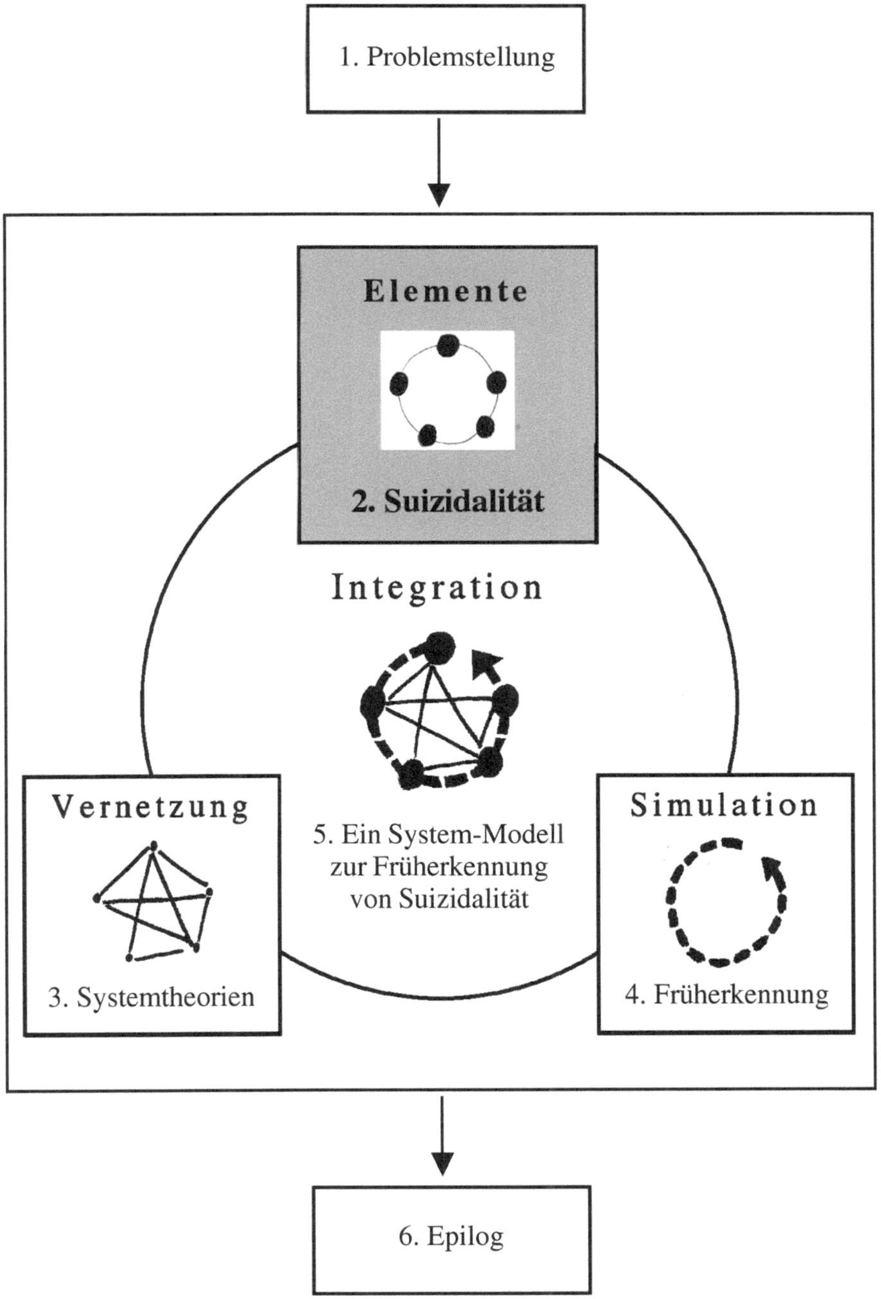
1. Problemstellung
Elemente
2. Suizidalität
Integration
Vernetzung
3. Systemtheorien
5. Ein System-Modell
zur Früherkennung
von Suizidalität
Simulation
4. Früherkennung
6. Epilog

2 Suizidalität

**„Der Selbstmord ist ein Ereignis der menschlichen Natur,
welches, mag auch darüber schon soviel
gesprochen und gehandelt sein als da will,
doch jeden Menschen zur Teilnahme fordert
und in jeder Zeitepoche wieder einmal verhandelt werden muß.“**
(Johann Wolfgang von Goethe)[15]

Der Suizid berührt schon lange das Forschungsinteresse verschiedener wissenschaftlicher Disziplinen. So versuchten und versuchen vorwiegend Mediziner, Psychologen, Psychoanalytiker und Epidemiologen aber auch Soziologen, Philosophen, Theologen und Biologen Erklärungs- und Verstehensansätze für die Suizidalität aus ihrer jeweiligen Perspektive zu entwickeln. „Heute ist daher eine Übersicht über die Publikationen zum Suizid kaum noch möglich, da diese zu zahlreich sind und das Gebiet zu unübersichtlich geworden ist.“ (Gerisch et al. 2006).

Im Rahmen und unter der Zielsetzung dieser Arbeit kann es nicht darum gehen, eine vollständige Übersicht über den aktuellen Stand der Suizidforschung zu liefern.[16] Hier sollen die etablierten Forschungsbereiche mit ihrer historischen Entwicklung und ihren aktuellen Hauptvertretern kurz beschrieben werden. Um den aktuellen Stand der Forschung zu gewährleisten, war die Dokumentation der Frühjahrestagung der Deutschen Gesellschaft für Suizidprävention im März 1999 hilfreich. Zum Thema ‚Entstehungsbedingungen für Suizidalität‘ wurden Referenten aus verschiedenen Wissenschaftsbereichen eingeladen, die „aufgrund ihrer jahre- bis jahrzehntelangen klinischen und wissenschaftlichen Erfahrungen kompetent über ihr Thema Auskunft geben konnten“ (Bronisch et al. 2002, V). Die Referenten sollten hierbei den auf empirischen Studien basierenden aktuellen Forschungsstand mit einer persönlichen Wertung vortragen.

---

[15] Zitat aus „Dichtung und Wahrheit“, zit. in: Janssen (o. J., 4). Goethe macht sich nicht zu Unrecht besondere Gedanken über das Suizidphänomen, wie Janssen (o. J., 4) zu bedenken gibt. Sein Werk „Die Leiden des jungen Werthers“ (1774) entfachte eine regelrechte „Suicid-Epidemie“, weshalb seine weitere Veröffentlichung damals u. a. von der dänischen Regierung untersagt wurde.

[16] Eine umfangreiche Literaturübersicht bietet die Dissertation von Schmidtke (1988).

Die Aktualität konnte am 27. 2. 2007 auf einer weiteren Fachtagung zum Thema Suizidalität und Suizidprävention überprüft werden, zu der das Institut für Rechtsmedizin am Universitätsklinikum Hamburg-Eppendorf führende Experten in die Ärztekammer Hamburg eingeladen hatte.

Aufbauend auf den Ergebnissen dieser Tagungen und der Auswertung aktueller wissenschaftlicher Arbeiten werden im folgenden die wichtigsten Begriffe und Erklärungsansätze für Suizidalität skizziert.

2.1 Begriffe

Während sich Motive und Anlässe für Suizidalität im Zeitablauf kaum gewandelt haben, wurde die Beurteilung einer Suizidhandlung immer wieder geändert, was sich auch in unterschiedlichen Begriffen widerspiegelt.

Suizid

Der aus dem Lateinischen stammende Begriff ‚sui caedere' [sich selbst töten] wird heute im englischen [suicide] und deutschen [Suizid] wissenschaftlichen Sprachgebrauch als wertfreier Begriff verwendet. Suizid beschreibt eine Handlung, mit der ein Mensch willentlich durch eigenes Tun seinen Tod herbeiführt.

Selbstmord

Der im Einflussbereich der christlichen Kirche entstandene Begriff ‚Selbstmord' drückt ein moralisches Werturteil aus, das die Selbsttötung als Mord ablehnt und verurteilt. In Deutschland waren Selbsttötungsversuche bis zum Ende des 18. Jahrhunderts strafbar, in Großbritannien noch bis in die 1960er Jahre. Heute werden in Deutschland die Begriffe Suizid und Selbstmord weitgehend synonym verwendet, wie die wertfreie Definition von Durkheim unterstreicht:
„Man nennt Selbstmord jeden Todesfall, der direkt oder indirekt auf eine Handlung oder Unterlassung zurückzuführen ist, die vom Opfer selbst begangen wurde, wobei es das Ergebnis seines Verhaltens im voraus kannte. Der Selbstmordversuch fällt unter dieselbe Definition, bricht die Handlung aber ab, ehe der Tod eintritt." (Durkheim 1999, 27).

Freitod

Der Begriff Freitod stellt die eigene Freiheit und Möglichkeit des Menschen heraus: Jedem ist es erlaubt, sein Leben frei zu gestalten und zwar soweit, dass auch der Tod als Ziel gewählt werden kann. Der Philosoph Amery (1976) definiert den Freitod „als letzte und höchste Möglichkeit des Menschen, seine individuelle Freiheit zu erleben und zu verwirklichen“[17]. Diesen allerletzten Entscheidungsfreiraum könne ihm auch unter extremen Bedingungen niemand nehmen. Dies unterscheidet den Menschen von anderen Lebewesen, die vermutlich keine Möglichkeit zur Ausschaltung des Überlebensinstinktes haben.

Kritiker aus dem psychiatrisch-medizinischen Sektor stellen die Möglichkeit der freien Willensentscheidung und damit auch den Begriff Freitod in Frage: „Die große Mehrheit aller Selbsttötungen wird in einer subjektiv hoffnungslos erscheinenden Situation unternommen, in welcher der Suizid als einzig möglicher Ausweg gesehen wird. Der oder die Betreffende handelt weder ‚frei‘ noch ‚willig‘.“ (Haenel 1989, 4).

Suizidalität

Das Therapiezentrum für Suizidgefährdete subsumiert unter Suizidalität „alle bewussten und unbewussten Gedanken, Phantasien, Impulse und Handlungen, die erwägen oder darauf gerichtet sind, den eigenen Tod herbeizuführen“ (TZS 2006). Wolfersdorf führt zusätzlich den Aspekt des passiven Unterlassens an: „Suizidalität meint die Summe aller Denk- und Verhaltensweisen von Menschen, die in Gedanken, durch aktives Handeln oder passives Unterlassen oder durch das Handeln lassen den eigenen Tod anstreben oder ihn als mögliches Ergebnis einer Handlung in Kauf nehmen.“ (1994, 47).

Umstritten ist, inwieweit indirektes selbstdestruktives Verhalten, wie starker regelmäßiger Alkoholkonsum, mit in diese Definitionen einbezogen werden kann.

Suizidversuch

Der Suizidversuch kann den Suizid zum Ziel haben, also die konkrete Absicht, sein Leben willentlich zu beenden. Er kann aber auch als Kommunikationsmittel dienen, indem er als Appell genutzt wird „mit dem mehr oder weniger bewussten Wunsch

[17] Zit. in: Saar (2005, 14).

nach Aufmerksamkeit, Zuwendung, Hilfe“ (Rachor 2002, 83). Damit ist der Suizidversuch auch eine Form der Kommunikation und Kontaktaufnahme mit dem so meist erreichbaren Ziel, Aufmerksamkeit zu bekommen.

Suizidrate

In Anlehnung an das Statistische Bundesamt beschreibt die Suizidrate den Anteil der Suizide auf 100.000 Einwohner. Im Jahr 2003 betrug die Suizidrate in Deutschland 13,5.

Suizidfeststellung

Bei jedem Todesfall soll grundsätzlich zunächst festgestellt werden, ob es sich um einen natürlichen Todesfall, einen Unfall, einen Mord [Homizid] oder Selbstmord [Suizid] handelt (Püschel et al. 1984).[18] Eine sichere Einordnung ist auch für die Rechtsmedizin oftmals nicht möglich (Sperhake/Schulz 1998, 28).[19]

Suizidformen (Janssen o. J., 1f.)

- Einfacher Suizid: Ein Mensch tötet sich selbst.
- Erweiterter Suizid[20]: Ein Mensch tötet andere Menschen, die er manchmal gar nicht kennt, und anschließend sich selbst [z. B. Amoklauf].
- Familien-Selbstmord: Ein Familienvater, der seine Familie nicht in Schwierigkeiten zurücklassen will, tötet beispielsweise zuerst seine Familienmitglieder mit deren Zustimmung und dann sich selbst.
- Familien-Mord: Familienmitglieder werden ohne ihre Zustimmung getötet.

---

[18] Püschel et al. (1984) beschreiben beispielhaft sechs Todesfälle durch Erhängen, bei denen nach ausführlicher rechtsmedizinischer und kriminologischer Untersuchung Suizide eindeutig von Tötungsdelikten getrennt werden konnten.

[19] Sperhake/Schulz (1998) beschreiben als Beispiel den Todesfall einer 53jährigen Frau, die mit 85 Messerstichverletzungen aufgefunden wurde. Das Gesamt-Verletzungsmuster und die Vorgeschichte sprachen dafür, dass es sich um eine psychotisch motivierte Selbsttötung handelte. Nichtvorliegen typischer Suizidkriterien wie Entblößen der Brust und die Tatsache, dass viele der Stiche potentiell todesursächlich waren, lassen hier jedoch keine endgültige Klärung zu.
Püschel et al. (1984) beschreiben sechs Todesfälle durch Erhängen, bei denen nach ausführlicher rechtsmedizinischer und kriminologischer Untersuchung Suizide eindeutig von Tötungsdelikten getrennt werden konnten.

[20] Püschel/Stuhr (2003).

- Verschleierter Selbstmord: Durch aktive Maßnahmen mit Spurenbeseitigung oder Erzeugung falscher Spuren soll ein natürlicher Tod oder ein Unfall vorgetäuscht werden, z. B. aus Sorge um den Ruf der Familie, aber auch um Angehörige in den Besitz einer Versicherungssumme zu bringen [Versicherungsbetrug].

Suizidprävention

Fiedler (2007) unterscheidet drei Ebenen der Prävention:

- Primärprävention: allgemeine präventive Maßnahmen, wie Öffentlichkeitsarbeit
- Sekundäre Prävention: Erkennung und Behandlung suizidgefährdeter Personen, z. B. durch Sensibilisierung von Hausärzten
- Tertiäre Prävention: Versorgung von Personen nach einem Suizidversuch

Nach Fiedler (2007) hat die Suizidprävention in Deutschland in den letzten 10 Jahren große Fortschritte gemacht.[21]

2.2 Erklärungsperspektiven

2.2.1 Epidemiologische und rechtsmedizinische Aspekte

Die epidemiologische Forschung analysiert Häufigkeiten suizidalen Verhaltens in Abhängigkeit von Alter, Geschlecht, Nationalität, Gesellschaftsform etc. und identifiziert spezifische Risikogruppen.

Suizide

Im Jahr 2003 starben in Deutschland laut Statistischem Bundesamt 11.150 Menschen durch Suizid, davon 8.179 Männer und 2.971 Frauen. Zusätzlich kann von einer hohen Dunkelziffer ausgegangen werden. Zum einen dürften sich unter den Todesarten

[21] Hervorzuheben ist das „Nationale Suizid Präventions Programm" in dem sich mehr als 60 deutsche Institutionen und über 150 Experten zusammengeschlossen haben, um neben fachübergreifender Forschung insbesondere Aufklärungs- und Öffentlichkeitsarbeit zu betreiben. Am Universitätsklinikum Hamburg-Eppendorf existiert seit 1991 ein Therapiezentrum für Suizidgefährdete [TZS] unter der Leitung von Prof. Dr. Götze, das sowohl forschend als auch behandelnd tätig ist.

Verkehrsunfälle, Drogenkonsum und weiteren unklaren Todesursachen ein erheblicher Anteil nicht erkannter bzw. nicht gemeldeter Suizide verbergen, zum anderen unterliegen den statistischen Angaben auch Fehler bei der Datenübermittlung.[22] „Die Daten des Statistischen Bundesamtes können deshalb als eine sehr konservative Schätzung der tatsächlichen Anzahl der Suizide gewertet werden, die um mindestens 25% höher angenommen wird." (Fiedler 2005, 1).

Schmidtke et al. (1996) berechnen die Suizidwahrscheinlichkeit über die gesamte Lebensspanne eines Menschen. Danach stirbt in den alten Bundesländern jeder 71. Mann [bei einer mittleren Lebenserwartung von ca. 73 Jahren] und jede 149. Frau [bei einer mittleren Lebenserwartung von ca. 80 Jahren] durch Suizid.

Bei Menschen unter 40 Jahren ist der Suizid nach den Unfällen die zweithäufigste Todesursache. Jeder vierte Tod eines Menschen unter 30 Jahren ist ein Suizid (Fiedler 2005).

Suizidraten

Die Suizidrate, d.h. der Anteil der Suizide auf 100.000 Einwohner, betrug im Jahr 2003 in Deutschland 13,5. Der Anteil von Männern ist mit einer Rate von 20,3 fast dreimal so hoch wie der von Frauen mit 7,0. Insbesondere bei Männern nehmen die Suizidraten mit steigendem Alter rapide zu.

Abbildung 3 zeigt, dass die Suizidraten seit 1890 [mit Ausnahme der Kriegsjahre zwischen 1915 und 1945] in Deutschland eher stabil sind. Seit 1980 ist eine rückläufige Tendenz zu beobachten.

Eine eindeutige Ursache für diese Entwicklung ist nach Fiedler (2005) nicht zu benennen. Mögliche Gründe können in der demographischen Entwicklung, einer besseren Notfall- und intensivmedizinischen Versorgung, einer verbesserten Erkennung und Versorgung von Risikogruppen [z.B. Drogenabhängige] oder einer Verschiebung von Suiziden in der Erhebung zu anderen Todesursachen zu finden sein.

---

[22] Die Ermittlung der Suizidraten im Rahmen der Todesursachenstatistik erfordert die Zusammenführung von Informationen aus verschiedenen Datenquellen der Gesundheitsämter und ggf. von Polizei, Staatsanwaltschaft und Rechtsmedizin. „Der Einfluss von Vollständigkeit und Qualität dieser Informationen auf die entsprechende Suizidrate ist unbekannt." In einer Studie, bei der in fünf Gemeinden in Nordrhein-Westfalen alle Totenscheine der Jahre 2002 und 2003 auf erfasste Suizide mit den offiziellen Suizidraten aus dem Landesinstitut für öffentliche Gesundheit verglichen wurden, ergab eine Unterschätzung der Suizidrate von elf Prozent (Vennemann et al. 2006, 1036).

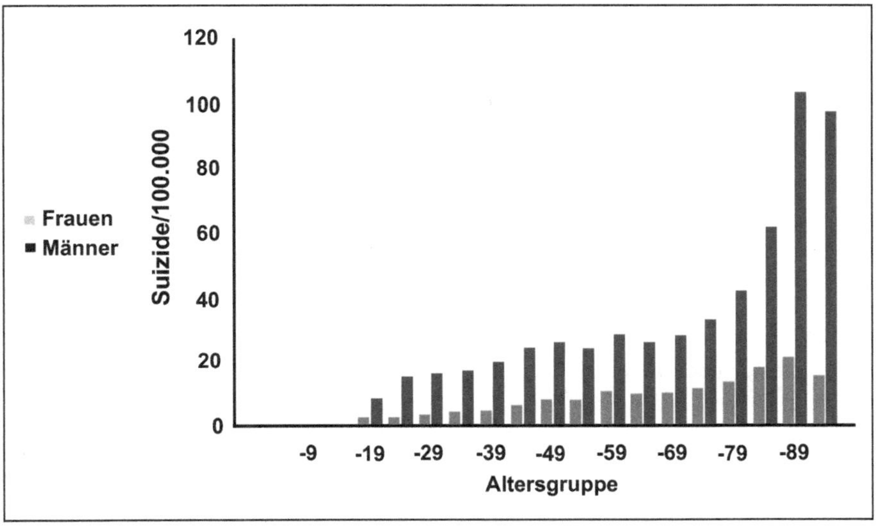

Abb. 2: Suizidraten in Deutschland im Jahr 2000
(Quelle: Statistisches Bundesamt)

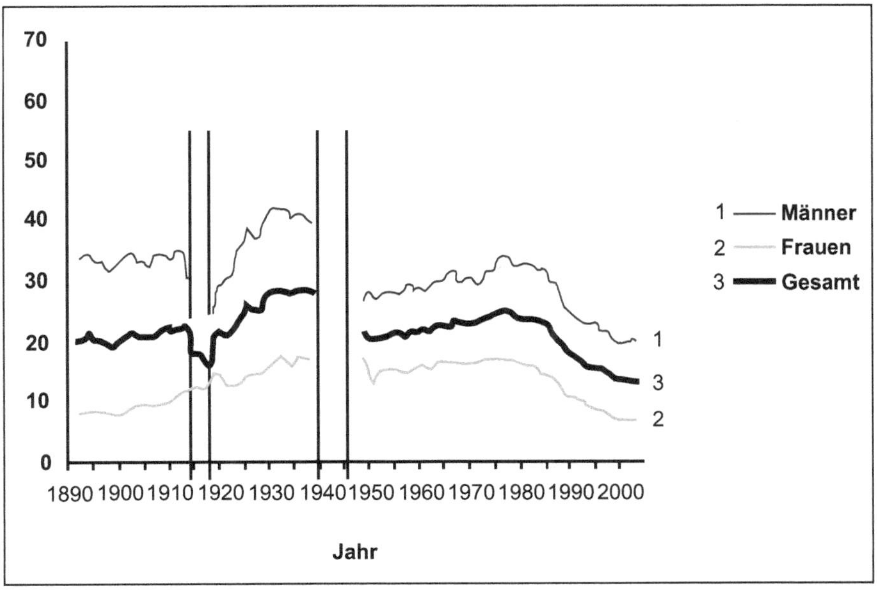

Abb. 3: Suizidraten in Deutschland 1890 bis 2003
(Quelle: Nationales Suizid Präventions Programm, 2007)

Suizidversuche

Suizidversuche werden aus datenschutzrechtlichen Gründen nicht mehr offiziell statistisch erfasst. Wissenschaftliche Studien gehen von mindestens 100.000 bis 150.000 Suizidversuchen pro Jahr in Deutschland aus (Schmidtke et al. 1998). Etwa 80% der suizidalen Handlungen werden vorher angekündigt. Die Signale werden aber meist von der Umwelt nicht wahrgenommen, verstanden oder erst im nachhinein gedeutet. Jeder dritte bis vierte Suizidant verfasst einen Abschiedsbrief. (Wolf 2002, 44)

Im Vergleich zu den Suiziddaten gibt es bei den Versuchen erhebliche demografische Unterschiede, wie Fiedler (2005, 4) zusammenfasst:

1. Suizidversuche werden häufiger von Frauen als von Männern durchgeführt [147/100.000 für Frauen und 122/100.000 für Männer]. Auf jeden Suizid eines Mannes entfallen 5,5 Suizidversuche, eine Frau benötigt dagegen im Schnitt 18 Versuche.
2. Suizidversuche werden mehr von jungen als von alten Menschen unternommen.

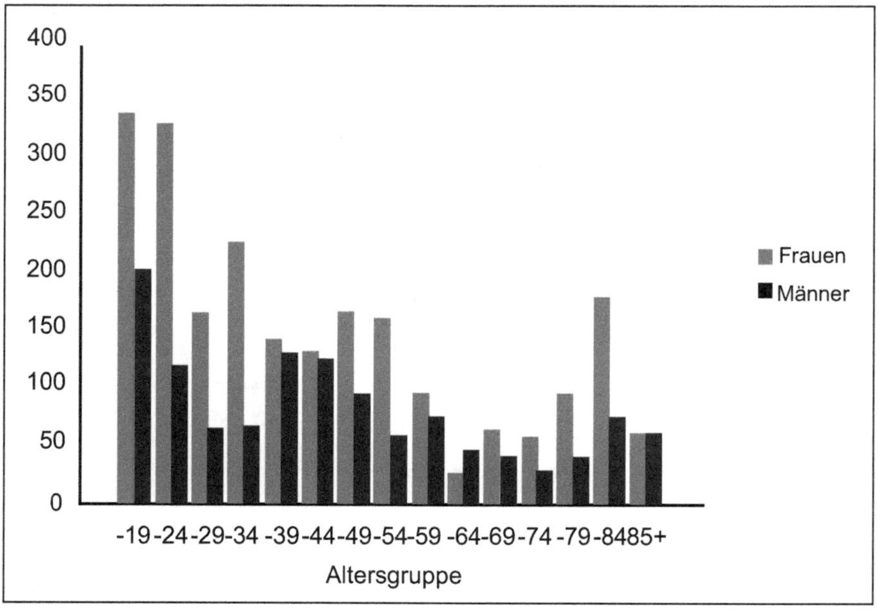

Abb. 4: Suizidversuchsraten in Würzburg im Jahr 2004
(Quelle: Nationales Suizid Präventions Programm, 2007)

Suizidalität

Nach Fiedler wurde „die Häufigkeit von Suizidalität in Form von suizidalen Gedanken und Erlebensweisen, die sich noch nicht in einem Suizidversuch ausgedrückt haben, nicht untersucht" (2005, 4).

Suizidmethoden

Bei Suiziden bzw. Suizidversuchen lassen sich folgende Methoden unterscheiden:

- Vergiftung: Einnahme von Gift, Gas, Überdosis von Schlafmitteln [vielfach in Kombination mit Alkohol]
- Erhängen
- Suizid durch Hilfsmittel: Schnittverletzungen, Erschießen
- Sprung aus großer Höhe oder vor ein Verkehrsmittel

Bei den ‚erfolgreichen' Suiziden überwiegt bei Männern und Frauen das Erhängen [1999 ca. jeder zweite Suizid; 4.480 Männer und 1.187 Frauen]. Es folgen Vergiftungen, Feuerwaffen und Sturz aus großer Höhe[23].

Bei den Suizidversuchen stehen bei Männern und Frauen Vergiftungen an erster Stelle, gefolgt von Schnittverletzungen, Sturz und Erhängen.

Risikogruppen

Als Gruppen mit im Vergleich zur Gesamtbevölkerung erhöhtem Suizidrisiko gelten besonders Depressive[24], Alkoholiker, Medikamenten- und Drogenabhängige, Alte und Vereinsamte sowie Personen, die bereits Suizidversuche unternommen haben[25] (vgl. weitere Erklärungsperspektiven in den Abschnitten 2.2.2 bis 2.2.5).

[23] Ein „Sturz aus großer Höhe" ist in der Regel ein Fall für die Rechtsmedizin, um zu rekonstruieren, ob es sich um einen Suizid, einen Unfall oder einen Mord handelt (Püschel/Berkholz 1996).

[24] „Bis zu 15% der depressiv Kranken sterben durch Suicid und rund 60% aller Suicide stehen in Zusammenhang mit einer depressiven Erkrankung." (Janssen o. J., 3).

[25] „Suizidalität hat ein hohes Mortalitätsrisiko: Nachuntersuchungen ergaben, daß ungefähr jeder 5. bis 10. Mensch, der einen Suizidversuch unternommen hat, später durch Suizid stirbt." (Fiedler 2005, 4).

Bewertung und Berücksichtigung im Suizidalitäts-Modell

Die Statistik liefert Anhaltspunkte für erhöhte Suizidrisiken, wie Alter, Geschlecht, Bildungsstand, Krankheit und Nationalität. Diese Aspekte fließen in mein Modell insbesondere in die Variable M: ‚Suizidrisiko' ein. Dabei gibt es allerdings statistische Messprobleme und Probleme bei der Ermittlung eines Suizids und der Abgrenzungen zu anderen Todesarten.

2.2.2 Soziologische Aspekte

Die systematische soziologische Erforschung des Suizids begann mit dem Werk ‚Le Suicide' von **Durkheim (1897)**. Im Vordergrund seiner empirischen Untersuchungen stand die Gesellschaft mit ihren immanenten Auswirkungen auf ihre Mitglieder als bedingender Faktor für Suizidalität. Durkheim konnte eine Häufung von Suiziden unter ungünstigen sozialen Bedingungen nachweisen. „Der Selbstmord variiert im umgekehrten Verhältnis zum Grade der Integration der sozialen Gruppen, denen der einzelne angehört." (Durkheim 1999, 232).

Durkheims Ansatz als Grundlage soziologischer Suizidforschung

Die soziologische Perspektive stellt nach Durkheim zwei Fragen:

1) Welche gesellschaftlichen Bedingungen und Faktoren tragen zu dem Entstehen oder dem Erhalt eines sozialen Phänomens – wie zu suizidalen Handlungen – bei?[26]
2) Was sagt dieses Phänomen – wie die Suizidrate – über den Zustand der Gesellschaft aus?

Die Beschreibung des Zustandes der Gesellschaft intendiert nach Rachor die Frage, „inwieweit ein soziales System in der Lage ist, sich zu reproduzieren, seinen

[26] „Die Gesellschaft allein vermag ein Gesamturteil darüber zu fällen, was das menschliche Leben wert ist, ein Urteil, für das der einzelne nicht kompetent ist. ... Denn die Individuen sind viel zu sehr in die Gesellschaft verstrickt, als dass diese krank und sie gesund sein könnten. Das Leiden der Gesellschaft wird notwendigerweise zum Leiden aller. ... So formen sich Strömungen von Depression und Enttäuschung. ... Und da diese Strömungen kollektiv sind, haben sie auf Grund ihres Herkommens eine Autorität, der sich das Individuum schlecht entziehen kann." (Durkheim 1999, 238f.).

Bestand und seine Grenzen zu sichern bzw. Auflösungserscheinungen des sozialen Zusammenhalts entgegenzuwirken" (2002, 76). Eine Gemeinschaft kann es z.B. durch entsprechende Regeln nicht zulassen, dass seine Mitglieder nach Belieben aussteigen, indem sie sich suizidieren. Dies führt zum zentralen Bestandteil von Durkheims Denkansatz: der Integrationsfähigkeit einer Gesellschaft, nämlich der Frage, wie und ob es die Gesellschaft vermag, ihre Mitglieder im sozialen Verband zu halten.

Rachor (2002, 77) nennt folgende Indikatoren, die nach Durkheim den **Grad der Integrationsfähigkeit einer Gesellschaft** bestimmen:

- Die Existenz und Funktion von sozialen Normen und Werten, an denen sich Mitglieder orientieren bzw. an die sie sich – z.B. per Gesetz – halten müssen. Änderungen von Werten und Normen kollidieren mit dem Wunsch nach einem stabilen Orientierungsrahmen und können darum die Integrationskraft schwächen.
- Die Art und Funktion sozialer Kontrolle, d.h. „inwieweit ein Kollektiv imstande ist, suizidale Akte zu verhindern oder deren Folgeprobleme bzw. Folgeschäden zu begrenzen, indem sie z.B. medizinisch-technisch, therapeutisch, beratend oder gar mit rechtlichen Sanktionen eingreift".
- Die Beziehungen der Mitglieder untereinander, insbesondere die Häufigkeit von Kontakten zu Freunden, Nachbarn und Bekannten. „Dies soll der Feststellung dienen, inwieweit der Suizident in soziale Beziehungen eingebettet ist, da viele soziale Kontakte als suizidhemmend gelten."

Durkheim hat den Möglichkeiten der Bestimmung des Grades der Integrationsfähigkeit einer Gesellschaft anhand der Existenz und der Qualität von Normen und Werten sowie von Beziehungen vier Suizidtypen zugeordnet:

- **Altruistischer Suizid:** Eine sehr starke Integration in die Gesellschaft mit Vorrang der sozialen Normen und Werte vor den eigenen Interessen lässt keine individuellen Entscheidungen zu. So gibt es z.B. Fälle bei Naturvölkern mit erhöhten Suiziden bei alten und kranken Menschen, um die Gruppe zu entlasten (Holyst 1986, 72).
- **Egoistischer Suizid:** Eine sehr schwache Integration führt ebenfalls zu erhöhtem Suizidrisiko. Das ‚egoistische' Individuum stellt seine individuellen Interessen über soziale Interessen. Es ist kaum in die soziale Gemeinschaft integriert. Grund könnte eine Beziehungsschwäche der Gesellschaft und Isolationstendenzen ihrer

Mitglieder sein. Ein Beispiel sind gehäufte Suizide bei vereinsamten alten Menschen in Großstädten (Dankwarth/Püschel 1991).

- **Fatalistischer Suizid:** Wenn der Normzwang der Gesellschaft zu groß wird, kann das Individuum keine Möglichkeit sehen, diesen Zustand auf legitime Weise zu ändern.
- **Anomischer Suizid:** In Gesellschaften mit geringem Grad an sozialer Reglementierung [Anomie] kann es zu einem Verlust der Normen und damit zu Unzufriedenheit und Frustration führen. „Je stärker die Anomie in einer Gruppe zutage tritt, desto höher ist die Selbstmordrate." (Lewinsky-Aurbach 1980, 14).

Weitere soziologische Erklärungsansätze, die zum überwiegenden Teil auf Durkheims Theorien basieren sind u. a. „Statusintegrationstheorie" (Gibbs/Martin 1964), „Weiterführendes Anomiekonzept" (Merton 1968), „Suizidalität im System externer und internalisierter Zwänge" (Henry/Short 1954).

Bewertung und Berücksichtigung im Suizidalitäts-Modell

Die Erklärungsansätze von Durkheim haben die „soziologische Suizidologie am nachhaltigsten geprägt und bis heute an Einfluss kaum eingebüßt" (Rachor 2002, 73). Auch wenn Erkenntnisse der modernen Suizidologie verschiedene Annahmen immer wieder in Frage stellen, ist es erstaunlich, dass seine Ergebnisse „seit ca. 100 Jahren immer wieder mehr oder weniger bestätigt" (74) werden und auf sie zurückgegriffen wird.

In meinem Modell werden die soziologischen Faktoren zu Suizidalität in den Variablen ‚K: Soziale Anerkennung' und ‚J: Soziales Umfeld' berücksichtigt (vgl. Kapitel 5.3.2).

2.2.3 Psychodynamische Aspekte

Die psychodynamisch-psychoanalytische Diskussion über das Suizid-Phänomen begann nach Götze im Jahr 1910 auf einer Sitzung der Wiener psychoanalytischen Vereinigung [so genannte ‚Psychologische Mittwoch-Gesellschaft bei Prof. Freud']. Prof. Oppenheim referierte über Dr. A. Baers Schrift ‚Der Selbstmord im kindlichen Lebensalter' (Leipzig 1901). Aus der anschließenden Diskussion entstand die Flugschrift „Über den Selbstmord, insbesondere den Schüler-Selbstmord" (Adler/Freud 1910). Die Beiträge zeigten „interessante Ansätze, die sich später in den aggressions-, narzissmus- und objektbeziehungstheoretischen sowie den selbstpsychologischen Erklärungsmodellen der Suizidalität wiederfinden" (Götze 2002, S. 115).

So formuliert J. Sadger in der genannten Flugschrift: ‚Das Leben gibt bloß jener auf, der Liebe zu erhoffen aufgeben musste!' ... W. Stekel schreibt: ‚Niemand tötet sich selbst, der nicht einen anderen töten wollte, oder zumindest einen[m] anderen den Tod gewünscht hätte!' (Götze 2002, S. 116).

Psychoanalytische Aggressionstheorien

Freud (1917) beschreibt Suizidalität in „Trauer und Melancholie" in einer Erweiterung seiner Depressionstheorie als autoaggressives Verhalten, indem ein Mensch seine Aggressionen statt nach außen gegen sich selbst richtet. Ein viel zitierter Kernsatz lautet verkürzt, „daß kein Neurotiker Selbstmordabsichten verspürt, der solche nicht von einem Mordimpuls gegen andere auf sich zurückwendet" (438 f.). Wenn ein Mensch zum Beispiel von jemanden, den er liebt, verletzt wird oder sich verletzt fühlt, kann er mit Aggression reagieren. Es entsteht der Konflikt, auf denjenigen wütend zu sein, den man liebt, was zur Angst führt, den Geliebten zu verlieren, wenn man seine Wut auslebt. Der Suizid, also die gegen sich selbst gerichtete Aggression, die eigentlich einem anderen galt, stellt schließlich den Versuch dar, diesen inneren Konflikt zu lösen.

Adler (1937) sieht das autoaggressive Suizidverhalten als „Kampfmittel" gegenüber den Hinterbliebenen, indem Schmerzen und Schuldgefühle erzeugt werden sollen und klar gemacht werden soll, was sie an dem stets Zurückgesetzten verloren haben.

Menninger (1938) erklärt den Suizid durch die Existenz eines Todesinstinkts, der sich aus einem masochistischen und einem sadistischen Komplex in der Persönlichkeit ergibt. In Anwendung von Freuds Todestriebtheorie auf den Selbstmord gelangt Menninger zu der These, dass der Suizid Ausdruck dreier Tendenzen ist: dem Wunsch zu töten, dem Wunsch, getötet zu werden und dem Wunsch, tot zu sein.

Weitere psychoanalytische Vertreter sind u. a. Hendin (1963) und Kubie (1964).

Theorie der ‚Narzisstischen Krise'

Henseler (1974) geht davon aus, dass kein Aggressionskonflikt primär ursächlich für Suizidalität ist, sondern eine narzisstische Störung. Das zentrale Symptom manifestiert sich in einem labilen Selbstwertgefühl. Kann der Betroffene Misserfolge oder

Kränkungen wie Trennung, Trennungsdrohungen oder Enttäuschungen durch den Partner nicht adäquat bewältigen, versucht er dies durch früher gelernte Verhaltensmuster zu kompensieren. Ein narzisstisch gestörter Mensch sieht im Suizid eine Möglichkeit, einer drohenden narzisstischen Katastrophe aktiv zuvorzukommen und dadurch das Selbstwertgefühl zu retten und Ruhe, Sicherheit und Geborgenheit zu finden.

Objektbeziehungstheorie

Kind (1992) bietet ein objektbeziehungstheoretisches Entwicklungsmodell der Suizidalität an, in dem er den genetischen frühkindlichen Entwicklungsphasen spezifische Funktionsformen der Suizidalität zuordnet. Die wichtigste These Kinds besagt, „daß sich die Suizidalität im Laufe der Lebensgeschichte verändern kann, und daß diese unterschiedlichen Suizidalitätsformen je nach Regressionsneigung auch innerhalb des psychoanalytischen Prozesses erneut aktualisiert werden und auftreten können“ (Gerisch et al. 2006).

Bewertung und Berücksichtigung im Suizidalitäts-Modell

Mein Modell berücksichtigt die psychodynamischen Aspekte insbesondere in den Variablen ‚B: Stressverhalten‘, ‚D: Einfluss Vergangenheit‘ und ‚I: Private Beziehungen‘ (vgl. Kapitel 5.3.2).

2.2.4 Medizinisch-psychiatrische Aspekte

Als Beginn der medizinischen Suizidforschung wird das Jahr 1838 angegeben, in dem der französische Arzt **Esquirol** Suizid als Ausdruck einer Geisteskrankheit interpretierte. Seitdem deuten medizinische Erklärungsperspektiven Suizidalität meist als Symptom einer Krankheit (Gerisch et al. 2006).

Präsuizidales Syndrom

Ringel folgt im Jahr 1953 zunächst der Interpretation von Esquirol: „Es ist von entscheidender Bedeutung, daß der Selbstmord als das angesehen wird, was er wirklich ist: als eine *Krankheit* und *nicht* als eine Lösung oder gar als ein Ideal.“ (2005, 231). Er beschränkt die für Suizidalität ursächliche Krankheit allerdings nicht auf das Vererbte: „Das wichtigste Ergebnis … scheint uns die Tatsache zu sein, daß die Ursache der Selbstmorde bedeutend mehr in der Entwicklung der Persönlichkeit und des Lebensweges liegt, als in der akuten Situation, die unmittelbar vor dem Selbstmord besteht." (2005, 103). Ringel fasst drei dem Suizidversuch vorausgehende Phasen als „präsuizidales Syndrom" zusammen, die bei der Mehrzahl von 745 untersuchten Suizidanten im Vordergrund standen (2005, 103 ff.):

1. **Einengung:** subjektive Gefühle der Bedrängnis, der eingeschränkten Freiheit und Handlungsmöglichkeit, des einseitigen Zwanges, der mangelnden Entfaltungsmöglichkeiten und der Ausweglosigkeit
2. **Gehemmte und gegen die eigene Person gerichtete Aggressionen** [s. Aggressionstheorie]
3. **Flucht in die Phantasiewelt** [Selbstmordphantasien]

Henseler gibt ein Beispiel für die krankhafte Entwicklung des präsuizidalen Syndroms bis zum Suizid: „Bedingungen verschiedener Art [führen] zu einer ‚schweren Neurotisierung in der Kindheit' mit dem zentralen Symptom der ‚Ich-Verunsicherung'. … Aus diesem ‚Kindheitssyndrom' entwickelt sich … eine ‚Neurose zum Selbstmord hin', eine ‚Neurose der Lebensgestaltung' bzw. der ‚Lebensverunstaltung'." (1974, 40 f.).

Zu einer Manifestation des Syndroms kann es kommen, wenn ein Mensch entweder regelmäßigen Kränkungen, Enttäuschungen und Misserfolgen ausgesetzt ist oder sich durch Missverständnisse oder Ausgrenzung nicht von Bezugspersonen oder der Gemeinschaft angenommen fühlt. Das Selbstwertgefühl kann derart verletzt werden, dass sich der Mensch bewusst oder unbewusst für einen selbstzerstörerischen Weg entscheiden muss.

Weitere präsuizidale Entwicklungen beschreiben u. a. Pöldinger (1968) „Stadien der suizidalen Entwicklung", Farberow/Shneidmann (1961) „Krisenabläufe" und Stengel (1964) „Motivstruktur suizidalen Verhaltens".

Depression

In der Literatur herrscht überwiegend Konsens, dass psychische Krankheiten besonders häufig ursächlich für suizidales Verhalten sind (Schmidtke 1988). Besonders auffällig sind Depressionen und Suchterkrankungen (Freeman 1995). Dabei wird nach Götze, dem Leiter des Hamburger Therapiezentrums für Suizidgefährdete

[TZS], Suizidalität „in der klinischen Forschung … i. d. R. nicht systematisch erhoben und ausgewertet, sondern ausgeblendet“[27] (TZS 2006).

„Zu jedem beliebigen Zeitpunkt leiden 5% unserer Bevölkerung an einer schwer ausgeprägten Depression. 10–12% sind betroffen, wenn man mittelgradig ausgeprägte depressive Störungen hinzunimmt. *Lebenszeit-Prävalenz:* 15% der Bevölkerung erleiden mindestens einmal in ihrem Leben eine schwere, behandlungsbedürftige Depression. Die Depression ist eine der häufigsten und wichtigsten Erkrankungen unserer Zeit.“ (Bauer 2006).

Das Beck-Depressions-Inventar [BDI][28] führt aufgrund klinischer Beobachtungen folgende Beschwerden als Symptome einer Depression auf: traurige Stimmung, Pessimismus, Versagen, Unzufriedenheit, Schuldgefühle, Strafbedürfnis, Selbsthass, Selbstanklagen, **Selbstmordimpulse** [Hervorh. J. O.], Weinen, Reizbarkeit, sozialer Rückzug und Isolierung, Entschlussunfähigkeit, negatives Körperbild, Arbeitsunfähigkeit, Schlafstörungen, Ermüdbarkeit, Appetitverlust, Gewichtsverlust, Hypochondrie und Libidoverlust (Hautzinger et al. 1994). Die genannten Symptome können in unterschiedlichen Kombinationen mit unterschiedlicher Intensität erlebt werden. Dabei ist auffällig, dass einige Merkmale der Depression identisch sind mit den oben beschriebenen Aspekten zur Suizidalität. So bescheinigt Janssen einen engen Zusammenhang zwischen Depression und Suizidalität. „Bis zu 15% der depressiv Kranken sterben durch Suicid und rund 60% aller Suicide stehen in Zusammenhang mit einer depressiven Erkrankung.“ (o. J., 3) Dagegen kann nach Bronisch diese naheliegende kausale Verknüpfung nicht aufrechterhalten werden:

> Vergleicht man in epidemiologischen Studien die Häufigkeitsverteilung von depressiven Erkrankungen und Suiziden [Suizidversuchen] … über den Lebenszyklus hinweg, so finden sich ganz unterschiedliche Häufigkeitsverteilungen … Ebenfalls zeigt sich in epidemiologischen Studien, dass eine Major Depression allein ohne zusätzliche Komorbidität nicht entscheidend das Risiko eines Suizides oder Suizidversuches erhöht. (2002, 170).

---

[27] „Ein Beispiel bietet das Standarddiagnoseinstrument ICD-10: Obwohl Suizidalität bei allen psychiatrischen Erkrankungen erhöht ist, wird sie nur als potentielles Begleitsymptom der depressiven Episoden, der posttraumatischen Belastungsstörung und der emotional instabilen Persönlichkeitsstörung erwähnt.“ (TZS 2006).

[28] Das Beck-Depressions-Inventar [BDI] ist ein seit über 30 Jahren international weit verbreitetes und allgemein anerkanntes Selbstbeurteilungsinstrument zur Erfassung des Schweregrades depressiver Symptomatik. Das BDI entstand unabhängig von einer spezifischen Depressionstheorie aufgrund klinischer Beobachtungen der Beschwerden und Klagen depressiver Patienten. Von depressiven Patienten häufig und von nichtdepressiven Patienten selten berichtete Symptome wurden zu 21 Gruppen von Aussagen komprimiert. Depression wird dabei als komplexe Störung aufgefasst, die affektive, kognitive, motivationale, somatische und behaviorale Komponenten umfasst. (Hautzinger et al. 1994).

Suchterkrankungen

Suchterkrankungen können in vielfältiger Form auftreten. Neben bewusstseinsverändernden Genussmitteln, wie Alkohol, Tabletten und Opiaten gibt es beispielsweise Nikotin-, Koffein-, Mager- oder Fettsucht.

Nach Robert gibt es in Deutschland über 4 Millionen Menschen mit behandlungsbedürftigen Alkoholproblemen. „Die Behandlung der Alkoholkrankheit als solcher beginnt meist zu spät, in der Regel erst 5 bis 10 Jahre nach Beginn der Abhängigkeit." (2005, 6). Weitere 5 Millionen Menschen haben riskanten Alkoholkonsum, worunter man „einen erhöhten wöchentlichen Konsum oder auch ein übermäßiges Gelegenheitstrinken, bei dem jedoch keine körperliche Abhängigkeit besteht", versteht. Demnach haben in Deutschland etwa 13% aller Menschen über 15 Jahren einen riskanten bzw. missbräuchlichen Alkoholkonsum mit oben beschriebenen möglichen Spätfolgen auf Suizidalität.

Thost weist in einer Studie mit 272 Opiatabhängigen einen engen Zusammenhang von starken Drogen und Suizidalität nach, wobei auch hier ein erhöhtes Risiko erst in Kombination mit anderen psychiatrischen Erkrankungen, wie Angst und affektiven Störungen, festgestellt werden kann (2000, 86).

In dieser Arbeit nicht weiter verfolgt werden weitere psychopathologische Aspekte wie „Schizophrene und affektive Psychosen" (Wolfersdorf et al. 2002), „Persönlichkeitsstörungen" (Etzersdorfer et al. 2002), „Hirnorganische Störungen" (Fleig 1995) sowie biologische Aspekte[29] wie „Genetik" (Haenel 2002) und „Neurobiologie" (Bronisch/Brunner 2002).

Bewertung und Berücksichtigung im Suizidalitäts-Modell

Die Beschreibung des von Ringels „Präsuizidalen Syndrom" deutet auf starke Übereinstimmungen mit den psychodynamischen Aspekten in Kapitel 2.2.3 hin. Neben den dort genannten Variablen findet sich dieser Aspekt in meinem Modell auch in der Variable ‚E: Sinnerfüllung' wieder. Hier wird versucht zu bestimmen, inwiefern ein

[29] Seit den achtziger Jahren gewinnen neurobiologisch orientierte Forschungsansätze an Bedeutung. „In diesem Kontext wird gegenwärtig auch die These einer genetischen Disposition des Individuums zur Impulsivität diskutiert. So wird u. a. vermutet, dass Störungen des serotenergen Systems Ursache für eine gesteigerte Impulsivität Suizidaler sind." (Gerisch et al. 2006). Nach Götze (2007) beruhen die biologischen Theorien allerdings noch auf „vorläufigen Hypothesen" und bieten noch „nichts Gesichertes".

Mensch seine eigenen Freiheiten entdeckt und zur eigenen Zufriedenheit nutzt bzw. inwiefern sich ein Mensch selbst- oder fremdbestimmt fühlt (vgl. Kapitel 5.3.2).

Psychische Krankheiten wie Depression und Suchterkrankungen können besonders häufig zu Suizidalität führen. Allerdings kann erst in der Kombination von Depression mit insbesondere Sucht- und Angsterkrankungen ein signifikant erhöhtes Suizidrisiko nachgewiesen werden:

> Depression, Sucht und Selbstmordverhalten sind engstens miteinander verknüpft: In der Depression wird zu Medikamenten oder [/und] Alkohol gegriffen, um die Situation erträglicher zu machen. Sie wird auf die Dauer jedoch unerträglicher, weil die Abhängigkeit die Fähigkeit, mit der Realität umzugehen, weiter untergräbt. Gleichzeitig führt Sucht tiefer in die Depression: sowohl physiologisch als auch psychisch bedingt. Beides kombiniert ergibt eine Potenzierung: die Verstimmung setzt die Sucht in Gang, die Sucht führt zu weiteren Verstimmungen und zu schweren Störungen im Sozialbereich, der ohnehin Auslöser für die Depression [und die Sucht] war. Die Ausweglosigkeit aus Sucht und Depression führt geradewegs in den Selbstmord[versuch]. (Swientek 1990, 91).

Solche multikausalen Prozesse zu erfassen ist Aufgabe des von mir aufgebauten systemtheoretischen Modells. Hier finden sich die sich selbst verstärkenden Abhängigkeiten in dem positiven Regelkreis zwischen den Variablen C [Befinden] und H [Suchtverhalten] wieder (vgl. Kapitel 5.3.2).

2.2.5 *Life-event-Ansatz*

Seit den 1980er Jahren trägt auch die Life-event-Forschung zur Erklärung von Suizidalität bei. **Welz et al. (1988)** konkretisieren: „Objektiv eingetretene Ereignisse … bewirken eine Veränderung bzw. ein Ungleichgewicht im aktuellen Anpassungsgefüge zwischen Person und Umwelt, welche eine Reorganisation der Verhaltensmuster oder von Teilbereichen des Verhaltens erfordert." Kritische Lebensereignisse bewirken also Veränderungen in der Lebenssituation, die eine entsprechende Anpassungsleistung erfordern, die als stressreich empfunden wird. Betroffene können sehr unterschiedlich auf diese neue Stresssituation reagieren, z. B. mit Aggression, Verdrängung oder Betäubung durch Alkohol. Suizidales Verhalten kann als die zerstörerischste Bewältigungsstrategie interpretiert werden. Je größer die Anzahl der belastenden Ereignisse ist, desto höher ist das Suizidrisiko. Schmidtke (1988) nennt folgende kritische Life-events: Broken-home, Verlust naher Bezugspersonen durch Tod oder Trennung, Krankheit, Schwangerschaft, Haft, Arbeitslosigkeit, Finanzprobleme und fundamentale Schwierigkeiten in der Schule oder im Studium.

Bewertung und Berücksichtigung im Suizidalitäts-Modell

Der Life-event-Ansatz bietet konkret nachvollziehbare Ansatzpunkte für suizidale Handlungen, die allerdings die Gefahr eines monokausalen Erklärungsansatzes bergen, der nicht bis zu möglichen tieferen Ursachen vordringt. Die Auswirkung eines kritischen Lebensereignisses hängt sehr von der Wahrnehmung und dem folgenden Umgang mit den veränderten Lebensbedingungen ab, was in meinem Modell in den Variablen ‚A: Einfluss von außen' und ‚B: Stressverhalten' zum Ausdruck kommt. Inwiefern sich aus vermehrtem Stress von außen eine lebensbedrohliche Krise entwickelt, hängt vom Zusammenspiel verschiedener Faktoren ab, insbesondere von möglichen stabilisierenden Variablen wie ‚F: Immaterielles Vermögen', ‚I: Private Beziehungen' und ‚E: Sinnerfüllung' (vgl. Kapitel 5.3.2).

2.3 Fazit: Suizidalität als multikausales Phänomen

Suizidalität kann als Ausdruck der Zuspitzung einer seelischen Entwicklung verstanden werden, in der ein Mensch hoffnungslos und verzweifelt ist und seine Situation als ausweglos erlebt. Dies kann vielfältige Gründe haben. Und so berührt die Suizidforschung das Interesse verschiedener Forschungsdisziplinen, die unabhängig voneinander zu dem Ergebnis kommen, dass in der Regel das Zusammenwirken mehrerer Aspekte für Suizidalität verantwortlich ist. „Selbstmord ist kein Geschehen aus heiterem Himmel, er hat vorauslaufende Phasen und auch ein Umfeld." (Schmidtchen 1989, 34).

These 1: Suizidalität als multikausales Phänomen

Es gibt viele Theorien und Aspekte zur Erklärung von Suizidalität. Selten sind einzelne Gründe verantwortlich, sondern ein Set von verschiedenen Ursachen und Auslösern, die in vielfältigen Wechselbeziehungen stehen. Darum wird für Suizidalität ein multikausales Erklärungsmodell benötigt.

Trotz der Einsicht in multikausale Zusammenhänge werden die Ergebnisse relativ isoliert aus der jeweiligen Erklärungsperspektive präsentiert. Und so konstatiert die soziologische Suizidforscherin Rachor:

> Wenn aber ein Diskurs relativ abgeschottet ist und den Austausch mit anderen Denk- und Forschungsrichtungen umgeht, bleiben die in ihm enthaltenen Ideen- bzw. Meinungssysteme weitgehend stabil. So verwundert es nicht, dass wir auf immer ähnliche theoretische Konzepte und Termini stoßen, die mit weithin gleichen Operationalisierungsstrategien und Variablen – und Indikatorenbündeln zu fast immer gleichen ... Ergebnissen führen. ... Damit sage ich allerdings auch nicht viel Neues, es gehört sozusagen zum Bestand der disziplinären Selbstkritik. (2002, S. 82)

Das psychoanalytisch orientierte Therapiezentrum für Suizidgefährdete [TZS] am Universitätsklinikum Hamburg-Eppendorf klagt auf seiner Homepage:

> Auch wenn es also durchaus eine lange psychoanalytische Tradition des Verständnisses und der Behandlung von Suizidalität gibt, beherrschen gegenwärtig epidemiologische und medizinisch-psychiatrische Perspektiven das Feld der Suizidologie. ... Selbst wenn betont wird, daß Suizidalität ein multifaktoriell bedingtes Phänomen ist, das nur in einem biologischen, sozialen, psychologischen und existentiellen Kontext des Individuums gesehen werden könne ..., zeichnet sich eine Diskreditierung von ätiopathogenetisch-psychoanalytischen Modellen ab, indem diese häufig verkürzt rezipiert und als obsolet verworfen werden. (Gerisch et al. 2006)

Die dominierende medizinisch-psychiatrisch ausgerichtete Suizidologie setzt vorwiegend erst an, wenn ein Patient nach einem Suizidversuch in die Klinik eingeliefert wird. Hier wird der Suizidant im Hinblick auf die zugrunde liegende psychiatrische Grunderkrankung diagnostiziert und entsprechend medikamentös oder mittels kurzfristiger Krisenintervention behandelt (Lindner/Duru 1996). Für psychotherapeutische Nachbehandlung fehlen vielfach entsprechende Behandlungsplätze (TZS 2006). So wundert es auch nicht, dass sich die vorherrschenden Behandlungsstrategien empirisch durch Erfolglosigkeit auszeichnen.[30] Nach Schmidtke lässt sich das Sinken der Suizidraten in Deutschland seit Mitte der achtziger Jahre eher „auf Artefakte und demographische Veränderungen zurückführen“ (1992) als auf eine erfolgreiche medizinische und psychosoziale Versorgung. Und Götze resümiert: „Heute gilt unverändert die gleiche Faustregel wie vor fünfundzwanzig Jahren: Nach einem Suizidversuch begeht jeder dritte mindestens einen weiteren und jeder zehnte stirbt durch einen Suizid.“ (TZS 2006)

Mehr Erfolg könnte das frühzeitige Erkennen von suizidalen Tendenzen versprechen. Hierfür ist es wichtig, das Zusammenwirken mehrerer möglicher Indikatoren aus den verschiedenen Disziplinen der Suizidforschung zu berücksichtigen, was mit

[30] „Eine langfristige suizidprophylaktische Wirkung konnte bislang weder für Krisenintervention noch für die pharmakologisch-antidepressive Behandlung nachgewiesen werden.“ (TZS 2006).

meinem Modell in Kapitel 5 versucht wird. Die folgende Tabelle fasst die hierfür relevanten Elemente zusammen.

Erklärungs-perspektive	**Wesentliche Einflussfaktoren**	**Berücksichtigung in meinem Modell**
Epidemiologie, Rechtsmedizin	► Alter[31] ► Geschlecht ► Bildung[32] ► Nationalität ► Suizidformen ► Suizidmethoden	► teilweise Variable F: Immaterielles Vermögen ► teilweise nicht explizit berücksichtigt (vgl. Abschnitt 1.2)
Soziologie	► soziales Umfeld[33] [z. B. Stadt-Land-Gefälle] ► Wohnverhältnisse ► Integration in Gemeinschaft [z. B. Isolation] ► Kultur, Religion[34]	► Variable J: Soziales Umfeld ► Variable K: Soziale Integration
Psychologie	► Kindheitserfahrungen ► (Auto-) Aggressionen ► geringes Selbstwertgefühl ► Todesinstinkt ► Sinn- und Hoffnungslosigkeit ► Suizidgedanken	► Variable D: Einfluss Vergangenheit ► Aspekte von Variable C: Befinden ► Variable E: Sinnerfüllung
Medizin, Psychiatrie	► Depressivität ► Suchterkrankungen[35]	► Variable C: Befinden ► Variable H: Drogen

[31] Zimmermann/Heinemann/Püschel (2004): „Suizide bei Kindern und Jugendlichen“; Dankwarth/Püschel (1991): „Suizide im Senium“.

[32] Huber (2007): „Der Zusammenhang von Suizid und Bildungsniveau“.

[33] Es ist eine positive Korrelation von Größe des Wohnortes und Suizidhäufigkeit nachzuweisen (Durkheim 1999; Welz 1983).

[34] Saar (2005): „Einstellungen zum Suizid in Deutschland und Israel“.

[35] Lockemann et al. (1995): „Blutalkoholkonzentrationen bei … Todesfällen“; Thost (2000): „Suizidalität bei Opiatabhängigen“; Welz (1983): „Drogen, Alkohol und Suizid“.

Erklärungs-perspektive	Wesentliche Einflussfaktoren	Berücksichtigung in meinem Modell
Medizin, Psychiatrie	► Persönlichkeitsstörungen[36] ► schizophrene und affektive Psychosen[37] ► Hirnorganische Störungen[38]	► nicht berücksichtigt (vgl. Abschnitt 2.2.4)
Biologie	► Neurobiologie[39] ► Genetik [Vererbung][40]	► nicht berücksichtigt (vgl. Abschnitt 2.2.4)
Life-event-Forschung	► Broken-home ► Tod naher Bezugspersonen ► Trennung, Scheidung ► Krankheit, Unfallfolgen ► Schwangerschaft[41] ► Justitielle Belastungen[42] ► Arbeitslosigkeit ► Finanzprobleme ► Schwierigkeiten in der Schule oder im Studium ► Leistungsdruck, Überforderung, Mobbing am Arbeitsplatz	► Variable A: Einfluss von außen ► Variable D: Einfluss Vergangenheit ► Variable I: Private Beziehungen ► Aspekte von Variable G: Materielles Vermögen ► Aspekte von Variable K: Soziales Umfeld

[36] Etzersdorfer et al. (2002).

[37] Püschel/Dankwarth (1991); Wolfersdorf et al. (2002).

[38] Fleig (1995) beschreibt auf Basis von neuropsychologischen und biochemischen Studien zu Suizidalität, Depressivität und Aggressivität einen möglichen Zusammenhang von ‚Glückshormonen' und Suizidalität. Ein Mangel an Serotonien [Metabolits 5 – HIAA] kann die Lebensfreude einschränken und die Betroffenen haben das Gefühl, sie schweben dauerhaft in einer Dunkelwolke.

[39] Bronisch/Brunner (2002); Stoff/Mann (1997).

[40] Haenel (2002).

[41] „Das Zusammenwirken von Schwangerschaft, Unverheiratet sein, finanziellen Schwierigkeiten sowie familiären Konflikten gilt als typische Konstellation. Teenagerschwangerschaften sind mit einem höheren Suizidrisiko verbunden. … Eine häufige Suizidkonstellation stellt die Tablettenintoxikation nach Partnerschaftskonflikt dar.“ (Püschel/Rübsamen 1997, 26).

[42] Kleiber/Püschel (1987): „Suizid nach Verkehrsstraftaten“.

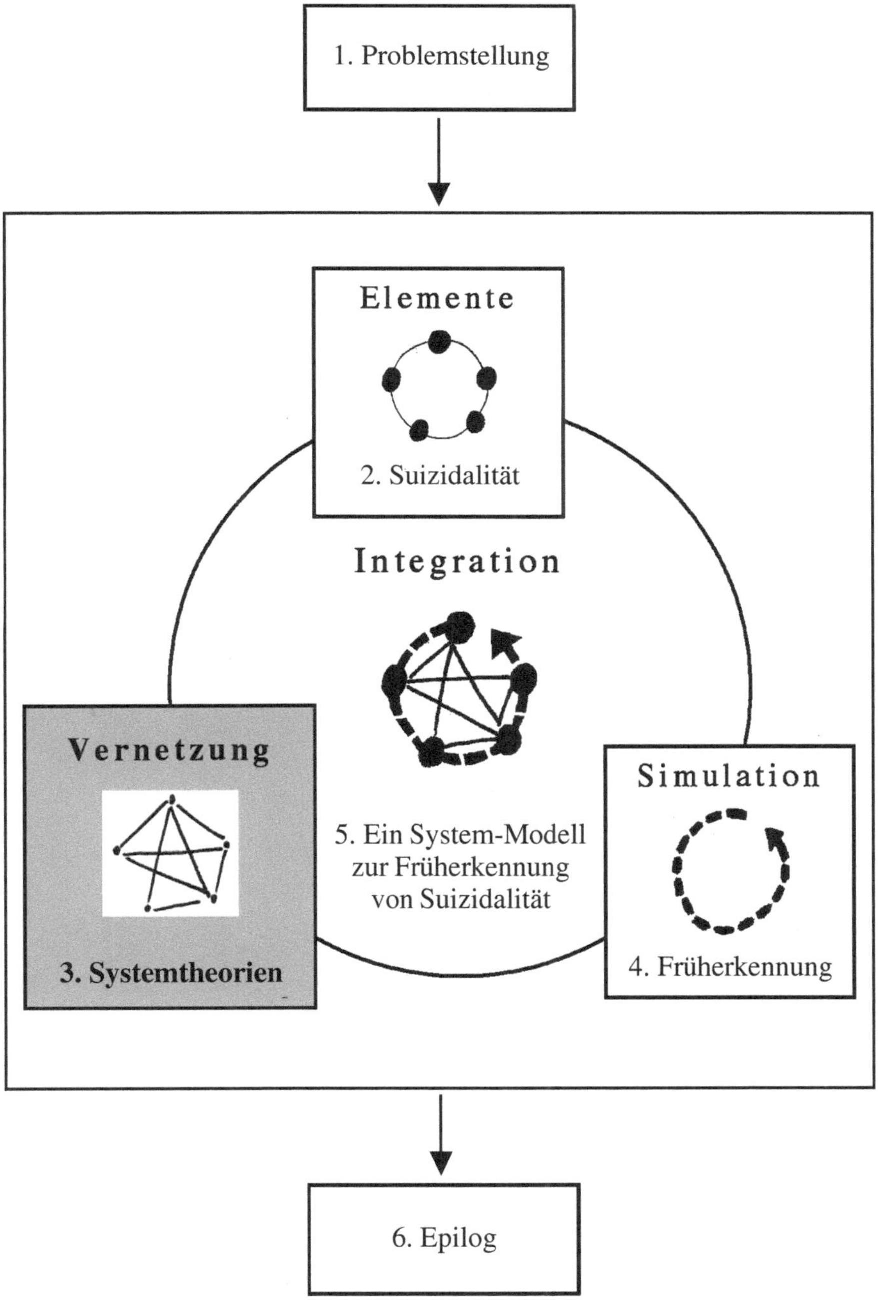
1. Problemstellung
Elemente
2. Suizidalität
Integration
Vernetzung
3. Systemtheorien
5. Ein System-Modell zur Früherkennung von Suizidalität
Simulation
4. Früherkennung
6. Epilog

3 Systemtheoretischer Bezugsrahmen

„Je nach Reizstärke hört man … ein langsames 'Klick-Klick-Klick…' oder ein rapides ‚Krrrrrrr…', die universelle Sprache der Neuronen."
(Heinz von Foerster 2005, 57f.)

Systemtheoretische Ansätze basieren auf der Vorstellung, dass es auch bei verschiedenartigen Systemen allgemeine Regeln und Muster gibt, die in unterschiedlichen Einzelwissenschaften gleichermaßen beschrieben werden können. Systemtheorien können als metatheoretische Universalsprache dienen, die Begriffe, Werkzeuge und Denkansätze für verschiedenste Problemstellungen bereitstellt und dadurch Möglichkeiten zur interdisziplinären Forschung bietet. „Die Systemtheorie ist somit ein multidisziplinär angelegter Ansatz, mit dem Ziel einer integrativen Zusammenarbeit verschiedener Wissenschaftsdisziplinen und hat daher auch ihrerseits unterschiedliche Wissensgebiete beeinflusst." (Kriz 2000, 17).

Auch zur Untersuchung des multikausalen Suizidphänomens aus ökonomischer Perspektive eignet sich der systemtheoretische Ansatz. Denn komplexe Systeme wie ein Mensch oder eine Familie ‚funktionieren' nach gleichen Grundregeln wie ein Unternehmen oder eine Volkswirtschaft ('Oberziel: Lebensfähigkeit', ‚Kennzeichen: Komplexität', ‚typische Gefahren: Zeitverzögerung und positive Rückkopplung').

Mit den Ursprüngen, den wichtigsten Vertretern und ihren unterschiedlichen Denkansätzen beschäftigt sich der Abschnitt 3.1. Für das Simulationsmodell wichtige systemtheoretische Grundbegriffe und Zusammenhänge werden in Abschnitt 3.2 beschrieben.

3.1 Ursprünge, Theorien und Hauptvertreter

Im folgenden werden die Hauptvertreter des gewählten systemtheoretischen Bezugsrahmens mit ihren Theorien kurz[43] vorgestellt. Ihnen ist gemein, dass sie vielfach auf die „einzigartige Wissenschaftstradition" (Varela 1993, 21) Europas – namentlich

[43] Ausführliche Darstellungen bieten u. a. Simon (2006), Wilms (1995), Küsters (1998).

unter anderem auf die Arbeiten von **Heidegger** (1943), **Piaget** (1974) und **Wittgenstein** (1966) – zurückgegriffen haben. (Kahle 1994, 6f.)

Norbert Wiener begründet mit seinem Buch „Cybernetics: Communication and Control in the Animal and the Machine" (1948; 1968) eine neue Wissenschaft.[44] Unter dem Oberbegriff **‚Kybernetik'** sollen allgemeine Regeln entwickelt werden, die für verschiedenste Systeme - wie Maschinen, Lebewesen und Gemeinschaften – gelten. „Seither wurde die Kybernetik oder – allgemeiner – die Systemtheorie in den Anwendungsdimensionen Technische Systeme, Biologische Systeme und Soziale Systeme weiterentwickelt. Zahlreiche Verbindungen zwischen den verschiedenen Gebieten wurden gefunden, neue Anwendungen in interdisziplinären Ansätzen entwickelt und die theoretischen Grundlagen erweitert." (Mirow 2005, 9).

Ludwig von Bertalanffy integriert verschiedene Ansätze der Kybernetik, Informationstheorie und Spieltheorie zu einer **„General Systems Theory"** (1970):

> Die allgemeine Systemtheorie ist eine Disziplin, die sich mit den allgemeinen Eigenschaften und Gesetzen von Systemen beschäftigt. Ein System ist definiert als eine Menge von in Wechselbeziehungen stehenden Elementen ... Die Systemtheorie beschäftigt sich mit jenen Prinzipien, die für Systeme gelten, unabhängig von der Natur des Systems, dessen Bestandteilen und den Beziehungen oder ‚Kräften', die zwischen ihnen bestehen. (Bertalanffy 1970, 122f.)

Gregory Bateson überträgt seit Beginn der 1970er Jahre – ausgehend von der kybernetischen Tradition – systemtheoretische Überlegungen auf den sozialwissenschaftlichen Bereich (1981). König/Zedler (1998, 192ff.) formulieren sechs Hauptthesen aus Batesons teilweise weiterentwickeltem Ansatz:[45]

1) Die Elemente eines sozialen Systems sind die in diesem System handelnden Personen.
2) Jede Person in einem sozialen System deutet Wirklichkeit.
3) Das Verhalten sozialer Systeme ist von sozialen Regeln bestimmt.

---

[44] Vorausgegangen waren amerikanische Militärforschungen, die zum Ziel hatten, den Schwächen der menschlich gesteuerten Flugabwehrsysteme vor dem zweiten Weltkrieg, durch die Berechnungen eines Analogcomputers zu begegnen (Bluma 2005, 211).

[45] „Die Systemtheorie in der Tradition von Bateson bedient sich unterschiedlicher forschungsmethodischer Verfahren, so werden beispielsweise subjektive Deutungen mit Hilfe qualitativer Interviewverfahren erfasst, während etwa die Erhebung von Interaktionsstrukturen auf der Basis von systematischen Verhaltensbeobachtungen erfolgt. In dieser angedeuteten Verbindung von qualitativen und quantitativen Forschungsmethoden offenbart sich das vorrangig praktische Interesse des Systemansatzes – ganz im Gegensatz zur soziologischen Systemtheorie." (Lehner/Wilms 2002, 94).

4) Aus subjektiven Deutungen und Regeln ergeben sich in sozialen Systemen zirkuläre Interaktionsstrukturen [Regelkreise].
5) Soziale Systeme sind durch eine Systemgrenze von der Umwelt abgegrenzt.
6) Soziale Systeme haben eine Geschichte, die durch Anfangspunkt, Entwicklung und Endpunkt charakterisiert ist.

Hervorzuheben ist die zweite Hauptthese, in der davon ausgegangen wird, dass Personen in einem sozialen System Wirklichkeit deuten. Dabei arbeitet Wahrnehmung nach Bateson nur mit Unterschieden. „Jede Informationsaufnahme ist notwendig die Aufnahme einer Nachricht von einem Unterschied, und alle Wahrnehmung von Unterschieden ist durch Schwellen begrenzt." (Bateson 2002, 39f.). Demnach wird Information definiert als „Unterschied, die einen Unterschied macht".

Der Deutung bzw. Konstruktion von Wirklichkeit nimmt sich insbesondere auch das Forschungsfeld des **‚Konstruktivismus'** bzw. der **‚Kybernetik zweiter Ordnung'** mit den Hauptvertretern **Ernst von Glasersfeld** und **Heinz von Foerster** an.[46] „Weltbilder und Realitäten sind stets von einem Beobachter er-rechnet und konstruiert, und ihre Qualität wird nicht so sehr von ihrem Wahrheitsgehalt bestimmt wie von ihrer Nützlichkeit zum Zweck des Überlebens." (Simon 2006, 77).

Der Soziologe **Niklas Luhmann** gibt in seiner Einführungsvorlesung zur Systemtheorie 1991 zu bedenken, dass es eine allgemeine Systemtheorie nicht gibt. „Das Wort, der Begriff ‚allgemeine Systemtheorie' überzieht die Sachverhalte beträchtlich." (2004, 41)[47]. Auch inhaltlich unterscheidet sich Luhmann deutlich von den oben beschriebenen ‚klassischen' systemtheoretischen Ansätzen. Während er zunächst an die Arbeiten von **Talcott Parsons** (1976) anknüpft und soziale Systeme als Handlungssysteme begreift, beschreibt er ab Mitte der 1970er Jahre soziale Systeme

[46] Die Grundidee des Konstruktivismus wird im folgenden Abschnitt unter den Aspekten ‚Wahrnehmung' und ‚Lebensfähigkeit' weiter erläutert.

[47] In seiner Vorlesung ‚Einführung in die Systemtheorie' im Wintersemester 1991/92 an der Universität Bielefeld ergänzt Luhmann: „Zwar wird in der soziologischen Literatur immer auf die Systemtheorie Bezug genommen, so als ob es sich um etwas handele, das im Singular vorhanden wäre, aber wenn man genauer zusieht … wird es schwierig, einen entsprechenden Gegenstand, eine entsprechende Theorie zu finden. Es gibt mehrere allgemeine Systemtheorien. Es gibt Versuche, systemtheoretische Ansätze zu verallgemeinern, das heißt, die Schranken einer bestimmten Disziplin zu überschreiten, aber im Allgemeinen ist dann immer noch deutlich zu erkennen, in welcher Disziplin der Ausgangspunkt dieser Abstraktion liegt." (2004, 41).

als Kommunikationssysteme[48]. Luhmann definiert den Begriff System nicht mehr wie seine Vorgänger über die Elemente und deren Beziehungen, sondern über die System-/Umwelt-Differenz. In seinem 1984 veröffentlichten Buch „Soziale Systeme“, das er selbst „als sein erstes ‚Hauptwerk‘“ (Luhmann 2004, 7) bezeichnet, erläutert er seinen Standpunkt:

> Systeme sind nicht nur gelegentlich und nicht nur adaptiv, sie sind strukturell an ihrer Umwelt orientiert und können ohne Umwelt nicht bestehen. Sie konstituieren und sie erhalten sich durch Erzeugung und Erhaltung einer Differenz zur Umwelt, und sie benutzen ihre Grenzen zur Regulierung dieser Differenz … (Luhmann 1984, 35f.)

Nach Luhmann besteht beispielsweise ein Unternehmen nicht aus den Mitarbeitern, sondern aus den Kommunikationsprozessen des Unternehmens. Hier knüpft er an die Theorie der **‚Autopoiesis‘** von **Humberto R. Maturana** und **Francisco Varela** (1987) an. „Zudem sind soziale Systeme autopoetisch, indem sie die Elemente, aus denen sie bestehen – hier: Kommunikation – selbst erzeugen.“ (Lehner/Wilms 2002, 93).

Ab den späten 1980er Jahren erlangt bei Luhmanns der **‚Beobachter‘**[49] eine zunehmend prominentere Rolle. „Das hat im Theorieaufbau Auswirkungen, die auf eine allmähliche Verschiebung des Akzents vom Autopoiesisbegriff Humberto R. Maturanas auf George Spencer-Browns Unterscheidungskalkül hinweisen.“ (Baecker 2004, 8).

George Spencer-Brown (1969; 1997) geht von Unterscheidungen aus und sieht in allen Wirklichkeitskonstruktionen einen Kreationsprozess von Unterscheidungen. Er fordert beim Unterscheiden allerdings, dass eine „Innenseite“ vom Unterscheider „markiert“ wird, die sich gegenüber der „Außenseite“ als einen „unmarkierten Zustand“ abgrenzt. In einem zweiten Schritt wird der markierte Bereich dann bezeichnet. Der markierte und bezeichnete Bereich bildet aus systemtheoretischer Sicht das

[48] Luhmann unterscheidet drei Systemtypen, die unterschiedlich operieren: soziale Systeme durch Kommunikation, biologische Systeme durch biochemische Reaktionen und psychische Systeme durch Gedanken und Gefühle (Simon 2006, 90).

[49] „Bei der soziologischen Systemtheorie Luhmann‘scher Prägung gilt es zu berücksichtigen, dass es sich um eine metatheoretische Konzeption handelt. So werden etwa unter dem Stichwort der Beobachtung keine forschungsmethodischen Entwürfe vorgelegt, sondern die Voraussetzung des Beobachtungsvorgangs entfaltet: Dazu gehören der ‚blinde Fleck‘ als die nicht beobachtbare – der Beobachtung aber vorausgesetzte – Unterscheidung und die Beobachtung [n+1]-Ordnung, in der die auf der Ebene der Beobachtung n-ter Ordnung benutzte Unterscheidung miterfasst wird.“ (Lehner/Wilms 2002, 93).

„System“ und der unmarkierte Raum bzw. Zustand oder Inhalt die „Umwelt“. Beide zusammen werden von Spencer-Brown „Form“ genannt.[50]

Auch bei **Maturana** spielt das **„Konzept des Beobachters“** (1994) eine zentrale Rolle:

> Ein System, das in der Lage ist, mit seinen internen Zuständen zu interagieren und von diesen Interaktionen Repräsentationen [sog. Beschreibungen] zu erzeugen, operiert als Beobachter und kann Konstrukte des Systems und seiner Umwelt kognitiv erzeugen. (Schmidt 1994, 18)

Hierbei ist zwischen internem und externem Beobachter zu unterscheiden: Ein externer Beobachter, wie ein Psychologe, hat keinen Zugang zu den inneren Zuständen eines Menschen. Er kann nur Aussagen über „die ‚Oberfläche‘ des Verhaltens“ (Schmidt 1994, 19) treffen, indem er die Interaktion zwischen Menschen und ihrer Umwelt betrachtet und Gesetzmäßigkeiten in deren Verhalten identifiziert.

Nach **Maturana** sind System und Umwelt durch **‚strukturelle Kopplung‘** verbunden. Einwirkungen auf das System von der Umwelt sind nicht einseitig, Anpassung wird nicht nur aufseiten des Systems vollzogen, sondern auch aufseiten der Umwelt, d. h. des Mediums, in dem das System operiert.

Neuere Systemtheoretiker wie **Fritz B. Simon** (2006) weisen darauf hin, dass die so genannte Umwelt ebenfalls Systeme enthält, also Systeme miteinander gekoppelt sind. Für die hier vertretene **‚personenzentrierte Systemtheorie‘** kann als Beispiel die Kopplung zwischen den Systemen ‚Psyche‘ und ‚Körper‘ gelten. Diese ist, bedingt durch die gemeinsame Geschichte, besonders stark. „Die Entwicklung der Psyche eines Menschen ist nicht losgelöst von der Entwicklung seines Körpers zu erklären und umgekehrt auch die des Körpers nicht, ohne die psychischen Bedingungen zu berücksichtigen.“ (Simon 2006, 80)

Über Spencer-Brown hinausgehend wird hier also Umwelt nicht als eine unmarkierte Außenseite des Systems gesehen, sondern die Umwelt bildet eine markierte Außenseite und jedes dieser Systeme bildet eine Umwelt für andere Systeme. Wenn es um eine Analyse von Entwicklungsprozessen geht, wie es in meinem Modell für die Entwicklung eines suizidalen Prozesses der Fall ist, dann kann das System ‚Mensch‘ nicht ausschließlich aus der Perspektive der für ihr Überleben relevanten

[50] Lehner/Wilms weisen darauf hin, dass sich im zeitlichen Verlauf das benannte und das nicht benannte Unterschiedene wechseln können. „Das außerhalb der Grenze liegende kann benannt und vom Akteur dadurch beobachtet werden …“ (2002, 102) Was beobachtet wird ist also eine Grundsatzentscheidung des Akteurs im Prozess der Beobachtung.

Umwelten betrachtet werden. Das hat Folgen für die Handlungsoptionen in Krisen, wie z. B. bei einer suizidalen Entwicklung:

> Der Vorteil, die Einheit von System und Umwelt als Einheit evolutionärer Entwicklung zu definieren, ist der, dass sich so die Möglichkeiten von Interventionen erweitern: Man kann sich auf beiden Seiten der Unterscheidung ‚einmischen', d. h. in das System oder aber in eine seiner Umwelten intervenieren. (Simon 2006, 82f.)

Während Körper und Psyche eine „koevolutionäre Einheit" darstellen, sind Psyche und Familie nicht so „fest" gekoppelt, und die Verbindung zu anderen sozialen Systemen, wie Organisationen, ist von noch mehr Freiheitsgraden bestimmt, besteht doch i. d. R. ein beiderseitiges Kündigungsrecht (Simon 2006, 81).

In der Psychologie und Psychotherapie entwickelte sich das systemische Denken ursprünglich aus der **Familientherapie**, wie **Jürgen Kriz** (1999) erläutert. Schon in den 1960er Jahren wurden in der ‚strukturellen Familientherapie' das Familiensystem in Subsysteme differenziert und deren Kommunikationsstrukturen analysiert. Daraus entwickelte sich die ‚strategische Familientherapie', bei der systemisch-interaktionelle Prozesse in den Vordergrund rückten. „Es ging nun nicht mehr darum, der Familie rational ihre Situation verstehen zu helfen, zu erklären oder zu interpretieren. Vielmehr ging es darum, so schnell wie möglich das Spiel der Familie zu erfassen, das zur Aufrechterhaltung der Symptome beiträgt." (Kriz 1999, 101).

Systemtheoretische Ansätze sind seit gut 30 Jahren auch in der Wirtschaft zu finden mit zunehmender Bedeutung für die Betriebswirtschaftslehre[51] und Wirtschaftspraxis, wie in Kapitel 4 noch ausführlich beschrieben wird.

Stafford Beer, „der wohl als erster das Gedankengut der Kybernetik konsequent auf die Führung von Unternehmen übertragen hat" (Mirow 2005, 16), postuliert das **‚Prinzip der Lebensfähigen Systeme'** [Viable Systems], nach dem alle Untereinheiten eines Unternehmens mit entsprechenden Funktionen, Fähigkeiten und Freiheiten auszustatten sind, dass sie im Prinzip auch allein am Markt lebensfähig wären.

Frederic Vester prägt den mit umfangreichen Systemstudien unterlegten Begriff **„Vernetztes Denken"** (2001). „Alle im deutschsprachigem Raum verbreiteten Ansätze des vernetzten Denkens können im Wesentlichen auf den von Vester stammenden biokybernetischen Ansatz zurückgeführt werden, der in das von ihm entwickelte, sehr anwenderfreundliche Sensitivitätsmodell mündete." (Lehner/Wilms 2002, 96).

In der Schweiz entsteht unter Mitwirkung von Gomez, Malik, Oeller, Probst und Ulrich das **„St. Galler Management-Modell"**, durch das das systemtheoretische

[51] Vgl. für viele: Kahle (1994); Wöhe (1990, 81ff.); Staehle (1989, 40ff.); Malik/Probst (1981).

Gedankengut, insbesondere von Beer und Vester, als **„Ganzheitliches Denken“** für die deutschsprachige Managementpraxis zugänglich wird.[52]

An der Universität Lüneburg arbeitet die **Forschungsgruppe kybernetische Unternehmensstrategie [Fokus]** seit den frühen 1990er Jahren an einer Nutzbarmachung der systemtheoretischen Ansätze für die systemorientierte Betriebswirtschaftslehre.

Die Hochschule St. Gallen sowie Vester und auch Fokus bieten unterstützende Modelle zum Umgang mit komplexen Systemen bzw. Problemen an. Ich habe mich zum Aufbau meines Simulationsmodells für die Unterstützung durch Vesters Sensitivitätsmodell entschieden, das in Abschnitt 4.3 ausführlich beschrieben wird. Lehner/Wilms stellen folgende Vorteile heraus: „Das Sensitivitätsmodell zeigt eine deutlich systematische Orientierung und bietet vielfache Möglichkeiten, einen gegebenen Systemzusammenhang abzubilden ... Das gesamte Vorgehen ist leicht nachvollziehbar.“ (2002, 100).

3.2 Systemtheoretische Grundlagen für das Simulationsmodell

Im folgenden werden einige Grundbegriffe beschrieben, die im Zusammenhang mit dem Aufbau eines systemtheoretischen Simulationsmodells von Bedeutung sind. Hier wird auch der Versuch unternommen, einen einheitlichen Begriffsapparat festzulegen, was den späteren Rückgriff in meinem Simulationsmodell auf die systemtheoretischen Wurzeln erleichtern soll. Um den Gesamtzusammenhang des Begriffs- und Denkapparats zu gewährleisten, beschränke ich mich auf kurze Erklärungen. Notwendige ausführlichere Erläuterungen und Verweise auf weiterführende Literatur sind in die Fußnoten eingearbeitet. [Die Grundbegriffe sind **fett** hervorgehoben.]

3.2.1 Komplexe Systeme

Ein **System** besteht aus mehreren Variablen die durch Wirkungen miteinander in Verbindung stehen. **Variablen** [Synonyme: Elemente, Merkmale, Teile, Einflussgrößen

[52] Vgl.: Gomez/Malik/Oeller (1975); Ulrich/Probst (1995); Gomez/Probst (1999); Malik (2006).

etc.] können verschiedene **Zustände** [Synonyme: Ausprägungen etc.] annehmen. **Wirkungen** [Synonyme: Relationen, Interdependenzen, Beziehungen etc.] können positiv oder negativ gerichtet sein. Sie können linear oder nicht-linear und auch mit Zeitverzug erfolgen. Die Summe der Variablen und Wirkungen kann in einem **Wirkungsgefüge** [Synonyme: Beziehungsgeflecht, Netzwerk, Systemstruktur, Muster, Map etc.] dargestellt werden.[53]

Luhmann unterscheidet folgende Arten von Systemen (1984, 16):

- Maschinen: z. B. Auto, Motor
- Organismen bzw. lebende Systeme: z. B. Bakterien, Mensch
- soziale Systeme: z. B. Familie, Gesellschaft, Unternehmen

Maschinen sind nicht-komplexe Systeme, deren Verhalten voraussagbar ist. Organismen und soziale Systeme sind komplexe Systeme. **Komplexität** beschreibt „die Fähigkeit eines Systems, in einer gegebenen Zeitspanne eine große Zahl von verschiedenen Zuständen annehmen zu können" (Ulrich/Probst 1995, 58). Ihr konkretes Verhalten zu bestimmten Zeitpunkten ist nicht voraussagbar.[54]

Die Unberechenbarkeit von Verhaltensweisen, die ein komplexes System zeigt, wird als **Kontingenz**[55] bezeichnet, die nach Simon dankenswerterweise nur wenige Menschen voll ausleben, indem sie sich so unberechenbar verhalten, wie sie eigentlich könnten. „Offenbar gibt es gute Gründe für jeden Einzelnen, sich seinen Mit-

[53] Nach Lehner/Wilms weist ein Wirkungsgefüge zweierlei Bezugspunkte auf: „Zum einen kann es als Versuch gedeutet werden, jene variablen Einflußgrößen und Relationen zu erfassen, die sich als relevant für ein bestimmtes System erweisen; insofern besteht eine Verbindung zur allgemeinen Systemtheorie bzw. genauer zu den Ansätzen des vernetzten Denkens in der Lesart von Vester und Probst. Zum anderen wird das Wirkungsgefüge ausdrücklich als subjektiv ausgewiesen, womit es sich in die Systemtheorie in der Tradition von Bateson einfügt", der davon ausgeht, „dass Personen in einem sozialen System bestimmte Aspekte der Wirklichkeit deutend erfassen" (2002, 96).

[54] Luhmann beschreibt komplexe Systeme mit der Theorie einer „Black Box", die besagt, „dass man das Innere des Systems, weil es zu komplex ist, nicht erkennen, auch nicht analysieren kann und dass man nur aus den Regelmäßigkeiten der Außenbeziehungen des Systems ableiten kann, dass es irgendeinen Mechanismus geben müsse, der die Zuverlässigkeit des Systems, die Berechenbarkeit, die Vorhersehbarkeit seiner Outputs bei bestimmten gegebenen Inputs zu erklären vermag" (2004, 49).

[55] Kontingenz nach Luhmann: „Der Begriff wird gewonnen durch Ausschließung von Notwendigkeit und Unmöglichkeit. Kontingent ist etwas, was weder notwendig ist noch unmöglich ist; was also so, wie es ist (war, sein wird), sein kann, aber auch anders möglich ist. Der Begriff bezeichnet mithin Gegebenes (Erfahrenes, Erwartetes, Gedachtes, Phantasiertes) im Hinblick auf mögliches Anderssein; er bezeichnet Gegenstände im Horizont möglicher Abwandlungen." (Luhmann 1984, 152).

menschen relativ zuverlässig und kalkulierbar zu zeigen, obwohl er oder sie auch noch über ganz andere Potenziale verfügt. Nur ab und zu taucht diese Unberechenbarkeit auf, wenn ein bis dahin vollkommen unauffälliger Nachbar plötzlich als Kannibale identifiziert wird [oder ein Teenager scheinbar ohne triftigen Grund Suizid verübt; Beispiel von J.O.]." (Simon 2006, 40).

Komplexe Systeme weisen Regelkreise auf, die Rückschlüsse auf das Verhaltensmuster des Systems erlauben (Probst/Gomez 1989, 5). Ein **Regelkreis** [Synonyme: Rückkopplung, Feedback, Wechselwirkung etc.] liegt vor, wenn zwei oder mehr Variablen mit einer wechselseitigen Wirkung verbunden sind.

Negative Rückkopplungen stabilisieren ein System, indem sie es immer wieder in den Ausgangszustand führen. **Positive Rückkopplungen** können zu Aufschaukelungseffekten führen und ein System aus dem Gleichgewicht bringen. Die Anzahl an Rückkopplungen sagt bereits einiges über ein Systemverhalten aus. Wenige Rückkopplungen deuten auf ein von äußeren Einflüssen abhängiges „Durchflußsystem" (Vester 2001, 214) hin, während viele Rückkopplungen auf ein autarkes Verhalten schließen lassen. Lange Rückkopplungsketten, in die mehrere Variablen einbezogen

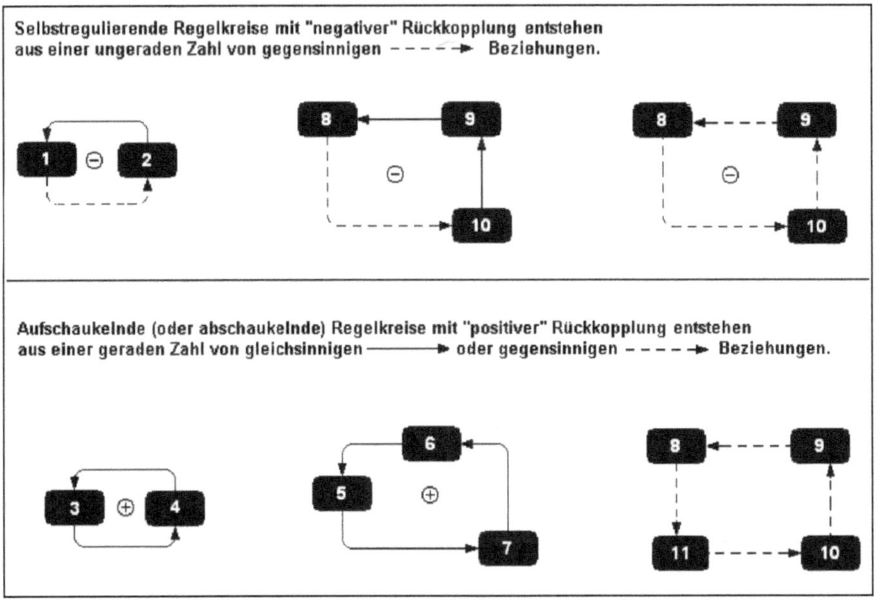

Abb. 5: Regelkreise mit negativer und positiver Rückkopplung
(Quelle: Vester 2006)

sind, bedeuten oft Rückwirkungen mit Zeitverzögerung, die gefährlich sein können, da sie oft zu spät wahrgenommen werden.

Wenn mehrere Variablen durch vielfältige Wirkungen miteinander verbunden sind, spricht man von **Multikausalität**. Kahle (2001, 79f.) weist darauf hin, dass „die meisten relevanten ökonomischen, aber auch sozialen, politischen und menschlichen Probleme multikausal" sind. Trotzdem beschränken sich ökonomische Erklärungsmodelle oft auf „relativ einfache und häufig monokausale Zusammenhänge zwischen wenigen Merkmalen wie etwa der Menge der produzierten Güter und dem Gewinn … weil sie dann noch analytisch handhabbar sind". Eine solche Vereinfachung ist nach Kahle dann möglich und sinnvoll, „wenn sich die Realität in kleinere und relativ stark isolierte Handlungsfelder [Soll- und Istzustände] dekomponieren lässt. … In vielen Fällen sind jedoch die Interdependenzen zwischen den Merkmalen und den Alternativen so groß, daß eine Dekomposition nicht in Frage kommt. In diesen Fällen müssen je nach Art der Interdependenzen geeignete Methoden der Verknüpfung und Abarbeitung multikausaler Zusammenhänge gesucht und eingesetzt werden." (Kahle 2001, 80).

Wie in Kapitel 2 beschrieben, handelt es sich auch bei Suizidalität um ein multikausales Phänomen, dessen verschiedene Einflussfaktoren in Kapitel 5 zu einem komplexen Wirkungsgefüge verknüpft werden sollen.

These 2: Abbildung von komplexen Systemen

Das Verhalten von komplexen Systemen ist nicht vorhersagbar. Mit Hilfe von Modellen kann man Regelkreise aufzeigen, die Rückschlüsse über ein mögliches Verhalten erlauben. Da eine vollständige Abbildung eines Realphänomens nicht möglich ist und zudem immer vom Modellkonstrukteur subjektiv beeinflusst wird, kann ein Modell immer nur eine Unterstützung zum Umgang mit komplexen Problemen anbieten, jedoch nie eine exakt prognostizierbare Lösung.

3.2.2 Konstruktion von Wirklichkeit

Die Grundlage dieses systemtheoretischen Aspektes bilden neurophysiologische Untersuchungen, die „die Verarbeitung von Reizen im menschlichen Gehirn zu Wahrnehmungen oder Bildern von der Welt" (Kahle 1995, 5) beschreiben. Die verbreitete Vorstellung geht davon aus, dass das menschliche Wahrnehmungssystem in direktem Kontakt mit der Welt steht, denn die „visuelle Welt ist uns im wahrsten Sinn des Wortes unmittelbar augenscheinlich gegeben, die Laute dringen unvermittelt an unser Ohr, und wir betasten und begreifen die Gegenstände in unserer Reichweite unmittelbar als Gegenstände“ (Roth 1994, 229). Demnach bilden die menschlichen Sinnesorgane „die Tore des Gehirns zur Welt“ (Schmidt 1994, 13), indem vorselektierte Informationen ins Gehirn gelangen und von diesem zu einer adäquaten Wahrnehmung zusammengefügt werden.

Betrachtet man das Phänomen der Wahrnehmung jedoch nicht vom Standpunkt der Sinnesorgane, sondern aus Sicht der Arbeitsweise des menschlichen Gehirns, so eröffnet sich eine ganz andere Perspektive: Äußere Erregungsimpulse bzw. Umweltreize, die von den Sinnesrezeptoren zu bioelektronischen Signalen verarbeitet werden, sind bedeutungsneutral und zeigen lediglich den Grad einer Erregungsänderung an und nicht die Erregungsursache selbst (Kahle/Jansen/Wilms 1993, 45). Alle Sinnesrezeptoren können nur erkennen, dass es einen Reiz gibt und mit welcher Quantität es diesen Reiz gibt. Sie sind jedoch „ ‚blind‘ für die Qualität der Reize“[56] (Foerster 1994, 44). Heinz von Foerster beschreibt diesen Vorgang im Anschluss an Varela (1982) als „Prinzip der undifferenzierten Codierung“[57]:

> Je nach Reizstärke hört man ... ein langsames ‚Klick-Klick-Klick...‘ oder ein rapides ‚Krrrrrrr...‘, die universelle Sprache der Neuronen. ... Die Erregungszustände einer Nervenzelle codieren *nur* die Intensität, aber *nicht* die Natur der Erregungsursache. Codiert wird nur: ‚So-und-soviel an dieser Stelle meines Körpers‘, aber nicht ‚Was‘. (2005, 57f.)

Erst im Gehirn wird den Impulsen eine spezifische Bedeutung zugewiesen, indem „das System von Synapsen ... fortlaufend aus den eingehenden Reizen ein stabiles Bild der Umwelt“ (Kahle 1995, 7) errechnet. Die Bedeutungszuweisung erfolgt nach individuellen Regeln des Gehirns, die sich in einem evolutionären Versuchs- und Irrtumsprozess herausgebildet haben und den Bezugsrahmen für das individuelle Verhalten liefern. Hiernach stellt das Gehirn – entgegen der üblichen Vorstellung – kein „umweltoffenes Reiz-Reaktionssystem“ (Scheffer 1990, 47) dar, durch das ein mehr oder weniger genaues inneres Abbild einer realen Welt geschaffen wird, sondern ein

[56] „Und in der Tat, ‚da draußen‘ gibt es ja kein Licht und keine Farben, da gibt es elektromagnetische Wellen; ‚da draußen‘ gibt es keine Laute und keine Musik, da gibt es longitudinale periodische Druckvorgänge; ‚da draußen‘ gibt es keine Hitze und Kälte, da gibt es eine höhere oder niedrigere mittlere kinetische Molekularenergie, und so weiter – und ganz bestimmt: ‚da draußen‘ gibt es keinen Schmerz.“ (Foerster 1985, 69).

[57] Das „Prinzip der undifferenzierten Codierung“ wurde bereits Mitte des 19. Jahrhunderts von dem Neurophysiologen Johannes Müller formuliert (Schmidt 1994, 14).

„funktional geschlossenes System, das nur seine eigene ‚Sprache' versteht und nur mit seinen eigenen Zuständen umgeht" (Schmidt 1994, 14). Erst die interne Organisation bzw. die vorherrschenden Interpretationsregeln des Nervensystems bestimmen, „was als wichtig, stabil, regulär gilt. Das Gehirn konstruiert, formt Ordnungen – Wirklichkeiten, … wenn man Wirklichkeit als eine Ansammlung von Regelmäßigkeiten versteht" (Varela 1982, 84). Damit ist das Gehirn ein „Organ, das Welten festlegt, keine Welten spiegelt"[58] (Varela 1993, 109).

Der Interpretationsprozess des Gehirns ist zum Teil genetisch und kulturell geprägt, was einen bestimmten stabilen Rahmen vorgibt. Zum Teil spielen individuelle Erfahrungen und damit der Einfluss der Vergangenheit eine Rolle (was in meinem Modell durch die Variable D berücksichtigt wird). Sie sind grundsätzlich ebenfalls stabil, aber durchaus auch entwicklungsfähig und veränderbar. Als Drittes wird die Interpretation auch beeinflusst vom aktuellen Zustand eines Menschen, insbesondere seinem emotionalen Befinden (vgl. Variable C). Das kann sich auch kurzfristig ändern. Die Interpretationsregeln sind also nicht ausschließlich stabile Gebilde.

Die beschriebenen neurophysiologischen Erkenntnisse zum Phänomen der Wahrnehmung lassen sich in folgender These zusammenfassen:

These 3: Die subjektive Konstruktion von Wirklichkeit

Das Gehirn ist ein kognitiv in sich abgeschlossenes System, das nach eigenentwickelten Regeln neuronale Impulse deutet und bewertet. Dabei unterscheidet das Gehirn nicht zwischen inneren und äußeren Impulsen bzw. Ereignissen. Damit beschreibt Wahrnehmung keine passive Aufnahme und Wiedergabe von Informationen, sondern einen aktiven Interpretationsprozess, durch den ein Mensch seine subjektive Wirklichkeit selbst konstruiert.[59]

[58] Wissenschaftliche Experimente haben gezeigt, dass, wenn man das Gehirn eines Menschen an bestimmte Computertechnologien anschließt und ihn auffordert, ein bestimmtes Objekt anzusehen, hierbei bestimmte Gehirnbereiche aufleuchten. Dann sollte der gleiche Mensch die Augen schließen und sich das gleiche Objekt vorstellen. Daraufhin erfolgte ein Aufleuchten der gleichen Gehirnbereiche als ob er das Objekt tatsächlich anschaute. Diese Ergebnisse verdeutlichen: „Das Gehirn kennt nicht den Unterschied von in der Umgebung gesehenen Dingen und Dingen aus der Erinnerung, weil die gleichen spezifischen Neuronennetze feuern. … Das Gehirn kennt keinen Unterschied zwischen inneren und äußeren Ereignissen." (Dispenza 2004).

[59] Vgl. auch Foerster (1993), Glasersfeld (2005), Haken/Haken-Krell (1992), Roth (1994), Schmidt (1994), Varela (1993, 102ff.), Oldenburg (1996, 8).

Die neurophysiologischen Untersuchungen zum Phänomen der Wahrnehmung führen zu einer weiteren Überlegung, zu der der Psychologe Viktor E. Frankl einen eindrucksvollen einführenden Erlebnisbericht liefert. Als Jude verbrachte Frankl den zweiten Weltkrieg unter menschenunwürdigen Bedingungen in einem Konzentrationslager.

> Eines Tages, er war nackt und allein in einem kleinen Raum, begann er sich dessen bewusst zu werden, was er später die ‚letzte Freiheit des Menschen' nannte – der Freiheit, die die Nazischergen ihm nicht wegnehmen konnten. Sie konnten seine Umgebung kontrollieren, sie konnten mit seinem Körper machen, was sie wollten, aber Viktor Frankl blieb ein selbstbewußtes Wesen, das beobachten konnte, was mit ihm geschah. … *Er konnte in sich selbst entscheiden, wie all das sich auf ihn auswirken würde.* Zwischen dem, was ihm widerfuhr, dem Reiz, und seiner Reaktion darauf lag seine Freiheit oder Kraft, die Reaktion zu bestimmen. Inmitten seiner furchtbaren Erfahrungen projizierte Frankl sich selbst in eine andere Umgebung und unter andere Bedingungen, sah beispielsweise, wie er nach seiner Befreiung aus dem Lager seine Studenten unterrichtete. Mit seinem inneren Auge zeichnete er sich selbst im Hörsaal, wo er seinen Studenten genau die Lektion vermittelte, die er während seiner Folterungen lernte.
>
> Durch eine Reihe solcher Übungen … übte er seine kleine … Freiheit aus. Diese wuchs und wuchs, bis Frankl schließlich mehr Freiheit hatte als seine Nazi-Aufseher. Sie besaßen mehr *Freiheiten*, mehr Optionen in ihrer Umgebung, aus denen sie auswählen konnten, aber er verfügte über mehr *Freiheit*, mehr innere Kraft, seine Optionen auszuüben. Er wurde zu einer Inspiration für die Menschen in seiner Umgebung, selbst für einige Wächter. (Covey 1995, 67f.)

Die Erkenntnis, selbst für die Reaktion auf einen Reiz verantwortlich zu sein, kann – wie der Erfahrungsbericht von Frankl verdeutlicht – eine vollständig neue Perspektive eröffnen: Ein Mensch ist nicht zwingend das Opfer bestimmter Umweltbedingungen, sondern hat als autonomes Wesen die Freiheit zwischen verschiedenen Optionen zu wählen. „Unser Verhalten ist eine Funktion unserer Entscheidungen, nicht der gegebenen Bedingungen." (Covey 1995, 68f.)

These 4: Autonomie als Freiraum zwischen Reiz und Reaktion

Zwischen Reiz und Reaktion hat ein Mensch bei der Konstruktion seiner subjektiven Wirklichkeit einen Entscheidungsfreiraum innerhalb dessen er aus verschiedenen Möglichkeiten frei wählen kann. Damit ist ein Mensch für seine individuellen Modelle von der Wirklichkeit, die sein Verhalten prägen, und somit auch für seine Lebensumstände innerhalb dieses Entscheidungsraums selbst verantwortlich.

Der Neurobiologe Francisco Varela, dessen Untersuchungen obige Annahmen entscheidend geprägt haben, schildert seine Erfahrungen wie folgt:

> Am Anfang des Prozesses, der mich zum Überdenken dieser Paradigmen brachte, stand die Entdeckung, wie unbewußt und automatenhaft ich bis dahin mein Leben gelebt hatte. Wenn man erst einmal erkennt, daß man wie eine kleine Maschine auf Knopfdruck reagiert, und zu sehen beginnt, daß es individuelle Wege der Weiterentwicklung gibt, gelangt man zu einer plastischeren, eher augenblicksorientierten Auseinandersetzung mit der persönlichen Welt. … Das geschärfte Bewußtsein für die volle Macht der eigenen Autonomie und das Gefühl von Reichtum und Weite, das damit einhergeht, sind das Wichtigste, was ich je in meinem Leben gelernt habe. (Varela 1982, 92)

Wer mit seinen derzeitigen Lebensumständen unzufrieden ist und bereit ist, diese aktiv zu verändern, für den gilt es nach obiger These zunächst zu akzeptieren, dass die Welt nur so ist „wie sie ist, weil wir sie so gemacht haben" (Glasersfeld 1994, 29). Danach hätte man des Weiteren auch zu akzeptieren, dass „wir die Wirklichkeit, die wir leben, und die nur deshalb so ist, wie sie ist, weil wir sie leben, niemand anderem als uns selbst zu verdanken haben" (Scheffer 1990, 81).

3.2.3 Lebensfähigkeit und Suizidalität

Übergeordnetes Ziel von lebenden Systemen ist die Überlebensfähigkeit. Hierfür hat ein Mensch gewöhnlich in langjährigen Versuchs- und Irrtumsprozessen ‚passendes' Wissen über seine Umwelt gesammelt, das ihm durch entsprechende Wahl der Reaktion auf Umweltreize ermöglicht, durch ‚passende' Verhaltensweisen in seiner Umwelt ‚erfolgreich' zu agieren. Watzlawick illustriert das systemtheoretische Verständnis von ‚passend' und ‚erfolgreich' in Anlehnung an von Glasersfeld anhand folgender Metapher:

Ein Kapitän, der in dunkler, stürmischer Nacht eine Meeresenge durchsteuern muß, deren Beschaffenheit er nicht kennt, für die keine Seekarte besteht und die keine Leuchtfeuer oder andere Navigationshilfen besitzt, wird entweder scheitern oder jenseits der Meeresenge wohlbehalten das sichere, offene Meer wiedergewinnen. Rennt er auf die Klippen auf und verliert Schiff und Leben, so beweist sein Scheitern, daß der von ihm gewählte Kurs nicht der richtige Kurs durch die Enge war. … Kommt er dagegen heil durch die Enge, so beweist dies nur, daß sein Kurs im buchstäblichen Sinne nirgends anstieß. Darüber aber lehrt ihn sein Erfolg nichts über die wahre Beschaffenheit der Meeresenge; nicht darüber, wie sicher oder wie nahe an der Katastrophe er in jedem Augenblicke war … Sein Kurs passte in die ihm unbekannten Gegebenheiten; er stimmte deswegen aber nicht, wenn mit stimmen ... gemeint ist, ... daß der gesteuerte Kurs der wirklichen Natur der Meeresenge vielleicht kürzere, sichere Durchfahrten ermöglicht. (1994, 14f.)

Stellt sich ein Verhalten aufgrund veränderter Zielvorstellungen [die Meeresenge hat eine zweite Ausfahrt, durch die ein anderer Hafen angesteuert werden soll] oder wandelnder Umweltbedingungen [die Beschaffenheit der Meeresenge hat sich verändert] als nicht mehr passend heraus, so gilt es für ein Individuum, neue, den Veränderungen angepasste Verhaltensweisen zu erlernen, um die Lebensfähigkeit weiterhin zu gewährleisten.

Das Lernen neuer Verhaltensweisen setzt zunächst voraus, dass sich ein Mensch mit den alten Regeln und Gewohnheiten vertraut macht, die bisher überwiegend unbewusst zu den alten Verhaltensweisen geführt haben. Es gilt zu erkennen, „wie wir auf das reagieren, was wir im Leben erleben“ (Covey 1995, 72). „Regeln ... sind häufig den handelnden Personen auch gar nicht bekannt oder bewußt, sondern wirken faktisch. Verhaltensregeln in diesem Sinne ... stellen ... die wohl wichtigste Anpassungsform des Menschen an eine Umwelt dar, über deren Einzelheiten er nie genug wissen kann ...“ (Malik/Probst 1981, 129).

Anschließend gilt es, sich von vorherrschenden Bildern von der subjektiven Wirklichkeit zu lösen, sich zu öffnen „über das vorgeblich Richtige, Zwangsläufige oder auch Routinierte hinaus“ (Sprenger 1995, 114), um die im Laufe eines Lebens gewonnenen Interpretationsregeln und Verhaltensgewohnheiten zu überschreiten und in einem kreativen Prozess neue Perspektiven zu entwickeln bzw. zu testen.

These 5: Lebensfähigkeit von komplexen Systemen

Lebensfähigkeit steht für die Möglichkeit und Bereitschaft eines Systems, ein der jeweiligen Lebenssituation angepasstes Gleichgewicht herstellen zu können, indem auf Störungen bzw. veränderte Rahmenbedingungen mit ‚passenden‘ Verhaltensweisen reagiert wird.

Hyperkomplexe Wahrnehmungs- und Handlungsprozesse

Soweit die Theorie: Praktisch bedeutet für einen Menschen sowohl das Erkennen der bestehenden Regeln, nach denen die Lebenswelt strukturiert wird, als auch das Etablieren neuer Regeln eine rational kaum lösbare Aufgabe, wenn mit Lebenswelt „jenes komplexe Netzwerk aus Wahrnehmungs-, Erlebens- und Handlungsprozessen, einschließlich der materiell manifestierten (Sinn-) Strukturen (Werkzeuge, Autos, Häuser Bücher, Kleidung etc.)[60] gemeint sein soll“ (Kriz 1999, 130). Selbst nach dem Versuch, einen Menschen mit seinen Subsystemen und relevanten Umwelten auf das Wesentliche zu reduzieren, findet man immer noch ein hyperkomplexes Interaktionssystem vor: „intrazelluläre und -organische, neurophysiologische, hormonelle, sensorische, motorische, psychische, kommunikative und semiotische Prozesse (um wenige Betrachtungsebenen zu nennen) sind rückgekoppelt, nicht linear miteinander verbunden und bilden dabei eine Gesamtdynamik, deren Detailverständnis nicht nur unseren Alltagsverstand, sondern auch alle derzeitigen Möglichkeiten wissenschaftlicher Analyse und Modellbildung weit übersteigt.“ (Kriz 1999, 180)

Selbstorganisation

Wenn auch die einzelnen Details, nach denen ein Mensch funktioniert, kaum zu beschreiben sind, so lassen sich doch grundsätzliche Regeln bzw. Prinzipien identifizieren, nach denen sich in komplexen Systemen stabile Strukturen bzw. Muster oder Verhaltensweisen auch ohne bewusste rationale Steuerung bilden. Die spontane Bildung von stabilen Strukturen wird als **Selbstorganisation** bezeichnet. Die Grundregeln, nach denen die Selbstorganisation in verschiedensten komplexen Systemen – von Flüssigkeiten, über Lebewesen bis zu sozialen Trends – abläuft, werden von der **Synergetik** (Haken 1991; Haken/Schiepek 2006) erforscht und mathematisch beschrieben. Im Mittelpunkt steht die Beobachtung des Systemverhaltens in zwei sehr unterschiedlichen Phasen, die am Modell der Potentiallandschaft veranschaulicht werden können. Hier wird der Zustand eines Systems durch eine Kugel symbolisiert, die durch eine Landschaft rollt:

Stabile Phasen: In Abb. 6 a befindet sich das System in einem stabilen Zustand A. Die Mulde, in der die Kugel zur Ruhe kommt, wird als **Attraktor** bezeichnet. Ein Attraktor wirkt wie ein Magnetfeld, das ein bestimmtes Muster stabil hält. Wann immer die Kugel durch eine Störung ausgelenkt wird, entsteht sofort eine starke Kraft, die sie in das Zentrum des Attraktors zurückführt. Dementsprechend haben Störungen

[60] Die Bedeutung materieller Güter – nicht nur der eigenen, sondern auch der anderer – für psychische Prozesse wird oft unterschätzt, obwohl sie schon aufgrund ihrer Wahrnehmung vor Ort – sei es die eigene heruntergekommene Wohnung, der stupide Arbeitsplatz oder auch das schicke Auto des Nachbarn – das Prozessgeschehen maßgeblich beeinflussen können [vgl. Simulationsmodell – Variable H: Materielles Vermögen].

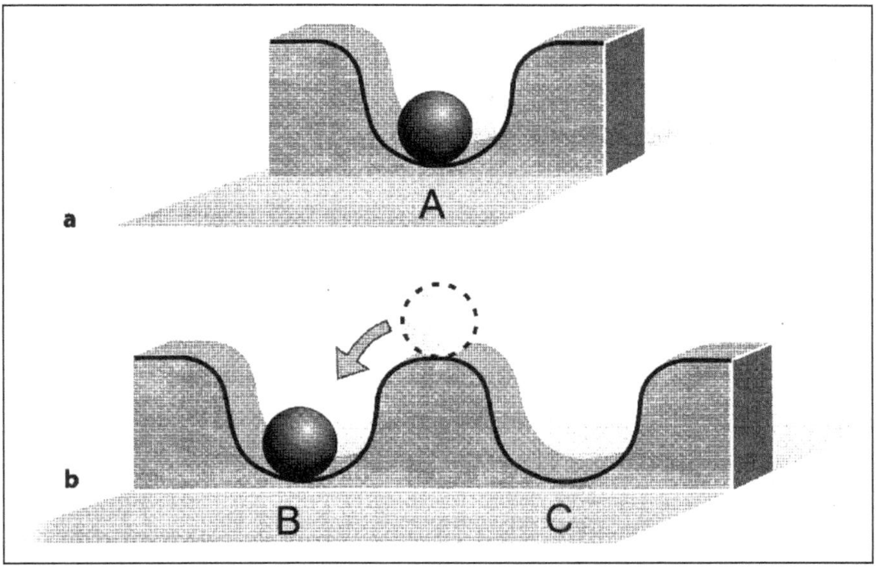

Abb. 6: Potentiallandschaften
(Quelle: Hansch 2006, 15)

bzw. Veränderungen nur geringe Auswirkungen. Die Kugel kommt zwar in Bewegung, pendelt sich aber wieder im alten stabilen Zustand ein. Je tiefer die Mulde ist, desto stabiler ist das synergetische Muster gegenüber äußeren und inneren Störungen. In diesem Zustand ist das System nur mit großem Kraftaufwand zu Veränderungen bereit, egal ob es sich um äußere Störungen handelt oder um innere Versuche, z. B. zu Verhaltensänderungen.

Instabile Phasen: Bei Veränderungen der Landschaft im Sinne der Abb. 6b wird die Position der Kugel auf Zustand A zunehmend instabil. Ein kleiner oft auch zufälliger Anstoß reicht nun aus, damit sie in Richtung eines der beiden neuen stabilen Zustände B oder C rollt. Das System wird hochsensibel gegenüber selbst schwächsten Einwirkungen von außen oder innen. Kleine Ursachen können sich so im Laufe der Zeit zu großen Wirkungen aufschaukeln, was auch als **Schmetterlingseffekt**[61] bezeichnet wird.

[61] Auch das Klima ist ein hochkomplexes System, bei dem im Sinne der Synergetik der Flügelschlag eines Schmetterlings auf Bali, die Großwetterlage in Europa beeinflussen kann, wenn sich das System zuvor in einem instabilen Zustand befand.

Tendenz zu stabilem Gleichgewicht

Unter geeigneten Rahmenbedingungen verfügen synergetische Strukturen über eine Fähigkeit zur Selbstoptimierung. Attraktoren sorgen dafür, dass alle Elemente eines Systems synergetisch zusammenwirken und ein stabiles Muster bilden. Bei der auf „Viabilität" [Lebensfähigkeit] ausgerichteten Evolution des Menschen haben sich solche Gleichgewichtsprozesse, bei denen sich Störungen wieder selbst ausgleichen, genetisch etabliert. Stabilität in humanen Systemen bedeutet jedoch nicht, dass es keine Schwankungen gibt; im Gegenteil, sowohl biologische Prozesse als auch menschliche Verhaltensweisen sind durch natürliche Schwankungen [z.B. Tag und Nacht] geprägt.

Störungen des Gleichgewichts

Da ein lebendes System in ständigem Austausch mit der Umwelt steht, kann die Umwelt durch **Störungen** – Luhmann nennt es „Irritationen", Maturana „Perturbationen" – auf ein System einwirken. „Eine Störung, eine Information, eine Irritation gibt aus dem Bereich der Möglichkeiten das eine oder das andere, was aktuell ist, in das System. ... Störung heißt also, einen Informationsprozeß in Gang zu setzten, der im System operativ gehandhabt werden kann." (Luhmann 2004, 126f.).

Normalerweise tendiert ein System zu einem stabilen Gleichgewicht, dass auf Störungen reagiert, indem entweder das alte Gleichgewicht hergestellt oder ein neuer Gleichgewichtszustand erreicht wird (Luhmann 2004, 42). Vielfach werden von einem System Störungen auch gar nicht als Störungen wahrgenommen. Denn psychische Systeme vollziehen eine Selektion unter all den möglichen Phänomenen, auf die sie ihre Aufmerksamkeit richten könnten und reduzieren die Komplexität, indem sie eine Auswahl unter den Ereignissen vornehmen, manche nehmen sie zur Kenntnis, manche ignorieren sie (Simon 2006, 97). „Offenbar ist es nicht die Umwelt, die entscheiden kann, welche Faktoren bedeutsam sind, sondern das System selbst. Ein System hat in diesem Sinn relative Autonomie." (Luhmann 2004, 47).

Kritische Grenzwerte mit unbestimmtem Ergebnis

Auch auf Gleichgewicht ausgerichtete stabile Systeme können zu einem kritischen Zustand gelangen, wo kleinen Änderungen radikale Wirkungen folgen. Während zunächst kleine Störungen geringfügige Reaktionen hervorrufen, kann auch nur eine weitere Störung dazu führen, dass das System vollkommen zusammenbricht – es in diesem Fall also auch zum Suizid kommen kann – wenn ein **kritischer Grenzwert** überschritten wird. Verglichen wird das häufig mit einem Sandhaufen, der immer höher angehäufelt werden kann, bis ein wenig mehr Sand, ja ein einzelnes Sandkorn, eine Lawine auslöst (Simon 2006, 30).

Wenn beim Wechsel eines Attraktors ein Muster zusammenbricht und sich ein neues Muster herausbildet, spricht die Synergetik von einem **Phasensprung.**[62] „[Systeme] strukturieren sich so um, dass ihr Überleben weiterhin – wenn auch verändert – gewährleistet ist. Wenn sie überleben, dann überleben sie – oder sie überleben nicht, dann überleben sie eben nicht. Eine dritte Möglichkeit gibt es nicht." (Simon 2006, 53).

Den Antrieb für solche Phasensprünge bilden sich selbst verstärkende **positive Rückkopplungen** (vgl. Abschnitt 3.2.1), die das rechtzeitige Erkennen eines kritischen Grenzwertes aus verschiedenen Gründen erschweren:

- **Zeitverzögerung:** Es ist davon auszugehen, „dass jede problemrelevante Einflussgröße eine Ursache für zeitlich nachfolgende Wirkungen ist und zugleich auch eine Wirkung ist, die von mehreren zeitlich vorhergehenden Ursachen bestimmt wird. Hierbei ist zu berücksichtigen, dass die relevanten Wirkungen verschiedene Fristigkeiten aufweisen ... Die wirksamen Zeitverzögerungen sind dafür verantwortlich, dass auftretende Phänomene oftmals zeitlich und auch örtlich nicht dort zu beobachten sind, wo sie verursacht worden sind." (Lehner/Wilms 2002, 63)
- **Wechselwirkungen/Multikausalität:** „Die aus verschiedenen, mit unterschiedlichen Intensitäten, Stoßrichtungen und Zeitverzögerungen ausgestatteten Beziehungen der wirksamen Konstellation von relevanten Einflussgrößen bewirkt eine Ordnung, die für die Funktionstüchtigkeit des Zusammenspiels der Faktoren verantwortlich ist. Dieses Zusammenspiel bewirkt ein Gesamtverhalten des beobach-

[62] „Systeme von dynamischen Beziehungen mit mehr als drei Variablen – und das dürften realistischerweise die meisten sein – können Gleichgewichtszustände oder -pfade aufweisen, sie können aber in bestimmten Konstellationen auch zu Bifurkationen führen und ‚unvorhergesehene' oder ‚unvorhersagbare' Ergebnisse hervorbringen, was man unter dem Begriff ‚Chaos' subsumiert (Briggs/Peat 1993). Dass diese Ergebnisse für den Einzelnen unvorhersehbar sind, liegt vor allem daran, dass die veränderten Bedingungen als solche nicht wahrgenommen werden und die in der quantitativen Zunahme von möglichen Leistungspartnern liegende qualitative Vielfalt mit ihren entsprechenden Wirkungen nicht antizipiert wird." (Kahle 2006, 346f.).

teten Sachverhaltes, das nicht auf einzelne Einflussgrößen zurückgeführt werden kann, sondern auf den wirksamen Wechselbeziehungen zwischen den einzelnen Faktoren basiert." (Lehner/Wilms 2002, 106)

Suizidalität als Ergebnis des Zusammenbruchs des personalen Systems nach Überschreiten kritischer Grenzwerte

Wird ein Mensch beispielsweise über einen längeren Zeitraum einem erhöhten Stress ausgesetzt, so wird sich zunächst immer wieder das alte Gleichgewicht einstellen. Eine hier untersuchte suizidale Persönlichkeit bewegt sich im Zeitverlauf zunächst in einem Umfeld tolerierbarer oberer oder unterer Grenzwerte. Oftmals wird der zunehmende Stress lange Zeit auch gar nicht als Störung oder psychische Belastung wahrgenommen.

Wenn ein **kritischer Grenzwert** bzw. Katastrophenpunkt aber überschritten wird „kann auf Grund der Eigendynamik der insgesamt wirksamen Interdependenzbeziehungen das Problemfeld mit allen seinen time-lags nicht mehr in einen stationären Verlauf zurückgebracht werden und das System bricht (oft abrupt) in sich zusammen" (Wilms 1995, 69).

Die Ursache für den Zusammenbruch eines psychischen Systems, wie es der Suizid darstellt, liegt in der Funktionsweise netzwerkartig gekoppelter und rückgekoppelter nichtlinearer Wirkungsgefüge, deren Eigenschaften nicht eindeutig auf die Eigenschaften ihrer Einzelfaktoren zurückzuführen sind und deren Entwicklung sich auch nicht nach den Mustern einer Ursache-Wirkungs-Konzeption vorhersagen lässt. Je nach Systemzustand können große Veränderungen einer Variable wenig oder nichts bewirken, während in anderen Fällen kleine Veränderungen viel bewirken können. Das hat zur Folge, dass oft winzige Einflüsse chaotische Wirkungen, in meinem Modell also einen Suizid, zeitigen können. Die Änderung eines Variablenzustands, auch wenn diese kontinuierlich erfolgen sollte (z. B. langsam zunehmender Stress), hat diskontinuierliche Zustandsänderungen des Systems – hier der suizidalen Persönlichkeit – zur Folge, wodurch das Systemgleichgewicht immer instabiler wird. Korrekturen, das heißt die Adaption an den Stabilität erzeugenden Attraktor, werden immer schwieriger.

So kann der Suizid als Ergebnis einer nicht-linearen Systemdynamik beschrieben werden. Eine differentielle Betrachtung dieser psycho-somatischen Dynamik müsste aber noch durch weitere Forschungen spezifiziert werden.

Synergetik bei psychischen Störungen

Auch wenn eine beispielsweise durch Stress verursachte psychische Erkrankung frühzeitig diagnostiziert wird, ist ein Zusammenbruch des psychischen Systems nicht sicher zu verhindern. Denn psychische Erkrankungen und Probleme reduzieren in der Regel die Freiheitsgrade des Menschen, wie Haken/Schiepek beschreiben:

> Seine Flexibilität und Anpassungsfähigkeit im Denken, Fühlen und Handeln schränken sich ein, und bestimmte Muster ... bestimmen das Bild. Solche Muster weisen eine ausgeprägte Penetranz auf: der Patient kann nicht einfach ‚aussteigen', auch wenn er das möchte und ihm deren Sinnlosigkeit oder gar Schädlichkeit bewusst ist. Ein Beispiel sind depressive Selbst- und Fremdwahrnehmungen, die durch unterschiedliche, oft nur minimale innere und äußere Anlässe getriggert werden. Unabhängig davon, ob die betroffene Person ein Misserfolgs- oder aber ein Erfolgserlebnis hat, ob andere Menschen sich ihm zuwenden oder nicht, alles führt dazu, dass er sich selbst entwertet, seine Leistung in Frage stellt, sich abgelehnt fühlt, Gefühle von Wertlosigkeit, Hoffnungslosigkeit, Niedergeschlagenheit oder innerer Leere empfindet. (Haken/Schiepek 2006, 43)

Die Abb. 7a symbolisiert das oben beschriebene destruktive Verhaltensmuster als eine tiefe Mulde bzw. einen starken Attraktor. Sehr unterschiedliche Anlässe und Si-

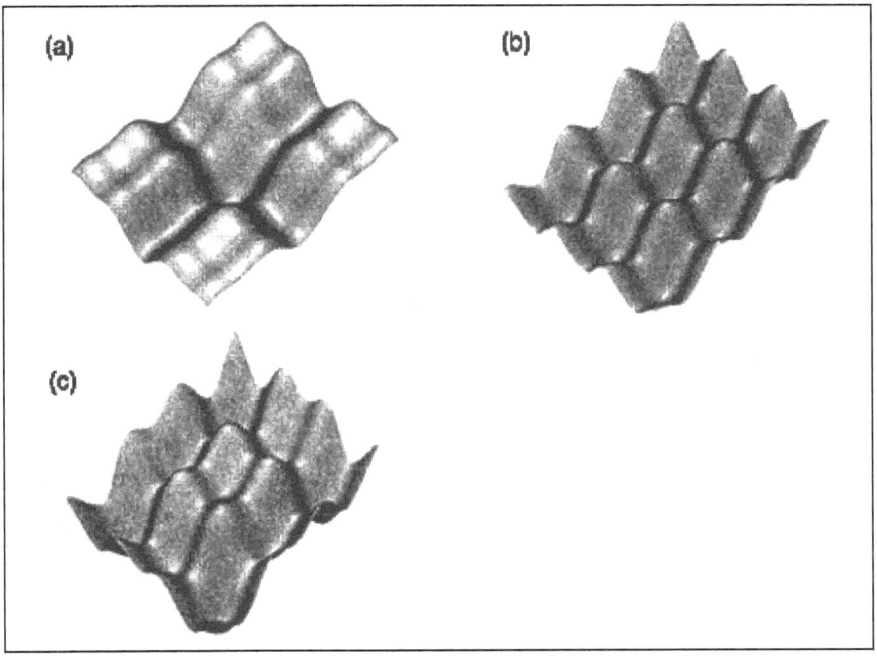

Abb. 7: Sich verändernde psychische Potentiallandschaft
(Quelle: Haken/Schiepek 2006, 45)

tuationen – egal ob ursprünglich positiv oder negativ – werden alle in das gleiche Loch hineingezogen. „Entfalten bestimmte negative emotionale Schemata eine derartige Anziehungskraft, ist differenziertes, situationsadäquates, moduliertes und emotional vielfältiges Verhalten kaum mehr möglich." (Haken/Schiepek 2006, 43 f.) Stellt man sich das Verhalten in Abb. 7 a als eine Kugel vor, die sich in dieser Landschaft bewegt, so kann diese starten wo sie will, sie wird – entweder von allein oder nach geringem Anstoß – mit hoher Wahrscheinlichkeit im großen tiefen Loch landen. Dieses Loch gräbt sich mit jedem Referenzerlebnis immer tiefer und eine Verhaltensänderung aus eigener Kraft scheint immer unwahrscheinlicher. Schließlich sieht die Person keinen anderen Ausweg als ihr Leben selbst zu beenden.

Eine Problemlösung könnte in der Metaphorik der Potentiallandschaften in Abb. 7 b darin bestehen, weitere Attraktoren auszuformen, was bedeutet, dass auch andere Kognitions-Emotions-Verhaltens-Muster entwickelt und benutzt werden. „Das Persönlichkeitsspektrum erweitert sich und die dispositionelle Vielfalt erhöht sich; die Form der Landschaft wird komplexer." (Haken/Schiepek 2006, 44). Je tiefer die neuen Mulden in Abb. 7:c durch neue Verhaltensgewohnheiten gegraben werden, desto mehr verringert sich der Einfluss des vorher störenden Attraktors; die Wahrscheinlichkeit, in das alte destruktive Loch zu fallen, sinkt.[63]

Krisen als entscheidender Wendepunkt

Ein weiterer Aspekt weist einer Störung bzw. einer Lebenskrise eine sinnhafte Bedeutung zu. Solange ein System in einem stabilen Gleichgewicht ist, gibt es keinen

[63] Nach dem Konzept von Giddens (1997), das besagt, dass Strukturen bzw. Regeln Handlungen von Akteuren formen, deren Handlungen wiederum Strukturen konstituieren und reproduzieren (Kieser 1993, 25), können die Interpretationsregeln des Gehirns, die individuellen Vorstellungen von der Wirklichkeit „offensichtliche Stabilität und Dauer" verleihen, als „begrenzende Bedingung für jede weitere Konstruktion" wirken (Schmidt 1994, 18). Es ist daher fraglich, ob ein Mensch aus der internen Beobachterposition heraus auch bei Kenntnis des internen Regelsystems dazu in der Lage ist, gänzlich neue Verhaltensweisen zu entwickeln. Bleibt ein Mensch auf sich allein gestellt, so wird er wahrscheinlich dazu neigen, auf sein bestehendes Regelsystem zurückzugreifen, was ein Erlernen gänzlich neuer und unter veränderten Umwelt- oder Zielbedingungen möglicherweise besser ‚passender' Verhaltensmöglichkeiten sehr erschwert. Erfolgversprechender könnte der Reflexions- und Lernprozess – im Sinne der externen Beobachterperspektive – im Austausch mit anderen Menschen erfolgen, die individuelle Verhaltensweisen beobachten, als ‚passend' bestätigen oder als ‚unpassend' verwerfen und Anregungen für neue Wirklichkeitsperspektiven geben, die zum Entstehen neuer Regeln führen können. Die Wirksamkeit der neuen Regeln kann wiederum anhand der Beobachtung der neuen Verhaltensweisen überprüft werden.

Grund etwas an diesem Zustand zu ändern. Dies erschwert auch Prozesse der Persönlichkeitsentwicklung. Häufig ist eine einschneidende Krise notwendig, um die Kugel

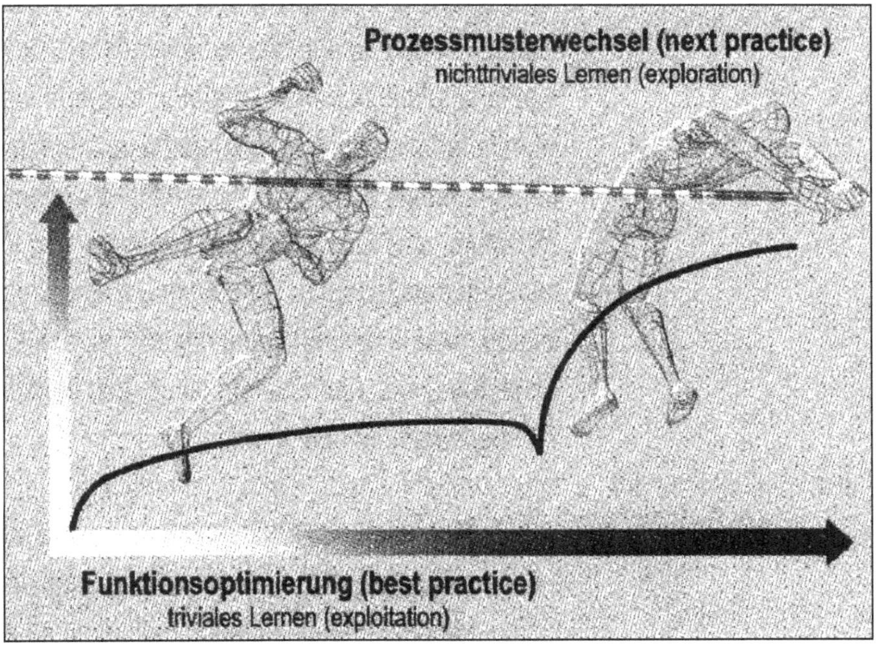

Abb. 8: Vom Straddle zum Fosbury-Flop[64]
(Quelle: Kruse 2005, 21)

[64] „Nach dem Scherensprung war der Straddle über viele Jahre das dominierende Bewegungsmuster. ... Schließlich war der Grad der Beherrschung dieser Technik so hoch, dass bei Wettkämpfen nur mehr Millimeter über die Medaillenränge entschieden. Dann geschah das Unerwartete. Während der Olympischen Spiele in Mexiko verblüffte der junge US-Amerikaner *Richard Douglas Fosbury* ... die Welt mit einer völlig neuen Art, die Latte zu überqueren." Zunächst hielt man Fosbury für einen Spaßvogel. Doch als er sich die Latte auf die Weltrekordhöhe von 2,29 Meter legen ließ und nach erfolgreichem Sprung Olympiasieger wurde war das Erstaunen groß. (Kruse 2005, 21f.)
Kruse weist anhand dieses Beispiels darauf hin, dass derjenige, der wagt, den Normalpfad zu verlassen und ein neues Muster einzuführen, ein hohes Risiko eingeht. „Alle warten nur darauf, dass das Neue nicht erfolgreich ist. Sogar, wenn das neue Muster nachweislich neue Leistungsdimensionen eröffnet, ja selbst, wenn damit Wettkampfsiege errungen werden, fällt die Akzeptanz nicht leicht." (2005, 22) Noch vier Jahre nach der erfolgreichen Einführung des Fosbury-Flops sprang während der olympischen Spiele 1972 in München die Weltelite beim Hochsprung der Damen durchgängig den Straddle.

so stark ins Rollen zu bringen, dass andere Attraktoren getestet werden können bzw. um einen Menschen aus der Komfortzone zu rütteln, so dass er, wenn auch zunächst unfreiwillig, neue Verhaltensweisen entwickeln muss.

So bedeutet das griechische Wort „krisis" auch nicht nur Gefahr sondern „entscheidende Wendung". Der Krisenpädagoge, Bijan Adl-Amini, sieht dementsprechend in einer Krise einen „Bruch in der Kontinuität und Normalität des Lebensverlaufs". Sie zerstört ein bis dato aufgebautes Ich-Welt-Verhältnis und zwingt dazu, ein neues Ich-Welt-Verhältnis aufzubauen. „Gelingt der Neuaufbau, so verwandelt sich der Bruch in einen Durchbruch. … Gelingt er nicht, dann wird aus dem Bruch ein Zusammenbruch." (Adl-Amini 2007).

Und so sieht Adl-Amini als Ziel der von ihm etablierten Krisenpädagogik „die Erziehung des Menschen zum Sinn, d. h. die Sensibilisierung von Jung und Alt für die Lernchancen, die in jeder krisenhaften Veränderung stecken. Im Erfassen der Krisenbotschaft verwandelt sich das Sinnlose der Krise in eine Lebensaufgabe." (Adl-Amini 2005, 15).

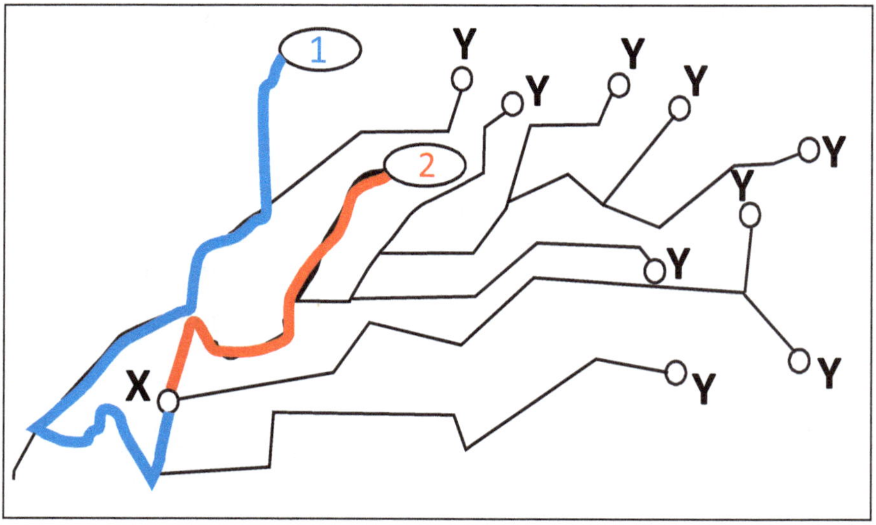

Abb. 9: Nichtlineare Kausalität
(Quelle: Kriz 2000, 55)

Wie Abbildung 9 symbolisiert, ist manchmal auch ein Rückschritt nötig, um voranzukommen[65]. Der Sinn ergibt sich oft leider erst in der Rückschau, denn: „Das Leben wird vorwärts gelebt und rückwärts verstanden.“ (Adl-Amini 1995).

3.3 Fazit: Systemisches Denken zum Umgang mit dem multikausalen Suizid-Phänomen

Der Mensch ist ein komplexes System. Eine Vielzahl von Subsystemen stehen miteinander und mit der Umwelt des Menschen in Beziehung. Je nach Zustand der einzelnen Elemente kann ein System eine große Vielzahl an verschiedenen Verhaltensweisen annehmen. Darum ist es kaum prognostizierbar was als Output auf einen Input herauskommt. Neurowissenschaftlich untermauerte Thesen deuten darauf hin, dass es weniger wichtig ist, was ‚von außen‘ als Input hereinkommt. Denn der Mensch konstruiert seine eigene subjektive Wirklichkeit. Entscheidend ist, wie er ein Ereignis wahrnimmt, wie er es interpretiert und wie er damit umgeht.

In der Regel hat ein Mensch ‚passende‘ Strategien erlernt, um in seiner Welt zu überleben. Störungen – wie Umweltveränderungen oder Krisen – erfordern eine Anpassungsleistung, die meistens auch erbracht werden kann, so dass sich das System nach einer Phase der Instabilität wieder einem stabilen Gleichgewicht nähert. Aber Achtung: Gerade in der Phase der Instabilität (die zum Beispiel durch mehrere aufeinander folgende Störungen hervorgerufen wurde) können kleine Ursachen große Wirkungen haben. So könnte in dieser Phase ein kleiner Streit mit den Eltern Auslöser für eine Suizidhandlung eines Jugendlichen sein.

[65] Abb. 9 basiert auf der Annahme, dass mit X ein Ausgangszustand gemeint ist und mit Y mögliche Endzustände, wobei ein möglichst hohes Y einen hohen Zielerreichungsgrad symbolisiert. Ausgehend von **X** gibt es immer wieder Gabelungen, bei denen man sich für einen Weg entscheiden muss. Wenn beispielsweise die Entscheidungsstrategie gewählt wird, immer den Weg zu wählen, der kurzfristig den höchsten Zielerreichungsgrad verspricht, landet man bei **Y1 (roter Weg)**. Wenn man sich stattdessen für den **blauen Weg** entscheidet, lässt sich langfristig ein höherer Zielerreichungsgrad **Y2** erreichen, obwohl der Weg kurzfristig nach einem Rückschritt aussieht.

These 6: Suizidalität aus systemtheoretischer Perspektive

Suizidalität beschreibt ein Phänomen, bei dem ein Mensch keine adäquate Anpassungsleistung an sich veränderte Lebensbedingungen erbringen kann oder will. Selten ist ein einzelner Auslöser ursächlich für die Suizidhandlung, sondern mehrere Störungen haben schon vorher zur Instabilität des Systems beigetragen – einem Zustand, in dem bei Überschreiten eines kritischen Grenzwertes kleine Ursachen zu großen Wirkungen führen können.

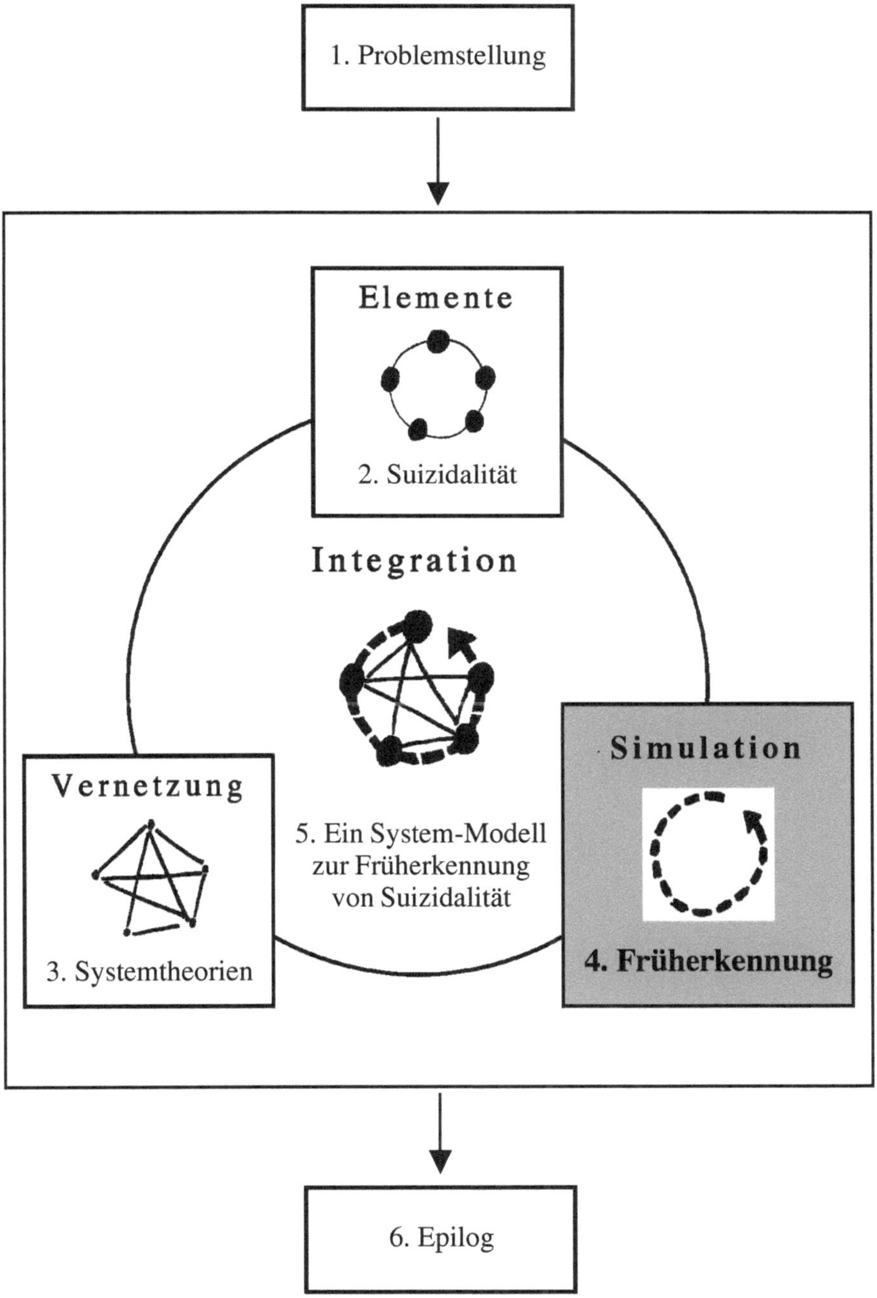

1. Problemstellung
Elemente
2. Suizidalität
Integration
Vernetzung
3. Systemtheorien
5. Ein System-Modell zur Früherkennung von Suizidalität
Simulation
4. Früherkennung
6. Epilog

4 Früherkennung in der Betriebswirtschaftslehre

„Die Zukunft wird uns immer überraschen,
aber sie sollte uns nicht überrumpeln ...
Es kommt nicht darauf an, die Zukunft vorauszusagen,
sondern auf die Zukunft vorbereitet zu sein.“
(Dekker 1988, 837)

Im Jahr 1994 sorgte folgender Fall in der Öffentlichkeit für Aufsehen (Töpfer 2007 a):

Im Spätsommer 1994 entdeckt der Mathematik-Professor, Thomas Nicely, einen Rechenfehler auf seinem neuen PC mit Intel-Pentium-Prozessor. Schon bei einfachen Divisionen treten ab der fünften Stelle hinter dem Komma Rundungsfehler auf. Er beschwert sich bei Intel und wundert sich über die Reaktion: Der Chip-Produzent sieht keinen Grund zum Handeln, denn der Rundungsfehler sei ein Experten-Problem und damit für den ‚normalen‘ Computerbenutzer ohne Bedeutung. Intel bewirbt den Chip weiterhin als den besten im Markt.

Ende Oktober 1994 macht der abgewiesene Professor seinem Ärger im Internet Luft. Die Resonanz ist gewaltig: In über 10.000 E-Mails und mehr als 20 Newsgroups wird der Rechenfehler diskutiert. Und selbst als die Massenmedien weltweit über den fehlerhaften Chip berichten, zeigt sich Intel weiter uneinsichtig: CEO Andy Grove fordert die Kunden auf zu beweisen, dass sie derart hochmathematische Berechnungen durchführen und somit der Fehler für sie überhaupt relevant sei.

Anfang Dezember 1994 bahnt sich eine Rebellion gegen Intel an. IBM gibt als einer der Hauptkunden von Intel bekannt, dass alle PCs mit dem fehlerhaften Intel-Pentium-Prozessor ausgetauscht würden. Die New York Times verleiht Intel einen „Konsumenten-Täuschungspreis“. Die Intel-Aktie fällt binnen weniger Stunden um mehrere Prozentpunkte, so dass der Handel vorübergehend ausgesetzt werden muss. Kurz vor Weihnachten 1994 reagiert Intel endlich: Zähneknirschend entschuldigen sich die drei Vorstände bei den Konsumenten und bieten an, alle Prozessoren ohne weitere Fragen und ohne jegliche Beweisführung auf Wunsch kostenlos auszutauschen.

Dieses Praxisbeispiel zeigt, wie das Nicht-Erkennen bzw. Nicht-Angemessen-Reagieren auf eine zunächst nur unwesentlich erscheinende Kleinigkeit eine existentielle Unternehmenskrise herbeiführen kann. Immer wieder werden Unternehmen in ähnlicher Form überrumpelt, sei es durch eigenes Verschulden oder durch zunächst kaum wahrnehmbare Veränderungen in ihrer Umwelt.

„Um in turbulenten und komplexen Zusammenhängen rechtzeitig agieren zu können, d. h. nicht erst zu reagieren, wenn gefährliche Situationen eingetreten sind oder Schwächen vorliegen, sondern proaktiv Risiken und Chancen zu erkennen und Maßnahmen zu ergreifen, die eine zielorientierte Gestaltung ermöglichen, ist es erforderlich, die Zukunft systematisch auf solche Risiken und Chancen hin zu erforschen." (Kahle 2006, 333).

Diese Aufgabe übernehmen Frühwarn-, Früherkennungs- bzw. Frühaufklärungssysteme, deren Begriffe, Entwicklungsstufen sowie Möglichkeiten und Probleme im Folgenden beschrieben werden. Dabei wird das Sensitivitätsmodell von Vester besonders ausführlich erläutert. Es bildet die Grundlage für die Übertragung der betriebswirtschaftlichen Erfahrungen mit der Früherkennung von Krisen auf das Suizidalitäts-Modell in Kapitel 5.

4.1 Begriffe

Das Grundprinzip der Frühwarnung ist ein schon lange in der Natur praktiziertes Phänomen. Das Auftreten von Fieber als Signal für Entzündungsherde oder die Warnrufe von Tieren sind Beispiele für natürliche Frühwarnsysteme. Dem Menschen diente die Entsendung von Spähern schon vor Urzeiten einem ähnlichen Zweck.

Im Rahmen der betriebswirtschaftlichen Forschung werden verschiedene Begriffe und Begriffsdefinitionen – vielfach auch synonym – verwendet. Die am meisten genutzten Begriffe sind *Frühwarnung*, *Früherkennung* und *Frühaufklärung*, die Krystek/Müller-Stewens (1993, 21) wie folgt abgrenzen:

Ich werde im folgenden überwiegend den Begriff Früherkennung verwenden.

In der Literatur wird der Ansatz von **Aguilar** als Ausgangspunkt der betriebswirtschaftlichen Forschung zu diesem Problembereich gesehen. Er weist in seinem Buch „Scanning the business environment" (1967) auf die systematische Überprüfung der betrieblichen Umwelt unter den Aspekten der Frühwarnung hin.[66] **Hahn** nennt das

[66] Interessant ist, dass sich nach Müller-Stewens (1981) trotz des amerikanischen Ursprungs die wissenschaftliche Diskussion überwiegend im deutschsprachigen Raum abspielte. In der anglo-amerikanischen Literatur werden unter dem Oberbegriff ‚environmental assessment' lediglich Teilaspekte der Frühaufklärung diskutiert.

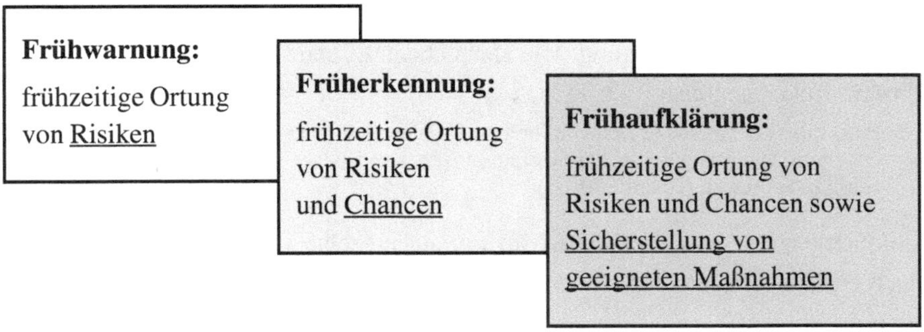

Abb. 10: Abgrenzung Frühwarnung, -erkennung und -aufklärung[67]

Jahr 1973, in dem „der Begriff ‚Frühwarnsystem' erstmals mit sachlich eindeutiger Aussage und damit formaler Berechtigung in der deutschsprachigen Betriebswirtschaftslehre" (1983, 7) zu finden ist. Von Hahn stammt auch die ursprüngliche Definition der ‚**Frühwarnung**', die vielfach von anderen Autoren übernommen bzw. zum Teil geringfügig weiterentwickelt wurde:

> Generell können *Frühwarnsysteme* als eine spezielle Art von *Informationssystem* verstanden werden, die für ihren jeweiligen Benutzer mögliche Gefährdungen mit zeitlichem Vorlauf signalisieren und diesen damit in die Lage versetzen sollen, noch rechtzeitig geeignete Gegenmaßnahmen zur Abwehr oder Minderung der signalisierten Gefährdungen ergreifen zu können. (Hahn 1979, 25)

Auffällig an dieser Definition der Frühwarnung ist die einseitige Orientierung an der Ortung von Risiken bzw. Gefahren. Dies lässt sich dadurch erklären, dass als Vorbild vor allem Frühwarnsysteme aus dem militärischen Sektor dienten, bei denen der Abschätzung von Risiken eine übergeordnete Bedeutung zukam. Im Wirtschaftsleben kann allerdings auch das Auslassen von Chancen erhebliche Auswirkungen für ein Unternehmen haben, wenn zum Beispiel Wettbewerbsvorteile durch eine mögliche

---

[67] Die von Krystek/Müller-Stewens (1993) verwendete Begriffsabgrenzung wird nicht durchgängig in der Literatur geteilt. Einige Autoren wie Rieser (1980) und Gomez (1983) weisen schon der Frühwarnung die Eigenschaft zu, neben Risiken auch Chancen aufzeigen zu können, andere Autoren sprechen der Früherkennung neben dem Erkennen von Chancen ein größeres Aufgaben- und Leistungsspektrum zu als der Frühwarnung. Vielfach werden die Begriffe auch synonym verwendet. Selbst Krystek, einer der wesentlichen deutschen Hauptvertreter, hält sich nicht immer an seine obige Abgrenzung. Innerhalb von sechs Jahren verwendet auch er in den Titeln ähnlich gelagerter Publikationen die drei unterschiedlichen Begriffe „Frühwarnsysteme für die Unternehmung" (Krystek 1985), „Controlling und Frühaufklärung" (Krystek 1990) und „Früherkennungssysteme als Instrument des Controlling" (Krystek 1990a) anscheinend synonym.

Produktinnovation nicht erkannt und somit nicht genutzt werden. Dies führte zu der Bezeichnung **‚Früherkennung'**, die Hahn ebenfalls bereits 1979 eindeutig von der ‚Frühwarnung' abgrenzt:

> Frühwarnsysteme lassen sich von ihrer Aufgabenstellung her zu Früherkennungssystemen erweitern, wenn es gilt, nicht nur Gefährdungen bzw. Risiken sondern auch Chancen rechtzeitig zu erkennen. (Hahn 1979, 25)

Früherkennungssysteme können sowohl auf einzelne Unternehmensbereiche als auch auf das Gesamtunternehmen gerichtet sein. Die folgende Abbildung skizziert typische Phasen:

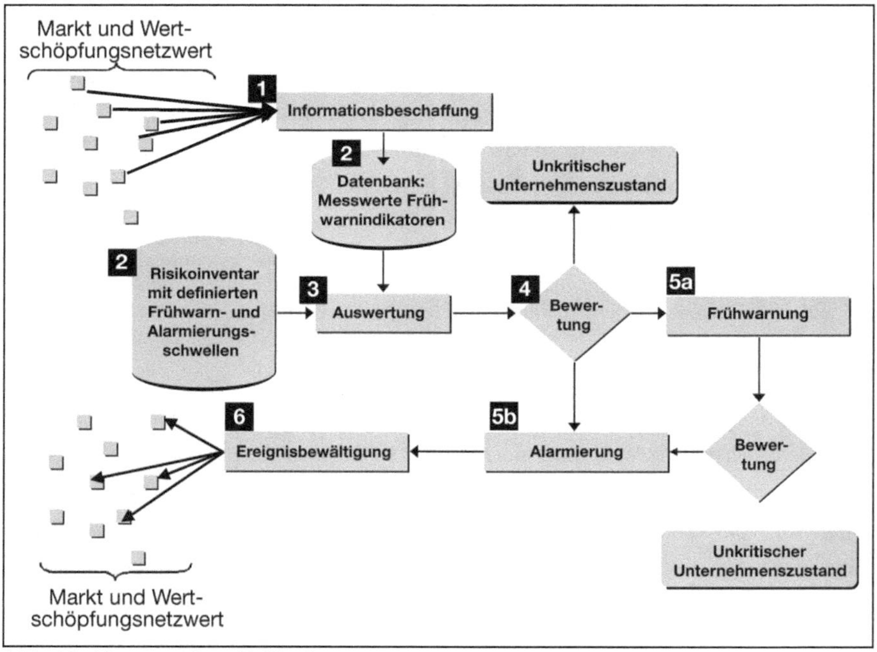

Abb. 11: Konzept eines Früherkennungssystems
(Quelle: Read 2005, 9)

4.2 Generationen von Früherkennungssystemen und deren Problembereiche

In der deutschsprachigen Literatur hat sich eine Aufteilung der Frühwarn-, Früherkennungs- bzw. Frühaufklärungssysteme nach historischen Entwicklungsstufen bzw. Generationen etabliert.

Generation 1: Frühwarnung als Erweiterung der operativen Planung und Kontrolle

Die Grundlagen der klassischen Frühwarnsysteme liegen in der kurzfristig orientierten Unternehmensplanung. Ein laufender Vergleich von Plan-Daten und hochgerechneten Ist-Daten soll frühzeitig ein Über- bzw. Unterschreiten vorher kodifizierter Schwellenwerte aufzeigen. Dabei werden zunächst nur ergebnis- und liquiditätsorientierte Planungsrechnungen und später auch erweiterte Kennzahlensysteme des internen Rechnungswesens einbezogen [wie Cash Flows, Zinsfaktoren, Eigenkapitalrendite oder Umsatzrendite], die eine unterjährige Vorschau auf das Jahresende und deren Abgleich mit den Planwerten beinhalten [‚Forecasting'] (Niemeyer 2004, 77).

Kritik: An dem ‚Forecasting-System' ist zum einen der kurzfristige Beobachtungshorizont von maximal einem Jahr zu bemängeln, zum anderen ermöglichen Hochrechnungen zwar einen Blick in die Zukunft, sie lösen allerdings nicht das Problem des klassischen internen Rechnungswesens, dass die verwendete Datenbasis sich auf die Vergangenheit bezieht (Krystek/Müller 1999, 178). „Eine in diesem Kontakt kritische Metapher für Frühaufklärungssysteme der ersten Generation stellt der Fahrer eines PKW dar, dessen Frontscheibe aus Milchglas besteht und der nun versucht, aus der Sicht seines Rückspiegels Rückschlüsse über den weiteren Verlauf und die Beschaffenheit der Fahrbahn zu ziehen." (Loew 2003, 26).

Generation 2: Indikator-gestützte Früherkennung

Zunehmende ökonomische Krisensituationen waren Mitte bis Ende der 1970er der Auslöser für eine Weiterentwicklung der klassischen Frühwarnsysteme. Die Reichweite der Früherkennung sollte über den Zeitraum des operativen, meist einjährigen Planungshorizont hinausgehen und neben der frühzeitigen Ortung von Risiken auch mögliche Chancen mit einbeziehen. Die Grundüberlegung war, dass sich mit Risiken und Chancen verbundene Entwicklungen bereits in wahrnehmbaren Veränderungen anderer Erscheinungen zeigen. Darum wurden Früherkennungssysteme auf Basis von Indikatoren entwickelt, die „in einer Kausalbeziehung zu internen und/oder externen Beobachtungs- bzw. Einflussbereichen stehen, von denen signifikante Veränderungen ausgehen können" (Loew 2003, 26). Die Indikatoren können quantitativen [z. B. Auftragseingänge] aber auch qualitativen [z. B. Kundenzufriedenheit] Charakter haben. Abb. 12 skizziert einen typischen Aufbau eines indikator-gestützten Früherkennungssystems.

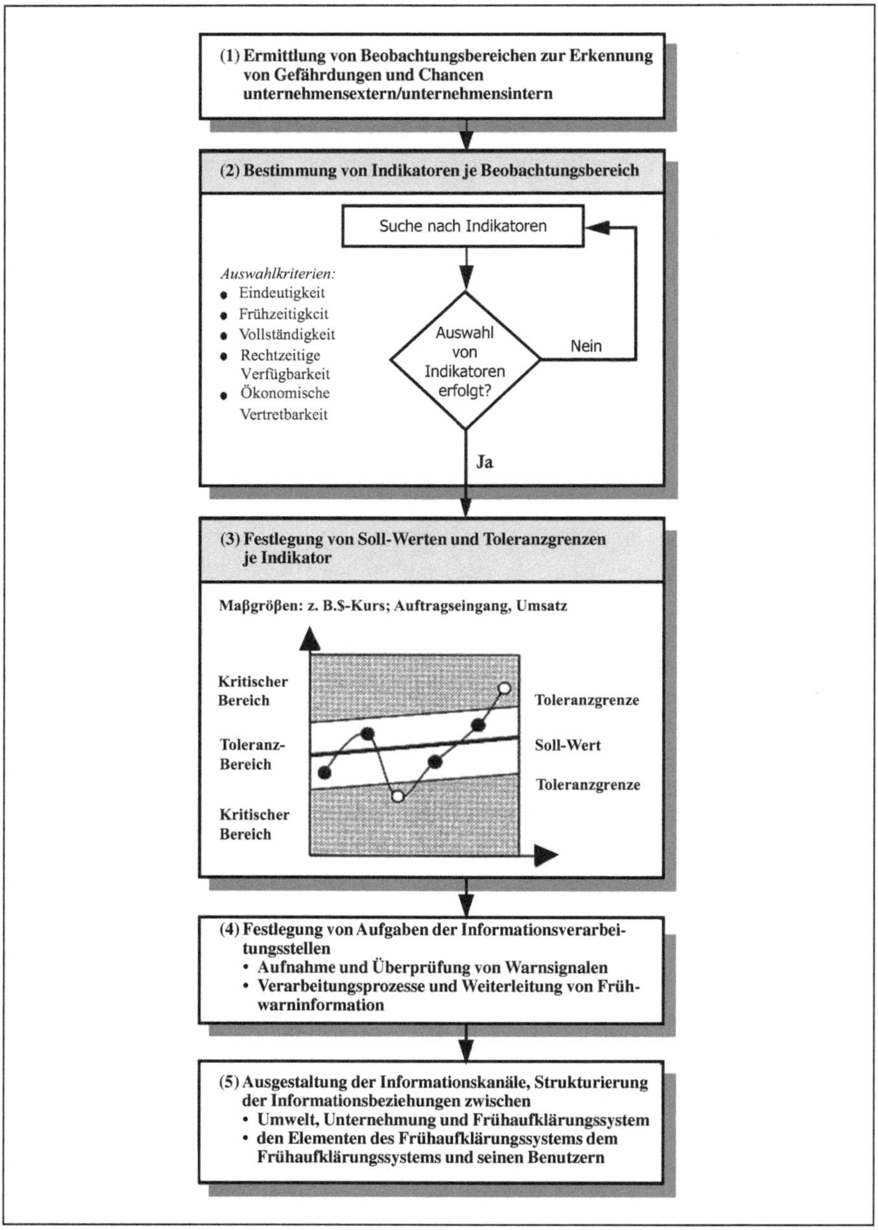

Abb. 12: Aufbau eines indikator-gestützten Früherkennungssystems
(Quelle: Loew 2003, 39; in Anlehnung an Krystek 1990, 70)

Kritik: Das Indikatorensystem geht weiterhin von bekannten kausalen Prozessstrukturen aus und ist nach Gomez (1990, 29) bei diskontinuierlichen Veränderungen überfordert. Starre Ursache-Wirkungs-Beziehungen können meist nur eindeutige, starke Signale eindeutig erfassen, so dass Risiken und Chancen oft erst sehr spät erkannt werden können. So ist es auch kaum erstaunlich, dass nach einer empirischen Untersuchung im Frühjahr 1979 bei den 250 umsatzstärksten Unternehmen in Deutschland „der Verwendung von Indikatoren im Hinblick auf die Wahrnehmung bzw. Signalisierung langfristiger strategischer Aspekte keine Bedeutung zukam" (Loew 2003, 28).

Generation 3: Strategische Früherkennung auf Basis ‚Schwacher Signale'
Ansoffs Modell der „Strategischen Reaktionen auf Schwache Signale" (1976) gilt als Initialzündung für die systematische Früherkennungsforschung. Der überwiegende Teil der deutschsprachigen Forschung baut auf Ansoffs Modell auf.[68] Ansoffs Verdienst besteht in der Umkehrung des klassischen Denkansatzes der Steuerung: „Nicht die angewendeten Methoden definieren den Informationsbedarf, sondern auf Basis der zu einem bestimmten Zeitpunkt vorliegenden Informationen ist zu überlegen, welche Reaktionen möglich und sinnvoll sind." (Bertram 1993, 137) .

Die Grundüberlegung, auf der Ansoffs Modell beruht, besteht darin, dass strategisch relevante Veränderungen nicht abrupt auftreten, sondern sich durch Signale in Form von vagen Vermutungen, zunächst weniger abgesicherten Prognosen, kurzfristig erwarteten Ereignissen, sich abzeichnenden Trends oder sogar bereits eingetretenen Ereignissen auf anderen Sektoren ankündigen. Die Informationen verdichten sich mit der Zeit von ersten vagen Vermutungen bis zu gesicherten Erkenntnissen. Die Problematik für Entscheidungsträger besteht darin, dass im Zeitablauf mit sinkendem Ungewissheitsgrad auch die Reaktionszeit und die Manövrierfähigkeit abnimmt, wie Abb. 13 (S. 70) verbildlicht.

Die zentrale Aufgabe von Früherkennungssystemen im Sinne von Ansoff ist somit, durch den Aufbau eines „strategischen Radars" (Lehmann/Ruf 1990) schwache Signale für bedrohliche aber auch chancenreiche Situationen frühzeitig zu erkennen, auszuwerten und mögliche Handlungsentscheidungen abzuleiten, statt zu warten bis die Bedrohung bzw. Chance zu einem ‚starken Signal' geworden ist. Mit schwachen Signalen sind unscharf definierte Informationen und Probleme gemeint, die einen

[68] So beispielsweise Krystek/Müller-Stewens (1990); Lehmann/Ruf (1990).

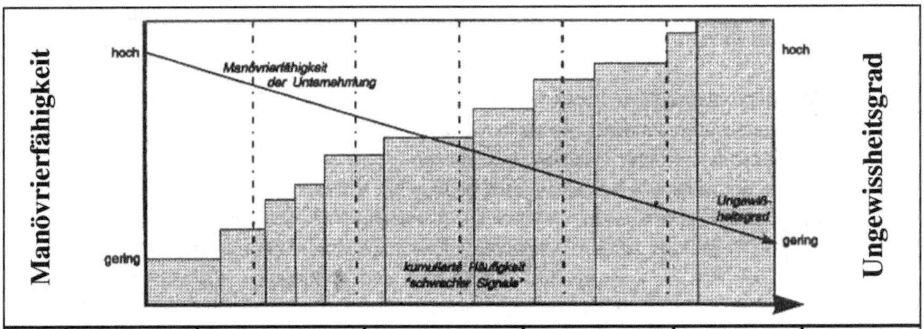

Stufen	1. Vage Vermutung einer diskontinuität	2. Bedrohung/ Chance schwach wahrnehmbar	3. Bedrohungs-/ Chancenausprägung abschätzbar	4. Hypothesen/ Wahrscheinlichkeits aussagen	5. ‚Gesicherte' Trendaussagen	6. Ursache/ Wirkung bekannt

Abb. 13: Abnehmende Manövrierfähigkeit bei sinkender Ungewissheit
(Quelle: in Anlehnung an Krystek/Müller-Stewens 1990, 346)

breiten Interpretationsspielraum bieten. Unternehmen versuchen oft, solche schwachen Signale auszublenden, indem sie abwarten bis die empfangenen Informationen eindeutig interpretierbar sind, mit dem Risiko, dass Maßnahmen zwar zielgerichteter geplant werden können, aber durch das lange Warten auch zu spät eingeleitet werden. Die Unternehmensführung steht also vor dem Problem, entweder einer sich andeutenden Gefahr oder Chance nicht rechtzeitig zu begegnen oder auf vage Annahmen mit unangemessenem Aufwand zu reagieren. Durch das ‚Strategische Radar' soll Entscheidungsträgern eine ausreichende Reaktionszeit und Manövrierfähigkeit gegeben werden, so dass sie jeweils angemessen auf sich abzeichnende Veränderungen reagieren können. Den schwachen Signalen ist hierbei zunächst mit schwachen Reaktionen zu begegnen.[69]

Kritik: Ansoff verzichtet auf die Gestaltung eines konkreten Handlungsmodells für Unternehmen mit dem Argument, dass es nur individuell maßgeschneiderte Früherkennungssysteme geben kann. Stattdessen bietet er zur Orientierung eine Liste mit 34 Faktoren aus den Bereichen Wirtschaft, Markt und Umwelt an (1981, 240ff.). Unternehmen werden hierdurch bei der praktischen Umsetzung des Konzepts kaum unterstützt. Fehlende praktische Verfahren zum Aufbau eines eigenen Früherken-

[69] Auch eine Suizidhandlung kann sich lange im voraus durch ‚schwache Signale' ankündigen, die oft erst ex post deutlich werden.

nungssystems sind wohl auch der Grund dafür, dass auch Ansoffs Konzept kaum Eingang in die betriebliche Praxis gefunden hat.

Generation 4: Systemorientierte Früherkennung

In den 1980er Jahren etablierte sich – aufbauend auf dem systemtheoretischen Gedankengut – eine weitere Generation von Früherkennungssystemen. Während die vorigen Modelle von einfachen kausalen Ursache- Wirkungsketten ausgehen, verknüpft die ‚systemtheoretische Frühaufklärung' die Früherkennungsindikatoren zu einem Netzwerk. Die vielfältigen Interdependenzen werden hinsichtlich ihrer Bedeutung, Rückkopplung und zeitlichen Verzögerung analysiert, um geeignete Warnsignale zu platzieren. Die Funktion der Früherkennung wird dabei als Baustein eines Regelkreises[70] interpretiert. Als Hauptvertreter gelten **Gomez** (1983) und **Ulrich/ Probst** (1995) aus der Schweiz und **Vester** (2001) aus Deutschland.

Wesentliche Fragen, bei denen ein systemorientiertes Früherkennungsmodell Unterstützung anbietet, lauten:

- Aus welchen Teilen besteht ein System und wie stehen die Teile miteinander in Beziehung? (Systembeschreibung)
- Wie ist der aktuelle Zustand des Systems? (Diagnose)
- Welche Gefahren bzw. welche Chancen könnten sich ergeben? (Szenario)
- Welche Maßnahmen zur Risikovermeidung bzw. Chancennutzung gibt es?
- Wie wirkt sich eine Maßnahme auf das Systemverhalten aus? (Simulation)
- Welche Maßnahme ist systemverträglich, d. h. welche Maßnahme stärkt nachhaltig die Lebensfähigkeit des Systems? (Therapievorschlag)

Die zweidimensionale Darstellung (Abb. 14, S. 72) veranschaulicht die verschiedenen Variablen und die Wirkungen zwischen den Komponenten eines einfachen Systems. Problematisch wird die Nachvollziehbarkeit der Darstellung von komplexeren Systemen mit einer größeren Vielzahl von Variablen und Wirkungen wie in Abb. 15. Für den Konstrukteur mag die Entwicklung eines Wirkungsgefüges zur Früherkennung sinnvoll gewesen sein. Er musste sich intensiv mit den einzelnen Komponenten und Beziehungen auseinandersetzen und hat so vielleicht ein erweitertes Verständnis über das Systemverhalten – hier eines Zeitschriftenverlages – erlangt. Für den außenstehenden Betrachter macht ein so umfangreiches Modell wenig Sinn.

[70] Vgl. Abschnitt 3.2.1.

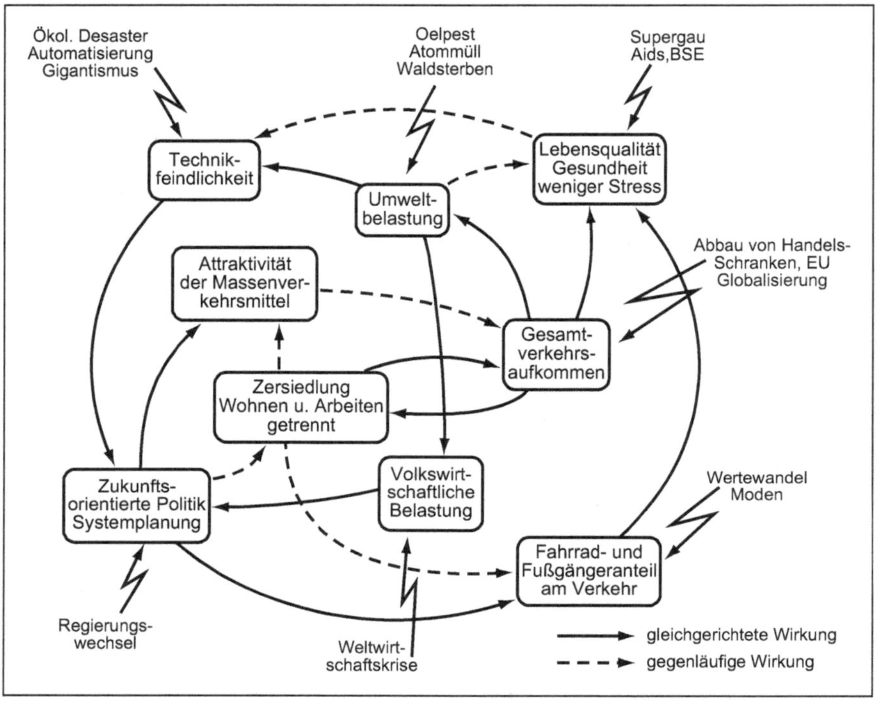

Abb. 14: Beispiel für ein einfaches Wirkungsgefüge mit potentiellen Risiken aus dem Bereich Verkehrspolitik
(Quelle: Vester 2000, 12)

Denn es entspricht nicht „den Befunden zum menschlichen Kurz- und Langzeitgedächtnis, daß diese Elemente und Beziehungen alle *gleichzeitig und gleichberechtigt* [Hervorh. J.O.] verarbeitet werden" (Kahle 2001, 86).

Dieses Komplexitätsproblem führt zu drei möglichen Konsequenzen:

- Das Modell könnte vereinfacht werden, indem Variablen weggelassen oder mehrere Variablen zu größeren Gruppen aggregiert werden. Hiernach wäre zu prüfen, ob das System nach der Vereinfachung immer noch realitätsgetreu dargestellt werden kann.
- Es könnten Ausschnitte aus dem Gesamtmodell analysiert werden. Dieses vielfach praktizierte ‚Schubladendenken' ist sinnvoll bei der exakten Analyse von Teilbereichen. Problematisch ist, dass schnell der Blick auf das Ganze, das Gesamtsystem, verloren gehen kann.

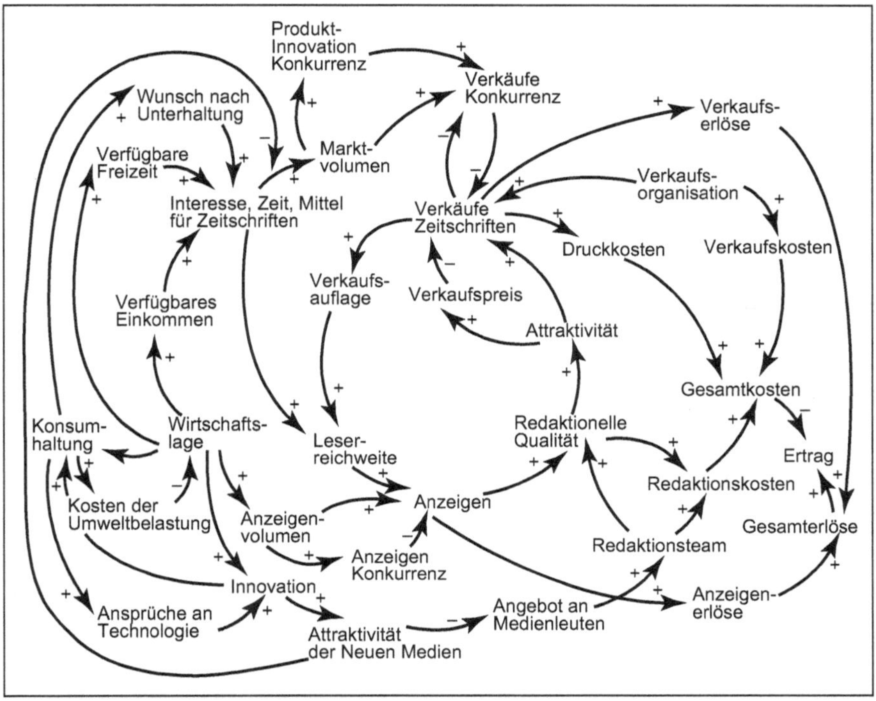

Abb. 15: Umfangreiches Wirkungsgefüge eines Zeitschriftenverlags
(Quelle: Probst/Gomez 1989, 30)

- Es könnte, ausgehend von der Wirkung einer Variablen, der Ablauf aller Wirkungen hintereinander simuliert werden. Auf diese Weise kann auch ein außenstehender Betrachter die Vernetzung des Gesamtsystems gehirngerecht, d. h. sequentiell nacheinander, nachvollziehen. Der Aufbau eines solchen Simulationsmodells erfordert allerdings entsprechend professionelle Werkzeuge, viel Wissen und Erfahrung und eine Menge Zeit.

Die geeignete Form der Darstellung ergibt sich aus der Problemstellung. Das im folgenden Kapitel vorgestellte Verfahren des **Sensitivitätsmodells** von **Vester** unterstützt den Aufbau aller drei Varianten. Es ermöglicht darüber hinaus auch, durch Variation der Zustände einzelner Variablen und Simulation veränderter äußerer Einflüsse, Probleme frühzeitig aufzuspüren und verschiedene Maßnahmen auf Systemverträglichkeit zu testen. Die praktische Relevanz und Kritik an der systemorientierten Früherkennung wird ebenfalls im folgenden Abschnitt diskutiert.

Kahle/Wilms stellen mit ihrem **„Helidem“** (1998) ebenfalls ein nicht-hierarchisches Modell vor, bei dem die vielfältigen Wirkungen in einem komplexen System sukzessive nacheinander abgearbeitet werden können, ohne den Gesamtzusammenhang zu verlieren. Ich habe mich für die Nutzung des Sensitivitätsmodells entschieden, da hier praxiserprobte Instrumente, wie die Einflussmatrix und die Simulationstechnik bereits als anwenderfreundliches computergestütztes Verfahren zur Verfügung stehen.

4.3 Das *Sensitivitätsmodell Prof. Vester®* als systemorientiertes Verfahren für die betriebliche Früherkennung

Im Rahmen des UNESCO-Programms ‚Man and the Biosphere‘ wurde das Institut von Frederic Vester im Jahr 1975 damit beauftragt, ein neues kybernetisches Verfahren zu erarbeiten, das zur Lösung von komplexen Problemen geeignet ist. „Es war klar, daß dazu eine grundlegend neue Betrachtungsweise nötig war, die sich von linearen Ursache-Wirkungs-Theorien lösen und sich statt dessen der ‚biokybernetischen Vorgehensweise‘ bedienen mußte.“ (Vester 2001, 158). Aufbauend auf den mathematischen Grundlagen der ‚Fuzzy logic‘[71] und der 1976 erstellten Vorstudie „Ballungsgebiete in der Krise“ (Vester 1991a) wurde das Sensitivitätsmodell entwickelt. ‚Sensitivität‘ bezeichnet nach Vester (2001, 158f.) eine über ‚Sensibilität‘ hinausgehende Empfindsamkeit eines Systems, das bereits auf geringe innere oder äußere Einflüsse reagiert.

Ähnlich wie man von einer Region eine Landkarte anfertigen kann, lässt sich auch für ein System – wie beispielsweise ein Unternehmen – ein Modell aufstellen. Dieses Modell sollte darstellen, aus welchen Teilen sich ein System zusammensetzt und wie die Teile aufeinander wirken. Mit Hilfe des Systemmodells lassen sich anschließend

[71] „Bereits 1975, als wir mit der Entwicklung des Sensitivitätsmodells begannen, war mir klar, daß mit der damals noch kaum beachteten ‚Fuzzy logic‘ die schwierige Erfassung komplexer Systeme praktikabel werden müsste, weil man mit wenigen Daten auskommt und damit zwar mehr oder weniger unexakte, dafür aber immer richtig liegende Konzepte der Wirklichkeit mathematisieren und programmieren kann. Mit der Erfassung weicher Daten auf der einen und der Beschränkung auf wenige Systemparameter auf der anderen Seite waren jedenfalls wichtige Grundvoraussetzungen geschaffen, um auch hochkomplexe Systeme mit wenigen Schlüsselvariablen repräsentativ abzubilden. ... Damit jedoch bereits eine grobe Darstellung der Wirklichkeit anhand weniger Komponenten das fragliche System auch richtig wiedergeben, müssen diese Komponenten drei Bedingungen erfüllen: → Man muß die richtige Auswahl treffen, → die Beziehungen zwischen ihnen erfassen und → sie zu einem Muster [‚Fuzzy set‘] miteinander vernetzen.“ (Vester 2001, 151).

die Auswirkungen veränderter Systembedingungen und der Nutzen entsprechender Maßnahmen simulieren. Viele Vorgänge lassen sich so ‚mit dem Finger auf der Landkarte' gut nachvollziehen, ohne dass man planlos umherirrt. „Ganz ähnlich wie bei der Pilotenausbildung im Flugsimulator … werden hier reale Abläufe simuliert. Und erst wenn sie im Modell funktionieren, wagt man damit in die ja meist noch kompliziertere Wirklichkeit zu gehen." (Vester 1991 a, 89).

Ursprünglich für den Umgang mit Ballungszentren und ökologischen Problemstellungen genutzt, fand das Verfahren auch schnell Berücksichtigung in der Wirtschaft. Ein vielbeachtetes Beispiel für die Anwendung des Sensitivitätsmodells in der betrieblichen Früherkennung ist die „Ford Systemstudie" (Vester 1990). Sie wurde in den Jahren 1987 bis 1988 im Auftrag von Daniel Goeudevert, dem damaligen Vorstandsvorsitzenden von Ford Deutschland, unter der Leitung von Vester mit dem Ziel erstellt, konkrete Konzepte für Verkehr und Fahrzeuge der Zukunft zu entwickeln. Einige Beispiele aus der Studie werden bei der folgenden Beschreibung des Verfahrens erwähnt.

Abb. 16 skizziert die einzelnen Arbeitsschritte zum Aufbau eines Sensitivitätsmodells, die nun kurz vorgestellt werden.

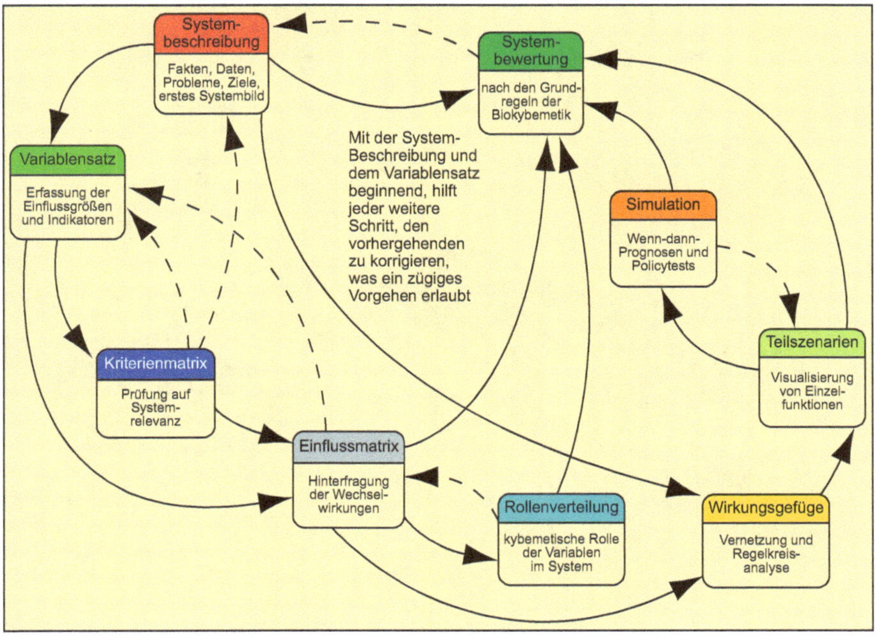

Abb. 16: Das rekursive Verfahren des Sensitivitätsmodells
(Quelle: Vester 2006)

Systembeschreibung

Der Aufbau eines Sensitivitätsmodells beginnt mit einer Systembeschreibung, durch die ein erstes Abtasten des Systems und seiner Probleme erfolgt. Um möglichst alle wichtigen Meinungen, Wünsche und Vorstellungen zu berücksichtigen, werden nicht wie sonst vielfach üblich als erstes Gutachten, Bilanzen und Statistiken von Fachleuten herangezogen. Die Datensammlung beginnt vielmehr mit einem Brainstorming, an dem alle wesentlichen Betroffenen teilnehmen sollten. Nach der ersten Datensammlung wird das Gesamtsystem mit seinen Grenzen, den wichtigsten Teilen und Beziehungen grob beschrieben und möglichst bildhaft skizziert. Es entsteht ein optisch nachvollziehbarer Überblick, aus dem sich fast von selbst die ersten Beziehungen zwischen den Komponenten ergeben, die in die Skizze eingezeichnet und zu einem groben Wirkungsgefüge verbunden werden.

Eher vom linearen Denken geprägte Entscheidungsträger reagieren verständlicherweise zunächst mit Skepsis: „Was soll das Ganze? Wo bleiben die Fakten? Wie soll

Abb. 17: Beispiel für ein Systembild aus der Ford-Systemstudie
(Quelle: Vester 1990, 31)

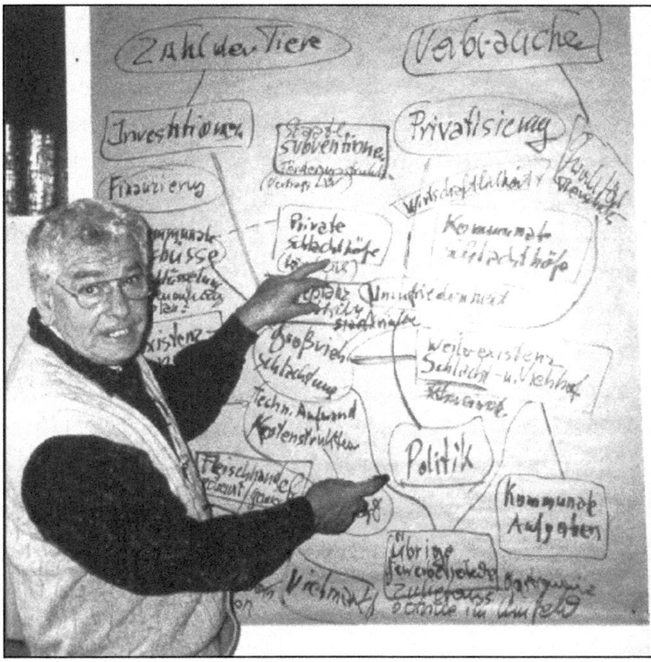

Erster Workshop mit Prof. Vester bei einer großen kommunalen System-Studie

Ein typischer Teil der Systembeschreibung ist eine Skizze der gesammelten Meinungen, Fakten, Beziehungen auf einem großen Papierbogen – aufgestellt während der Diskussion mit den Teilnehmern.

Abb. 18: Beispiel für Workshop zur ersten Datensammlung
(Quelle: Vester 2006)

dabei etwas Verläßliches herauskommen?“ Gerade das Visualisieren der einzelnen Wortmeldungen auf einem Flipchart gibt den Beteiligten aber schnell das Gefühl, dass „ihre Ansichten ernst genommen werden“. Zum allgemeinen Verständnis trägt auch bei, dass „die anwesenden Fachleute und Entscheidungsträger gezwungen sind, sich verständlich auszudrücken statt mit nicht nachvollziehbaren Zahlenkolonnen zu hantieren“ (Vester 2001, 173).[72]

[72] „Viele der mit dem Sensitivitätsmodell durchgeführten Projekte zeigen, daß die Weichen für das richtige Vorgehen bereits bei der Systembeschreibung gestellt werden. Sie bereitet die Grundlage dafür, daß in den nächsten Arbeitsschritten der Konsens über Wirkungszusammenhänge, über die Stärke der Einflußfaktoren und deren Rolle im System von allen getragen wird. Gewohnt, ein fertiges Modell vorgestellt zu bekommen, das Antworten gibt, ist mancher zwar zunächst enttäuscht, ein solches anhand einer Systembeschreibung selbst aufbauen zu müssen, andererseits überwiegt bald schon die Neugierde, wie sich nun der eigene Input bei der weiteren Entwicklung des Modells verhält. Man beginnt zu begreifen, daß das Modell selbst zwar keine Antworten gibt, aber auf neue Weise dabei helfen wird, Antworten zu finden.“ (Vester 2001, 175).

Rainer Grüning, Systemanalytiker der Winterthur Versicherungen, fasst seine Erfahrungen mit der Systembeschreibung bei der Risikoanalyse von Unternehmen wie folgt zusammen: „Mit diesem Vorgehen soll eine voreilige Etikettierung des Problems vermieden werden. Aussagen wie ‚Die Produktion birgt ein ökologisches Risiko' … tragen wenig zu einer konstruktiven Lösung des Problems bei; denn eine solche Problemanalyse schränkt die Menge der gleichwertigen Lösungsalternativen von Anfang an empfindlich ein. Es gilt vielmehr, die Ursachen eines Risikoproblems möglichst ganzheitlich zu ergründen." (zit. in: Vester 2001, 176).

Variablensatz

Die bei der Systembeschreibung erfolgten Gespräche, Brainstormings und Meetings führen meist zu einer großen Vielzahl an Variablen bzw. Einflussgrößen. Um ein aussagefähiges und gleichzeitig übersichtliches Systemmodell aufzubauen, kommt der Datenreduktion auf die wesentlichen systemrelevanten Schlüsselgrößen eine entscheidende Bedeutung zu.

Variablen sind veränderliche Größen, die verschiedene Zustände annehmen können. Sie können sowohl quantitative als auch qualitative Aspekte enthalten. „Sowohl die mathematische Gruppentheorie als auch die Arbeiten über Synergetik von Hermann Haken belegen, daß es möglich ist, auch sehr komplexe Systeme mit wenigen Variablen grob, aber hinreichend zu beschreiben, sobald man einerseits bestimmte Systemkriterien berücksichtigt und andererseits die Beziehungen zwischen den Variablen, also ihr Wirkungsgefüge, erfasst." (Vester 2001, 184).

Das Sensitivitätsmodell bietet mit der **Kriterienmatrix** eine Unterstützung, um zu einem übersichtlichen Variablensatz zu gelangen, der alle relevanten Bereiche berücksichtigt und eine zu einseitige Betrachtungsweise, etwa mit dem Schwerpunkt der kurzfristigen Wirtschaftlichkeit unter Ignorierung der Arbeitsplatzqualität, vermeidet. Mit der Kriterienmatrix kann gezielt überprüft werden, ob ein Variablensatz alle Grundaspekte des Systems enthält, die zur Abbildung der Realität im Modell notwendig sind. Für jede einzelne Variable wird untersucht, welche Kriterien sie erfüllt.

Auf diese Weise kann auch „ein anfänglich umfangreicher Variablensatz mit weit über 100 Begriffen sukzessive auf einen Kern von 20–40 Variablen reduziert werden" (Vester 1990, 33) ohne wichtige Bereiche zu vernachlässigen. Der sich ergebende Variablensatz stellt jetzt einigermaßen überschaubar die Systemkomponenten des Modells dar.

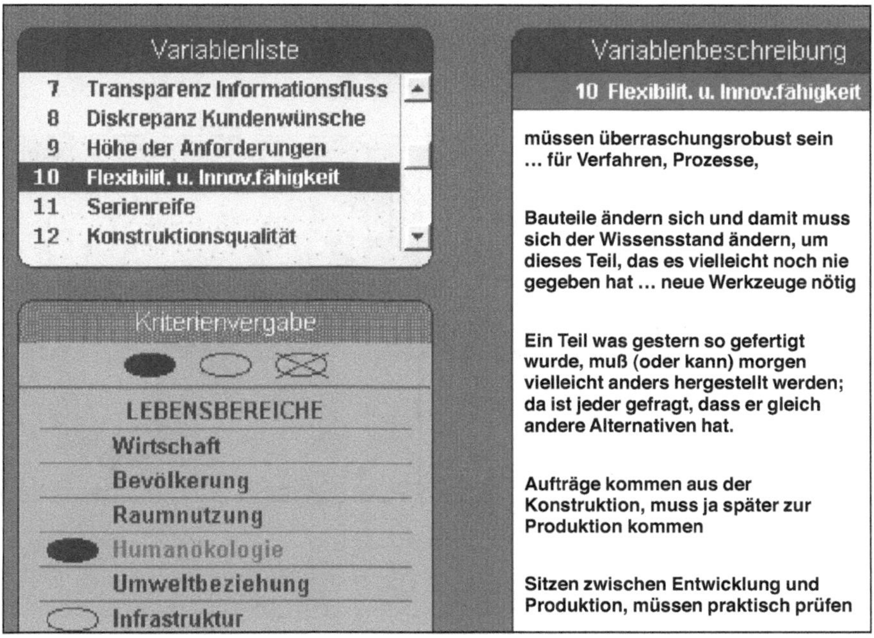

Abb. 19: Beispiel für einen Variablensatz mit Variablenbeschreibung und Kriterienvergabe (Ausschnitt)
(Quelle: Vester 2006)

Einflussmatrix

Wenn der Variablensatz steht, werden die Beziehungen zwischen den einzelnen Variablen analysiert. Hierzu werden mit Hilfe der Einflussmatrix [Papiercomputer] die Einflüsse von jeder Variablen auf jede andere systematisch nacheinander abgefragt. Die Frage lautet: Wenn ich Variable A verändere, wie stark verändert sich dann Variable B? Die Stärke der Veränderung wird mit den Bewertungsziffern 0 [keine Wirkung] bis 3 [sehr starke Wirkung] in die Einflussmatrix eingetragen, wobei hier noch unerheblich ist, ob es sich um eine gleich- oder entgegengerichtete Wirkung handelt.

Dieses systematische Vorgehen lässt den Anwender das untersuchte System oft von einer ganz neuen Seite kennen lernen: „So wird man … feststellen, daß sich erst beim Arbeiten mit der Matrix und durch das lückenlose Abfragen jeder überhaupt

Abb. 20: Ausschnitt aus einer Einflussmatrix
(Quelle: Vester 2006)

möglichen Beziehung viele Fragen stellen, auf die selbst der Insider sonst nie gekommen wäre.“ (Vester 1990, 88).

Aus der Berechnung der Aktiv- und Passivsummen [Reihen- bzw. Spaltensummen] ergibt sich die Rolle der Systemkomponenten zwischen den Eigenschaften ‚aktiv‘ und ‚reaktiv‘ sowie zwischen ‚kritisch‘ und ‚puffernd‘. Damit ist es erstmals möglich, die Komplexität des Systems zu durchleuchten und zu erkennen, wo die Stabilisatoren und wo die Schwachpunkte des Systems liegen. (Vester 1990, 88)

Rollenverteilung

Die Ergebnisse der Einflussmatrix können mit Computerunterstützung in einer aussagekräftigen Grafik als ‚Rollenverteilung‘ dargestellt werden, die eine Interpretation der Schlüsselvariablen ermöglicht (Vester 1991 b, 98 ff.):

Aktive Variable [Bereich 1] = Ansatzhebel für Veränderungen

Von einer aktiven Variable gehen viele Wirkungen zu anderen Variablen aus, sie wird aber kaum von anderen beeinflusst. Veränderungen des Zustands dieser Variable können starken Einfluss auf das Verhalten des Gesamtsystems haben. Hier finden

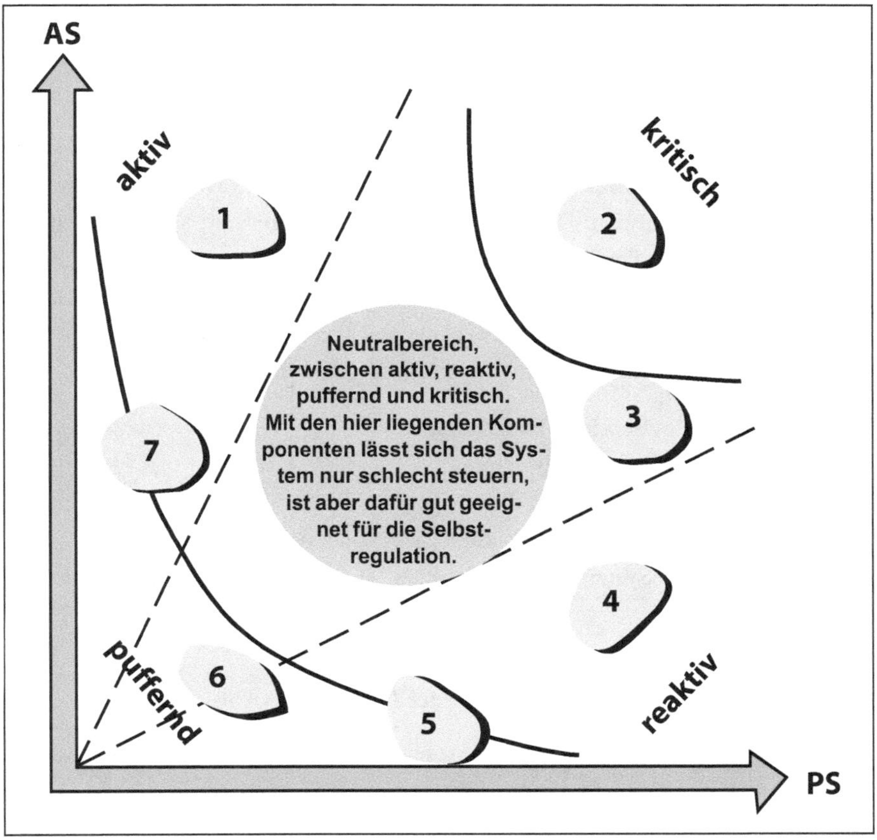

Abb. 21: Rollenverteilung der Variablen im System
(Quelle: Vester 2001, 205)

sich wirksame Schalthebel, die das System nach erfolgter Änderung erneut stabilisieren.

Reaktive Variable [Bereich 4] = Spiegel bzw. Warnsignal des Systems
Eine reaktive Variable beeinflusst die übrigen Größen kaum, wird aber selbst stark beeinflusst. Hier steuernd einzugreifen bringt nur Korrekturen kosmetischer Art [Symptombehandlung]. „Ihre [relativ leichte] Korrektur durch … direkten Eingriff [z.B. durch ‚Pushen' des Verkaufs mit Werbeaktionen] wird dadurch aber ebenso

leicht wieder von anderer Seite aufgehoben, verstärkt oder gegengesteuert.“ (Vester 1990, 115) Sie eignen sich daher eher als Indikatoren.

Kritische Variable [Bereich 2] = Initialzündung
Achtung: Aufschaukelungseffekt
Eine kritische Variable beeinflusst die übrigen Variablen stark und wird gleichzeitig von ihnen stark beeinflusst. Hier finden sich Beschleuniger und Katalysatoren, die als Initialzündung geeignet sind, um Dinge überhaupt in Gang zu bringen. Da sie sehr sensibel auf kleinste Änderungen reagieren und dabei selbst wieder stark eingreifen, ist ein unkontrolliertes Aufschaukeln und Umkippen möglich. Daher sollten sie nur vorsichtig mit Samthandschuhen angefasst werden.

Puffernde Variable [Bereich 6] = Konstante
Achtung: Time-lag und Grenzwerte
Puffernde Variablen beeinflussen die übrigen Größen nur schwach und werden von ihnen auch nur schwach beeinflusst. Sie bleiben auch bei stärkeren Änderungen des Gesamtzustands des Systems relativ konstant. Hier sind Eingriffe und Kontrollen wenig sinnvoll.

Beispiel aus der Ford-Systemstudie (Vester 1990, 115f.) (Abb. 22, S. 83)

In der Rollenverteilung der Ford-Systemstudie erweist sich beispielsweise die aktive Variable **[8: Zukunftsorientiertes Management]** als besonders tauglich, um im Rahmen einer neuen Unternehmenspolitik als Steuerungshebel für Veränderungen eingesetzt zu werden:

Dagegen nimmt **[7: Image des Unternehmens und seiner Produkte]** die Rolle einer stark reaktiven Variable ein und hat damit eher Indikatorcharakter. „Hieraus ergibt sich eindeutig die zunächst vielleicht verblüffende Folgerung, daß es unsinnig ist, ein bestimmtes Image des Unternehmens als solches konstruieren zu wollen, etwa durch eine gezielte Werbe- und PR-Kampagne. Das Image kann offenbar nur aus der Gesamtkonstellation des Unternehmens entstehen, also nicht etwa ‚gemacht‘ werden. Würde man letzteres versuchen, so käme dies offenbar dem Versuch gleich, durch Manipulation des Barometers Schönwetter zu machen.“ (Vester 1990, 115f.). In der Tat würde eine Imagekampagne wahrscheinlich zu verstärkten Werbeaktivitäten der Mitbewerber führen, wodurch sich die Wirkungen trotz großen Kapital- und Arbeitseinsatzes gegenseitig aufheben würden.

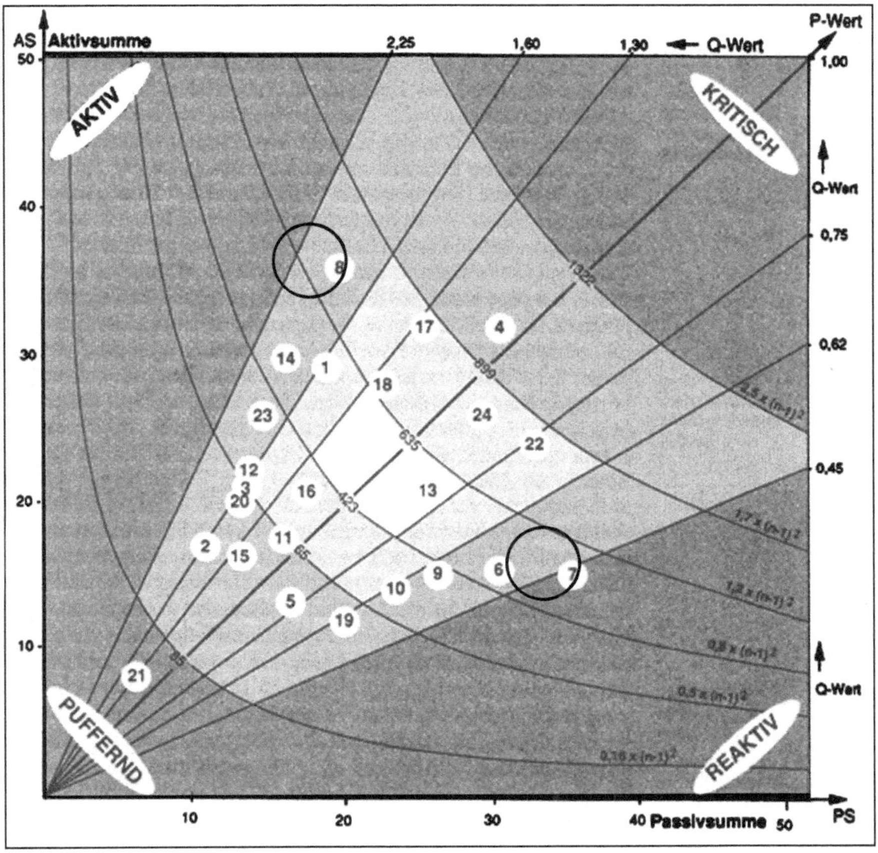

Abb. 22: Rollenverteilung der Variablen in der Ford-Systemstudie
(Quelle: Vester 1990, 113)

Wirkungsgefüge und Regelkreise

Während die Einflussmatrix Auskünfte über bilaterale Wirkungsbeziehungen und die Rolle der Variablen im System liefert, soll ein Wirkungsgefüge die Wirkungsketten und Regelkreise eines Systems sichtbar machen. Dabei kann eine Liste mit negativen und positiven Rückkopplungen (vgl. Abschnitt 3.2.1) angezeigt werden, die Aufschluss über ein mögliches Systemverhalten geben kann. Viele Rückkopplungen deuten z. B. auf ein aktives System hin. Wenn es keine oder nur wenige negative Rückkopplungen gibt, ist das System instabil und droht über sich aufschaukelnde positive Rückkopplungen zu eskalieren.

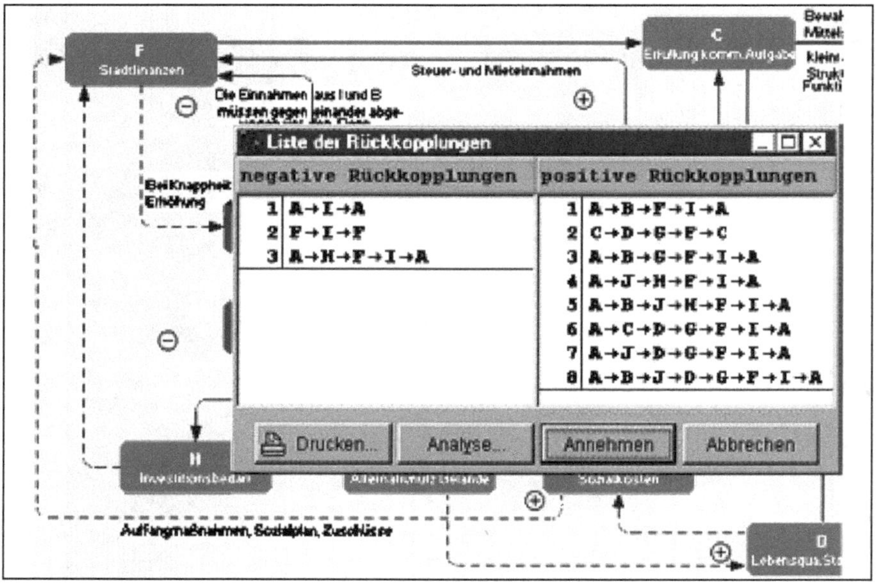

Abb. 23: Beispiel für Wirkungsgefüge mit Liste der Rückkopplungen
(Quelle: Vester 2006)

Teilszenarien und Simulationen

In Teilszenarien werden Ausschnitte des Gesamtsystems detaillierter dargestellt. Da alle Teilszenarien aus dem Wirkungsgefüge des Gesamtmodells stammen, geht der Zusammenhang mit dem Gesamtsystem nicht verloren. So können in den Teilszenarien konkrete Probleme und Fragestellungen analysiert werden. Die Analyse des Wirkungsgefüges zeigt Regelkreise auf, die Aufschlüsse über das Systemverhalten unter unterschiedlichen Randbedingungen geben.

Auf der Basis eines fertig aufgebauten Teilszenarios kann jede Variable in mehrere Bereiche skaliert werden. Durch die einfache Skalierung können ähnlich wie bei ‚Fuzzy sets'[73] auch unscharfe, qualitative Aspekte berücksichtigt werden. Die Wir-

[73] „Auf den Arbeiten von Lotfi Zadeh, Hans-Jürgen Zimmermann, Hans Werner Gottinger, Joseph A. Goguen und anderen aufbauend konnte das Sensitivitätsmodell als eines der ersten Systemmodelle so konzipiert werden, daß es möglich wurde, durch Anwendung der ‚Fuzzy logic' qualitative und quantitative Angaben zu mischen und beide zusammen dennoch in ein für Simulationen berechenbares Beziehungsnetz zu bringen. Diese Vorgehensweise ist für systemische Simulationen schon deshalb notwendig, weil in der Realität die meisten Beziehungen zwischen zwei Variablen ohnehin überwiegend nichtlinear und auch nicht mathematisierbar sind. Linear, logarithmisch, exponentiell, asymptotisch oder als Sinuskurve verlaufen sie ▶

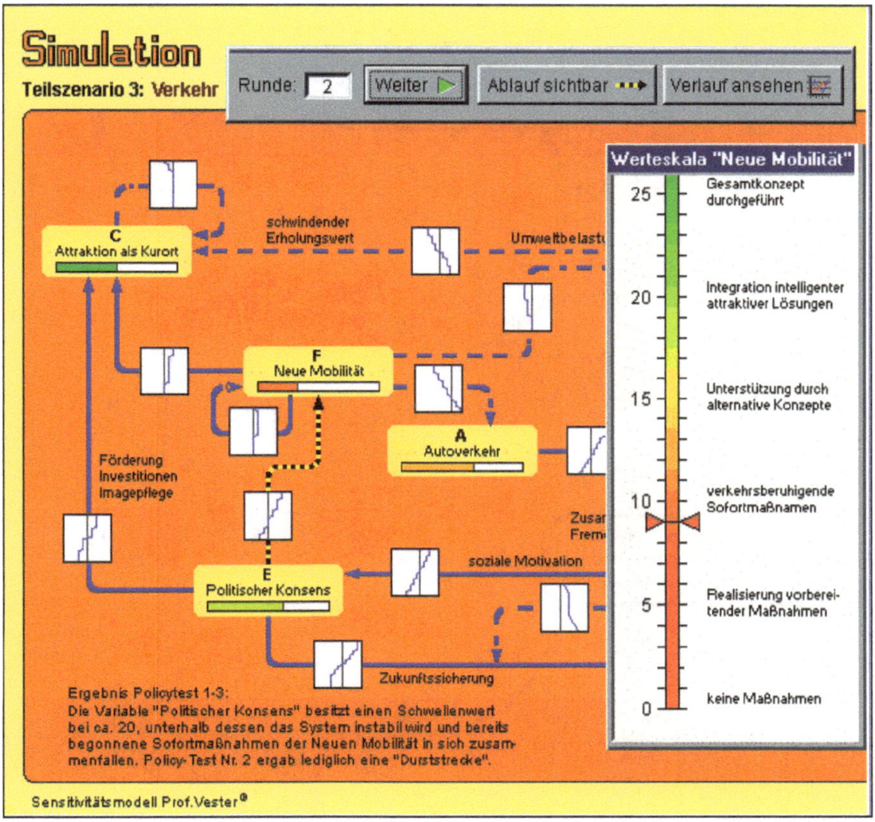

Abb. 24: Beispiel einer Simulation für das Teilszenario ‚Verkehr'
(Quelle: Vester 2006)

kungen der Variablen werden als Tabellenfunktionen eingezeichnet, deren festgelegter Verlauf sinnvollerweise erläutert wird, so dass das Modell und die anschließende Simulation für jeden nachvollziehbar und transparent bleibt.

Anhand von ‚Wenn-dann-Szenarien' kann jetzt simuliert werden, wie bestimmte Eingriffe durch Variationen der Zustände oder externe Störgrößen das Systemverhalten verändern.

---

nur in gewissen Kurvenabschnitten … Die Beziehungen, die beim Sensitivitätsmodell den Wirkungskurven einer Simulation zugrunde liegen, sind daher Tabellenfunktionen, das heißt, sie entsprechen nicht eindeutigen Formeln von y = f (x), sondern einer Tabelle von einander zugeordneten diskreten [nichtkontinuierlichen] Zahlenwerten." (Vester 2001, 227 ff.).

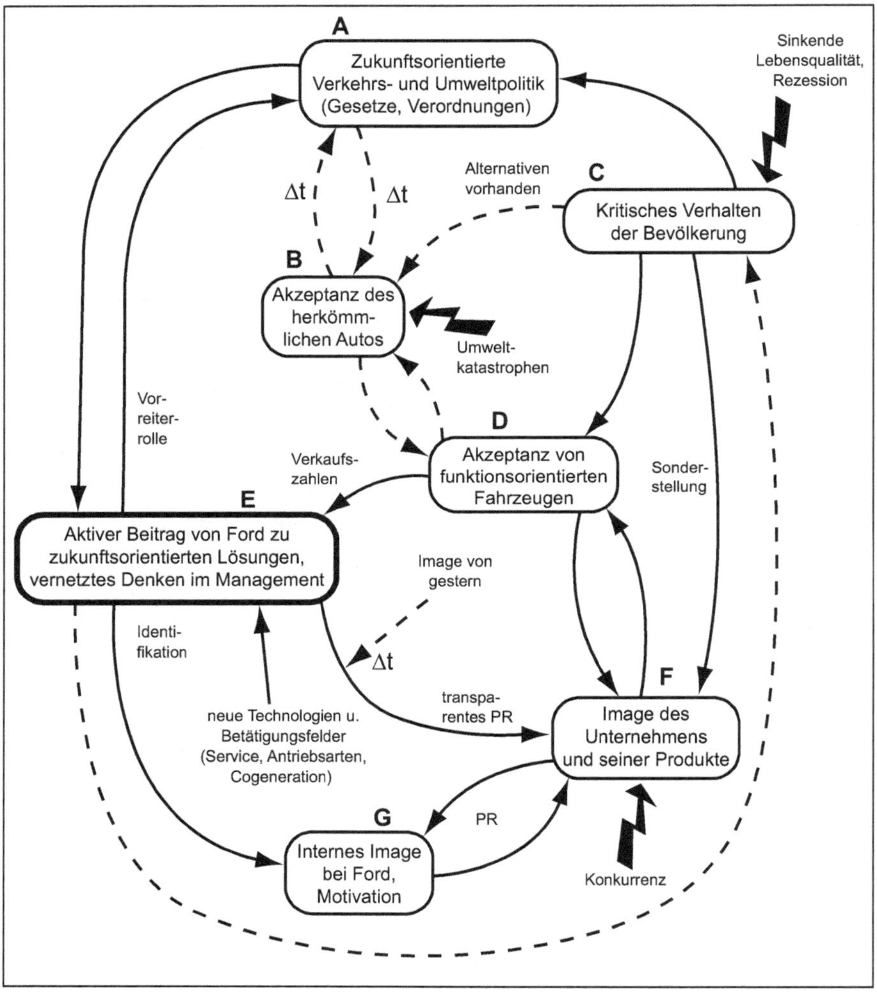

Abb. 25: Teilszenario ‚Image nach außen' aus der Ford-Systemstudie
(Quelle: Vester 1990, 252)

Wenn im Beispiel des Teilszenarios ‚Image nach außen' ein aktiver Beitrag von Ford zu zukunftsorientierten Lösungen [E] als Startvariable gewählt wird, „so ergeben sich acht verschachtelte Regelkreise mit negativer Rückkopplung, die sämtlich über das kritische Verhalten der Bevölkerung [C] laufen und insgesamt noch einmal acht positive Rückkopplungen umschließen" (Vester 1990, 253).

Die Computersimulation, die hier schriftlich leider kaum darstellbar ist, gibt interessante Strategiehinweise. Es wird deutlich, wie positiv sich eine auf neue umwelt- und systemverträgliche Lösungen ausgerichtete Strategie [z. B. durch neue energiesparende ‚Ökomobile'] auf das Image auswirken könnte. Da das neue Image zunächst noch durch das ‚Image von gestern' belastet ist, das durch die bisher angebotenen Autos repräsentiert wird, dürfte die positive Wirkung erst mit Zeitverzögerung auftreten. Die neue Strategie dürfte sich auch positiv auf die Motivation der Mitarbeiter auswirken, was über das ‚Image nach innen' wiederum eine direkte positive Ausstrahlung auf das ‚Image nach außen' haben würde. Die dabei anlaufenden positiven Rückkopplungen – so die Simulation – dürften den in Gang kommenden Imageaufbau stark beschleunigen.

> Eines steht fest: Nach den Mechanismen der Systemkybernetik ist die Entstehung eines neuen, durchschlagenden Images heute nicht mehr auf der Basis der herkömmlichen Produktpalette möglich – auch nicht, wenn diese mit großem Werbeaufwand angepriesen wird. Ein glaubwürdiges Image nach außen wird nur durch eine klare, langfristig ausgerichtete Unternehmenspolitik gelingen, die beharrlich neue Konzepte aufbaut und die alten nach und nach durch diese ersetzt – auch und gerade dann, wenn sich der Erfolg nicht sofort einstellen sollte. (Vester 1990, 257)

Systembewertung und Optimierung der Lebensfähigkeit

Parallel zur Entwicklung und Interpretation der Teilszenarien erfolgt die Systembewertung. Hier wird geprüft, ob die sich ergebenden Strategiehinweise das Gesamtziel, die Optimierung der Lebensfähigkeit, begünstigen. Um festzustellen, unter welchen Bedingungen die Lebensfähigkeit gefährdet bzw. besonders gut gewährleistet ist, werden ‚Wenn-dann-Entwicklungen' durchgespielt, indem die Zustände einzelner Variablen verändert und die dadurch eingeleiteten vernetzten Wirkungen im System simuliert werden. So kann geprüft werden, wo mögliche Risiken lauern und wann bestimmte Eingriffe notwendig werden. Außerdem wird deutlich, inwieweit bestimmte Maßnahmen dem gewünschten Ziel entsprechen oder ob sie über die vorliegende Vernetzung verpuffen oder sogar ins Gegenteil dessen umschlagen, was eigentlich beabsichtigt war. (Vester 1990, 44).

Rekursivität

Das Verfahren des Sensitivitätsmodells ist ein rekursiver Vorgang, der im Prinzip keinen Abschluss findet. Zurückliegende Arbeitsschritte werden immer wieder überprüft und können so durch neue gewonnene Kenntnisse über das Systemverhalten zu weiteren möglichen Problemlösungen und damit auch zur Stärkung der Lebensfähigkeit führen.

Anwendungsspektrum

Das Verfahren bzw. einzelne Module des Sensitivitätsmodells werden von vielen verschiedenen Anwendern auf verschiedenen Gebieten eingesetzt:

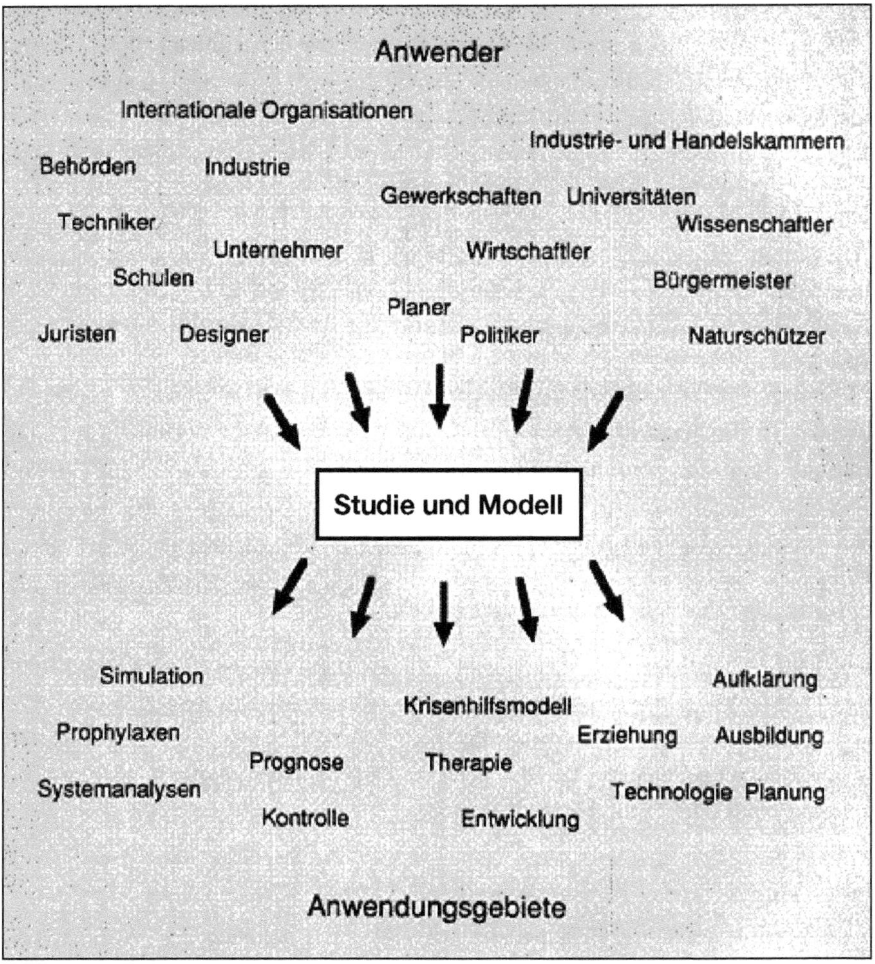

Abb. 26: Anwender und Anwendungsgebiete des Sensitivitätsmodells
(Quelle: Vester 1991a, 115)

Lizenznehmer und Anwender des Sensitivitätsmodell sind u. a. die Commerzbank AG, Credit Suisse Group, DaimlerChrysler AG, Hochschule St. Gallen: Institut für Versicherungswirtschaft, HypoVereinsbank AG, Österreichische Bundesbahnen ÖBB, Robert Bosch GmbH, Schweizer Rück Versicherungsgesellschaft, Volkswagen AG und Zürich Versicherung.

Nach dem Tod von Frederic Vester im Jahr 2003 und dem altersbedingten Rückzug seiner Frau wurde die Studiengruppe für Biologie und Umwelt im Dezember 2005 vom Malik Management Zentrum St. Gallen [MZSG] in der Schweiz übernommen. Die ehemalige enge Mitarbeiterin von Vester, Gabriele Harrer, die an der Entwicklung des Sensitivitätsmodells und der Erarbeitung diverser Systemstudien intensiv mitgewirkt hat, ist auch heute im MZSG für die Weiterentwicklung und den Einsatz des Sensitivitätsmodells, vornehmlich für betriebswirtschaftliche Projekte, verantwortlich.

Kritik

Da sich dem Anwender durch das beschriebene Verfahren meist eine völlig neue Sicht des Problemfeldes eröffnet, führen die kybernetischen Systemstudien nach Vester (1991a, 154) nicht zu Prognosen der üblichen Art. Während die meisten herkömmlichen Verfahren nur das zu untersuchende Einzelobjekt und seine Komponenten erfassen, analysiert das Sensitivitätsmodell auch die Wechselwirkungen und bezieht das Umfeld des Untersuchungsobjekts mit ein. Es interpretiert das Systemverhalten und zeigt unter dem Hauptkriterium ‚erhöhte Lebensfähigkeit' neuartige Lösungsmöglichkeiten und Chancen auf.

Trotzdem bleiben einige Barrieren:

- Preis: Die professionelle Netzwerkversion des Sensitivitätsmodell kostet ca. 60.000 EUR. Dazu kommen weitere Kosten für Schulung, Workshops und Projektdurchführung.
- Know how: Trotz der vielfältigen Arbeitshilfen bleibt es schwierig, eigenständig ein tragfähiges Früherkennungssystems aufzubauen. Schon die notwendige Einführung in systemtheoretische Grundzusammenhänge, derer sich das Sensitivitätsmodell bedient, könnte viele abschrecken, denen das ‚systemische Denken' noch nicht vertraut ist.
- Zeitaufwand: Auch bei entsprechender Erfahrung ist ein Projektteam oft mehrere Monate mit dem Aufbau eines Früherkennungssystems beschäftigt.

- Akzeptanz: Selbst schlüssige Modelle mit nachvollziehbaren Strategiehinweisen scheitern vielfach an dem in der betrieblichen Praxis nach wie vor vorherrschenden linearen Ursache-Wirkungs-Denken, das einfache, mit harten Fakten belegbare eindeutige Lösungsvorschläge bevorzugt.

Angesichts dieser Probleme bei der Entwicklung und Umsetzung eines systemorientierten Früherkennungssystems wird sich nach Vester so mancher Entscheidungsträger „nach den einfachen Statistiken und linearen Hochrechnungen der herkömmlichen Analysen“ sehnen. Er gibt jedoch zu bedenken, dass „unsere komplexe Welt nun einmal nicht so schön geordnet ist, wie uns dies die meisten Untersuchungen weismachen“ und dass „der ganzheitliche Ansatz und die darin liegenden Bemühungen, der Wirklichkeit nahezukommen, zu solideren Ergebnissen führen als all jene detaillierten, aber aus dem Zusammenhang gerissenen Trendhochrechnungen und prognostizierenden Analysen“. (Vester 1990, 26f.). Dabei betont Vester, dass eine systemische Analyse und Simulation immer nur eine zusätzliche Denkhilfe neben den klassischen Planungsvorgängen sein soll, um „das ‚vernetzte Denken‘ konsequent durchzuziehen und dabei nicht wieder in das lineare Denken hineinzurutschen“ (1993, 4).[74]

4.4 Fazit: Systemische Verfahren zur Handhabung multikausaler Phänomene

Das Bewusstsein für die Notwendigkeit des rechtzeitigen Erkennens von Risiken und Chancen ist in der Wirtschaft im letzten Jahrzehnt sprunghaft gestiegen. Externe Kri-

[74] Martin Wolters, ehemaliger Siemensdirektor für künstliche Intelligenz, lobt das Verfahren: „In zunehmendem Maße in der Praxis angewendet ist dieses von F. Vester entwickelte System, längst aus dem Experimentierstadium heraus. Seine allgemeine Einführung wird weitgehende Rückwirkungen auf unser Zusammenleben und die Art und Weise haben, wie wir in Zukunft Probleme lösen werden.“ (In: Vester 1991 a, 118) Wolters vergleicht die dem Sensitivitätsmodell unterlegte Computertechnik mit der Petrinetz-Technologie, die im Rahmen der Künstlichen-Intelligenz-Forschung sogar in der Lage ist, „Interferenzketten vom ‚Wenn-dann‘-Typ zu visualisieren“. Das Sensitivitätsmodell demonstriere außerdem, dass „bereits kleine … Netze dieser Art sehr repräsentativ der Wirklichkeit entsprechende Werte liefern. Sie werden mit einem Hologramm verglichen, bei dem auch ein kleines Teilstück bereits das ganze ‚wahre‘ Bild liefert, unter Umständen nur etwas unscharf oder lichtschwach.“ (Vester 1991 a, 118).

sen, wie der Niedergang der ‚New Economy', die ‚Terrorkriege' oder Umweltkatastrophen, erwischten nicht vorbereitete Unternehmen mit teilweise verheerender Wirkung.[75]

Verschiedene Generationen von Früherkennungssystemen versuchen, Veränderungen im Inneren oder im Umfeld eines Unternehmens möglichst frühzeitig zu erkennen, so dass rechtzeitig geeignete Maßnahmen geplant, getestet und umgesetzt werden können. Bei der ersten Generation von Frühwarnsystemen ist die Vergangenheitsorientierung der Daten und die einseitige Ausrichtung auf Risiken zu kritisieren. Die zweite Generation der indikatorgestützten Früherkennungssysteme reduziert die Analyse auf lineare Ursache-Wirkungs-Zusammenhänge, was der Systemdynamik eines komplexen Systems nicht gerecht wird und zwangsläufig zu keinen rechtzeitigen und realitätsnahen Aussagen führen kann. Die dritte Generation versucht auch schwache Signale zu erkennen, ohne jedoch Unternehmen konkrete Arbeitshilfen bei der Entwicklung eines individuellen Systems anzubieten.

Mehr Erfolg versprechen systemorientierte Früherkennungssysteme, die – zum Beispiel mit dem Sensitivitätsmodell – für die individuelle Situation passend entwickelt werden können. Dabei führt das Sensitivitätsmodell anschaulich durch den Entwicklungsprozess, in den jederzeit verschiedene Entscheidungsträger einbezogen werden können. So können die Anwender fast spielerisch ihr eigenes Unternehmen und den Umgang mit komplexen Systemen kennen lernen, Gefahren und Chancen rechtzeitig aufspüren und verschiedene Maßnahmen durch Simulation am Computer auf Systemverträglichkeit durchspielen. Hohe Kosten, viel Fachwissen und enormer Zeiteinsatz erschweren allerdings die Einführung eines systemorientierten Denk- und Arbeitsmodells.

Das eingangs beschriebene Dilemma von Intel und eine Vielzahl von weiteren Beispielen[76] unterstreicht, auf welche Chancen Unternehmen in der latenten Krisenphase verzichten, wenn sie keine oder lediglich suboptimale Früherkennungssysteme im Einsatz haben. Gleichwohl sollten auch die Grenzen der kommunikativen Frühwarnung nicht verkannt werden. Nicht jede Unternehmenskrise kündigt sich durch

[75] Bekannte Beispiele für existentielle Unternehmenskrisen aufgrund zu später oder unangemessener Reaktionen auf unerwartete Ereignisse bieten Enron, WorldCom, Swissair und Arthur Andersen.

[76] Töpfer (2007b): „Nicht bestandener ‚Elch-Test' der Mercedes A-Klasse"; Roselieb (2007): „Unternehmenskrisen 1999".

„schwache Signale“ an. Zudem ist es fraglich, ob Entscheidungsträger – angesichts ihrer beschränkten Informationsaufnahme- und Informationsverarbeitungskapazität – die Vielzahl an „schwachen Signalen“ tatsächlich wahrnehmen und diese adäquat verarbeiten können. Schließlich kann auch ein umfassendes Frühwarnsystem nicht alle potentiellen „Krisenherde“ abdecken. Stets werden Diskontinuitäten auch in völlig neuen Bereichen entstehen, für die bisher keine Indikatoren formuliert wurden. „Frühwarnsysteme in der internen und externen Unternehmenskommunikation können daher das Krisenmanagement zwar sinnvoll ergänzen, dieses aber keineswegs ersetzen. Auch das beste kommunikative Frühwarnsystem kann nicht immer verhindern, daß der Krisenprozeß in die akute Krisenphase übergeht und damit die Krisenbewältigung an die Stelle der Krisenerkennung und Krisenvermeidung tritt.“ (Roselieb 2003, 105).

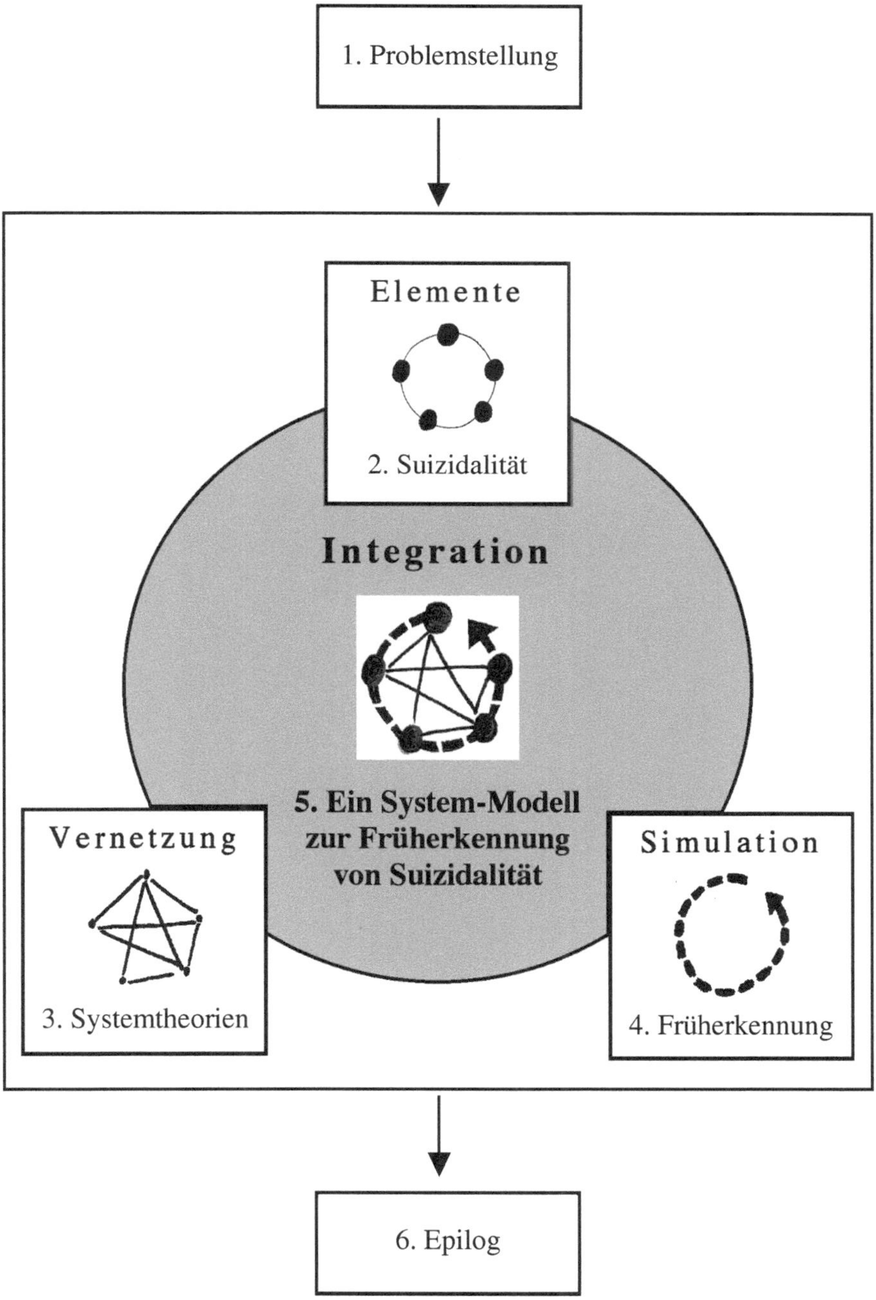
1. Problemstellung
Elemente
2. Suizidalität
Integration
5. Ein System-Modell zur Früherkennung von Suizidalität
Vernetzung
3. Systemtheorien
Simulation
4. Früherkennung
6. Epilog

5 Ein System-Modell zur Früherkennung von Suizidalität

**„Das Leben kann nur zurückblickend verstanden werden.
Es muss aber vorausschauend gelebt werden.“**
(Sören Kierkegaard)[77]

Im Zusammenhang mit Suizidalität werden Mediziner, Psychotherapeuten und oft auch Psychologen meist erst dann konsultiert, wenn ‚das Kind schon in den Brunnen gefallen ist‘. Sie versuchen dann – ähnlich wie ein Insolvenzverwalter im zahlungsunfähigen Unternehmen – zu retten, was noch zu retten ist und den bereits entstandenen Schaden zu begrenzen. Im Gegensatz dazu wollen Früherkennungssysteme, wie oben beschrieben, frühzeitig Signale senden, um Defizite zu erkennen und auszugleichen, bevor sie sich zu einem großen Berg von kaum lösbaren Problemen aufschaukeln.

Veröffentlichte Systemstudien im Zusammenhang mit Suizidalität sind nach Auskunft verschiedener Systemforscher und Mediziner und nach eigenen Recherchen nicht bekannt.[78] Dabei müsste das Instrumentarium in gleicher Weise wie in der Wirtschaft sinnvoll genutzt werden können. Der Versuch der Übertragung der mit Hilfe des Sensitivitätsmodells erarbeiteten Früherkennungsmodelle aus der Gesellschaft, Ökologie und Wirtschaft in das Problemfeld der Suizidalität wird in diesem Kapitel vorgestellt.

5.1 Systembeschreibung

Das Ziel des im folgenden vorgestellten Simulationsmodells ist es, den aktuellen Zustand eines Menschen im Modell erfassen und anschließend die Wirkungen verschie-

---

77 Zit. in: Knittelmeyer (2003, 123).

78 Workshop in München im Juli 2006 mit Praktikern und systemtheoretisch orientierten Wissenschaftlern, Gespräch in St. Gallen im August 2006 mit Dr. Karl-Heinz Oeller, Leiter Research & Development im Malik Management Zentrum St. Gallen und Gabriele Harrer. Mehrere Gespräche mit Prof. Dr. Ute Lockemann, Institut für Rechtsmedizin, Universitätsklinik Hamburg-Eppendorf.

dener Ereignisse und Handlungsstrategien auf Lebensfähigkeit bzw. Suizidgefährdung testen zu können.

Die folgende Übersicht fasst die einzelnen Schritte des Aufbaus des Simulationsmodells zusammen, die in den folgenden Abschnitten noch näher erläutert werden.

1. Systembeschreibung

- erstes Abtasten der Problemstellung mit Skizzen, Ideensammlungen, vorläufiges handgezeichnetes Wirkungsgefüge etc.
- Ablaufplan erstellen
- Experten zur Unterstützung gewinnen
- (kostengünstige) Lizenz des Sensitivitätsmodells erwerben
- Arbeitsgruppen, Workshops organisieren

Expertenworkshop 1: 6/2006 in München[79]

- Kennen lernen des Verfahrens des Sensitivitätsmodells anhand eines Praxisbeispiels unter Beteiligung verschiedener Experten aus Wirtschaft, Politik, Wissenschaft und Beratung

[79] Seminar „Einführung in die vernetzte Systemanalyse unter Einsatz des Sensitivitätsmodells Prof. Vester®", veranstaltet vom Malik Management Zentrum St. Gallen unter der Leitung von G. Harrer, langjährige Mitarbeiterin von Vester.

2. Elemente

Variablensatz

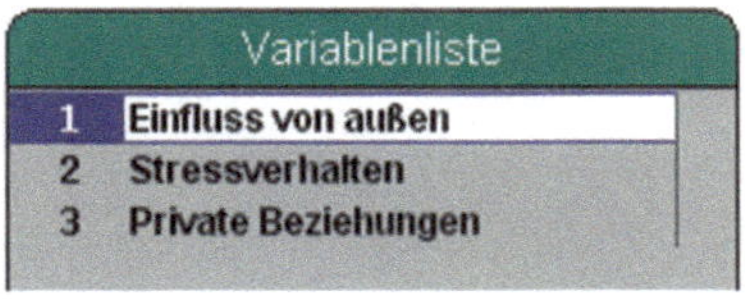

- Zusammentragen der Einflussfaktoren auf Suizidalität durch Auswertung von Literatur, Studien, Filmen, Besuch von Symposien, Expertenbefragungen und Brainstorming
- Aggregation zu 12 Variablen und 1 Indikator

Variablenbeschreibung

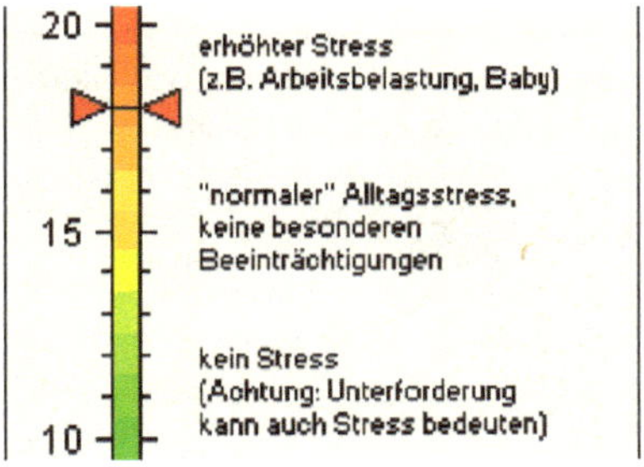

- allgemeine Beschreibung der Variablen, so dass sich ein Außenstehender etwas darunter vorstellen kann
- Festlegung und Beschreibung möglicher Zustände der Variable in einer Skala von 0–30
- obere und untere Grenzwerte festlegen: grüner Bereich ist Optimum (hier 0–10), roter Bereich ist Gefahr (hier 20–30)

Einflussmatrix

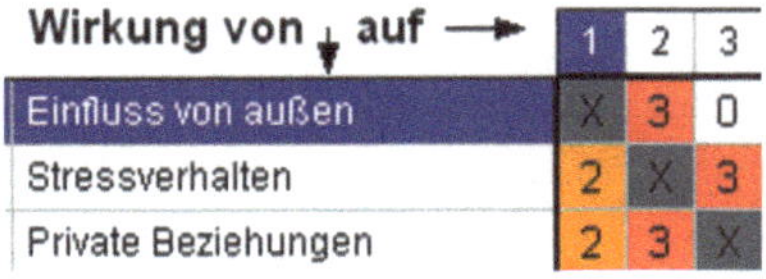

- Wirkung einer Variable auf jede andere nacheinander abfragen
- Frage: Wenn sich der Zustand von Variable A ändert, wie verändert sich dadurch der Zustand von Variable B?
  0 = keine Auswirkung
  1 = geringe Auswirkung
  2 = etwa gleichstarke Auswirkung
  3 = starke Auswirkung

Rollenverteilung

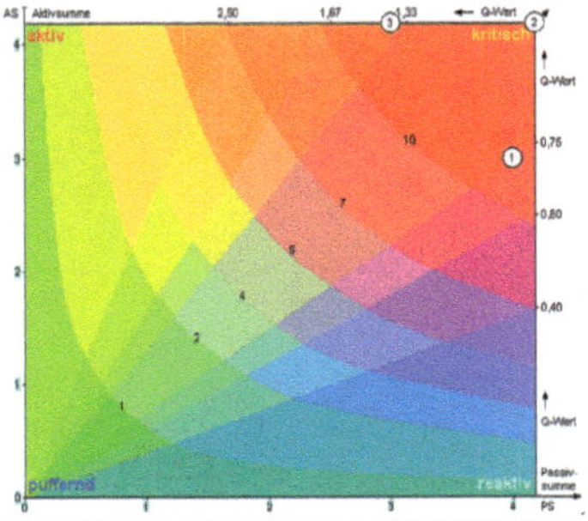

- grafische Darstellung der Rollen der Variablen im Spannungsfeld zwischen

aktiv	(viele ausgehende Wirkungen)
passiv	(viele eingehende Wirkungen)
puffernd	(kaum aus- oder eingehende W.)
kritisch	(viele aus- und eingehende W.)

3. Vernetzung

Vorläufiges Wirkungsgefüge

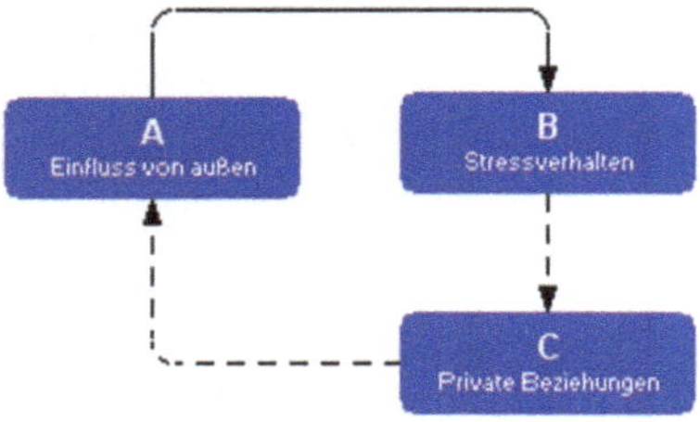

- Vernetzung der Variablen
- Regelkreisanalyse
- Vorläufige Systembewertung

Wirkungsfunktionen

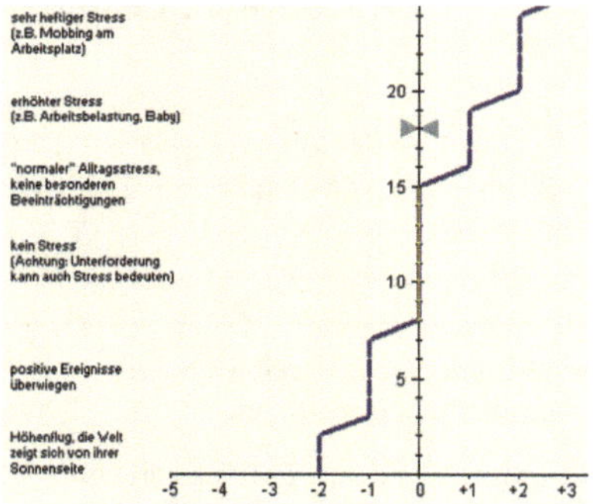

- Festlegung des Wirkungsverlaufes zwischen zwei Variablen unter Berücksichtigung des jeweiligen Ausgangszustands der Variable, von der die Wirkung ausgeht

Expertenworkshop 2: 7/2006 im Malik Man. Zentrum St. Gallen

- Vorstellung und Arbeit mit meinem vorläufigen Modell bei Dr. Oeller und G. Harrer, weitere Aggregation des Variablensatzes, Anpassungen u. Verfeinerungen des Modells

4. Simulation und Bewertung

Vorbereitung

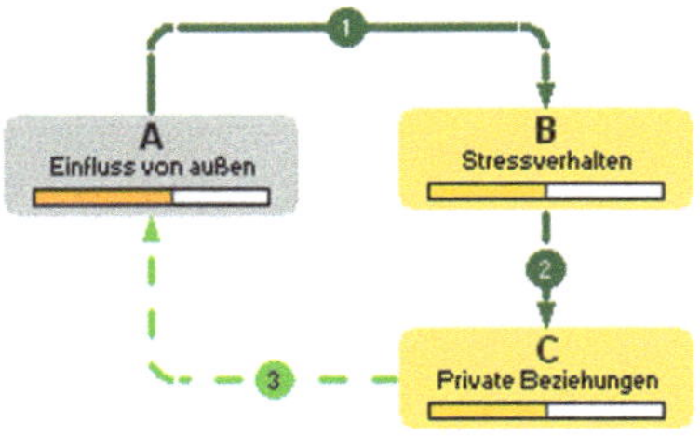

- Festlegung der Ausgangszustände
- Festlegung des Zeitablaufs
- Festlegung der zu testenden Strategien
- Plausibilitätstests mit Variation von Ausgangszuständen, Zeitabläufen und Handlungsstrategien
- Anpassungen der Wirkungsfunktionen

Viabilitätstests

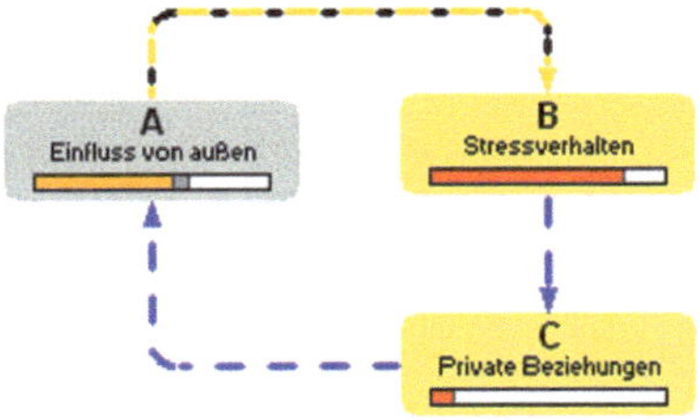

- Durchführung der Viabilitätstests, womit Szenarien gemeint sind, anhand derer verschiedene Strategien bei unterschiedlichen Ausgangszuständen auf langfristige Lebensfähigkeit getestet werden

Auswertung der Viabilitätstests

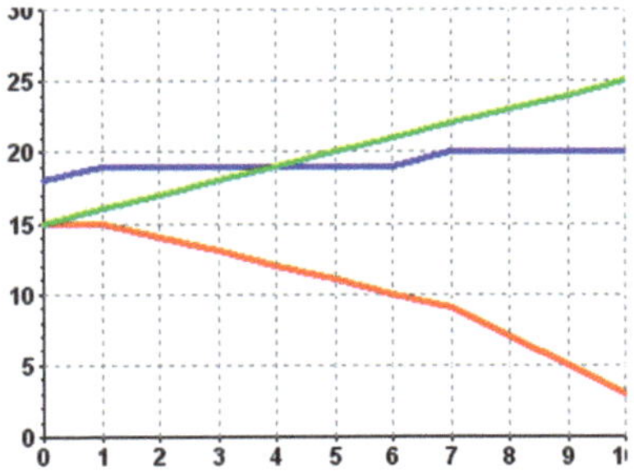

- Entwicklung der Zustände der einzelnen Variablen im Zeitablauf ansehen und kommentieren
- Im linken Beispiel führt zunächst nur leicht erhöhter Stress (blau) zu kontinuierlich steigender Aggression (grün). Das aggressive Verhalten verschlechtert die Beziehung (rot). Bei Überschreiten von Grenzwerten erhöhen Beziehungskonflikte den Stress von außen (allerdings nicht linear, da auch bei Konflikten zunächst ein Gewöhnungseffekt auftritt).

Expertendemonstrationen: 9/2006–2/2007

- Vorstellung des Simulationsmodells u. a. auf den Doktorandenseminaren bei Prof. Dr. Kahle (Universität Lüneburg) und bei Prof. Dr. Lockemann (UKE Hamburg), Einarbeitung der Anregungen und weitere Anpassung des Modells

Bei der Auswahl der Variablen und der Beschreibung ihrer jeweils möglichen Zustände wurde versucht, sich möglichst genau an den oben skizzierten Erklärungsperspektiven für Suizidalität zu orientieren. Außerdem fließen die beschriebenen systemtheoretischen Aspekte in das Modell ein, so dass Anknüpfungspunkte für Psychologen, Mediziner, Soziologen, Biologen und Systemtheoretiker gegeben sein sollten. Um insbesondere die Wirkungszusammenhänge mit einer realistischen Funktion zu hinterlegen, wurden Studien ausgewertet und Experteninterviews geführt. Sowohl die Auswahl der Variablen, die Festlegung der möglichen Zustände als auch die eingehenden und ausgehenden Wirkungsfunktionen sind sehr diskussionswürdig.

Ein Beispiel: Nach vorherrschender Meinung der Psychologie sind die Kindheitserfahrungen der ersten Jahre außerordentlich prägend für den weiteren Lebensverlauf (Nuber 2005a, 6ff.). Bauer, Professor für Psychosomatik an der Universität Freiburg, führt über hundert Studien an, die die „verheerenden seelischen Gesundheitsschäden" beschreiben, die sich aus „Traumatisierungen nicht nur in der Kindheit, sondern auch im Erwachsenenalter ergeben" (2007).

Jerome Kagan, Harvard-Professor und gemäß Psychologie Heute einer der bedeutendsten Entwicklungspsychologen unserer Zeit, sieht dies indes ganz anders: „Kein Wissenschaftler hat auch nur mit, sagen wir, zwanzigprozentiger Wahrscheinlichkeit beweisen können, dass bestimmte Erfahrungen in den ersten beiden Lebensjahren ein bestimmtes Ergebnis im Erwachsenenalter bewirken" (2005, 31). Kagan führt ebenfalls diverse Studien an, deren Ergebnisse belegen, dass die psychischen Unterschiede zwischen Kindern mit eher positiven bzw. negativen Lebensbedingungen „gegenüber der langen Liste an Ähnlichkeiten kaum ins Gewicht fallen" (2000, 119–208).

Welchem – jeweils umfangreich empirisch abgesicherten – Standpunkt ist nun eher im Modell Rechnung zu tragen? Was ist Mythos? Was ist Politik? Was ist wissenschaftlich überholt? Können neue Erkenntnisse unzweifelhaft empirisch belegt werden? Wie lange benötigen neue Erkenntnisse, um von der Wissenschaftswelt akzeptiert zu werden? Es ist nicht Ziel dieser Arbeit, verschiedene wissenschaftliche Standpunkte zu den Variablen und ihren Wirkungen auf andere Variablen in der Breite und Tiefe zu diskutieren.

Hier bietet das vorliegende Modell vielfältige Anknüpfungspunkte für weitere Forschungen, die auch im nachhinein gut integriert werden können. Denn eine Besonderheit des Sensitivitätsmodells ist, dass durch seinen rekursiven Aufbau jede Stufe, selbst die Beschreibung des ‚Patienten', jederzeit offen bleibt, so dass das gesamte Modell permanent aktualisiert werden kann.

5.2 Elemente

5.2.1 Variablensatz

Nach langen Überlegungen, inneren Konflikten und Empfehlungen von erfahrenen Anwendern des Sensitivitätsmodells viel die Entscheidung für eine starke Aggregation und damit für einen überschaubaren Variablensatz, der 12 Variablen und einen Indikator für das Suizidrisiko beinhaltet.

A	**Einfluss von außen**
B	**Stressverhalten**
C	**Befinden**
D	**Einfluss Vergangenheit**
E	**Sinn**
F	**Immaterielles Vermögen**
G	**Materielles Vermögen**
H	**Suchtverhalten**
I	**Private Beziehungen**
J	**Soziales Umfeld**
K	**Soziale Integration**
L	**Ressourcen**
M	**Suizidrisiko**

Abb. 27: Variablensatz

Im Folgenden werden die einzelnen Variablen kurz beschrieben. Eine Variable kann verschiedene Komponenten bzw. Aspekte enthalten. So beinhaltet beispielsweise die Variable Befinden [C] sowohl körperliche [wie Fitness] als auch psychische [wie Selbstwertgefühl] als auch gesundheitliche Aspekte. Eine Variable kann zudem verschiedene Zustände annehmen, die im Modell zu Beginn der Simulation als Ausgangslage in einer Skala von 0–30 eingestellt werden können.

Variable A: Einfluss von außen	**Zustandsskala**
Die Variable A beinhaltet alle Ereignisse bzw. Umweltzustände, die von außen das System ‚Mensch' positiv oder negativ beeinflussen können, wie: – Zeitstress und Leistungsdruck in Schule, Beruf – Konkurrenz, Neid, Streit, Ärger, Mobbing – Familie, Kinder, Schwangerschaft – Dichtestress durch Hektik, Verkehr, Lärm, Kriminalität – Erfolgserlebnisse – Schicksalsschläge [Tod einer Bezugsperson, Unfall]	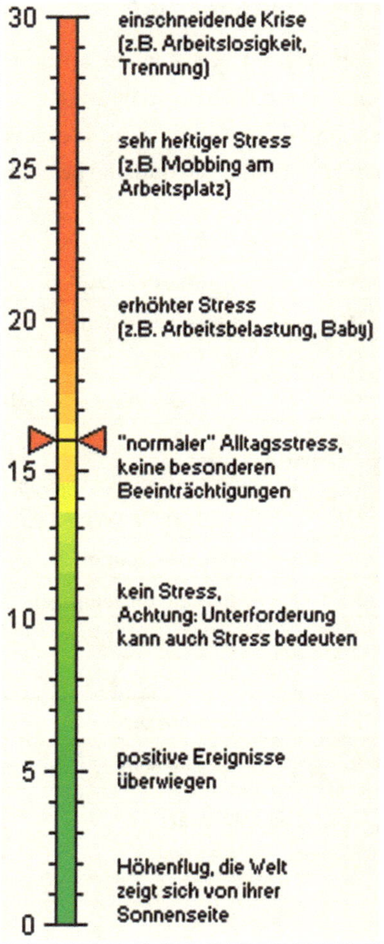

Variable B: Stressverhalten	Zustandsskala
Mit der Variable ‚Stressverhalten' wird im Modell verdeutlicht, wie ein Mensch die Einflüsse von außen wahrnimmt, verarbeitet und wie er anschließend damit in Form von Verhalten umgeht. Wie in Abschnitt 3.2.2 diskutiert, sind nicht die Ereignisse von außen selbst entscheidend, sondern sie liefern nur Sinnesreize, die im Gehirn gefiltert, gedeutet und in Verhaltensweisen umgesetzt werden.[80] Hierbei können auch die Erfahrungen aus der Vergangenheit eine Rolle spielen. Die Reaktion auf Einflüsse von außen und der Vergangenheit entspricht im Modell den möglichen Zuständen der Variablen ‚Stressverhalten', die von konstruktivem, offenem Umgang mit Stress (grüner Bereich) über Verdrängung/Nichtwahrnehmung/Unentschlossenheit bis zu Aggression nach außen oder sich selbst gegenüber (roter Bereich) führen, wenn „alles in sich hineingefressen wird" oder „nichts rausgelassen werden darf" [z. B. strenge Gesetze wie in Singapur, strenge Erziehung].	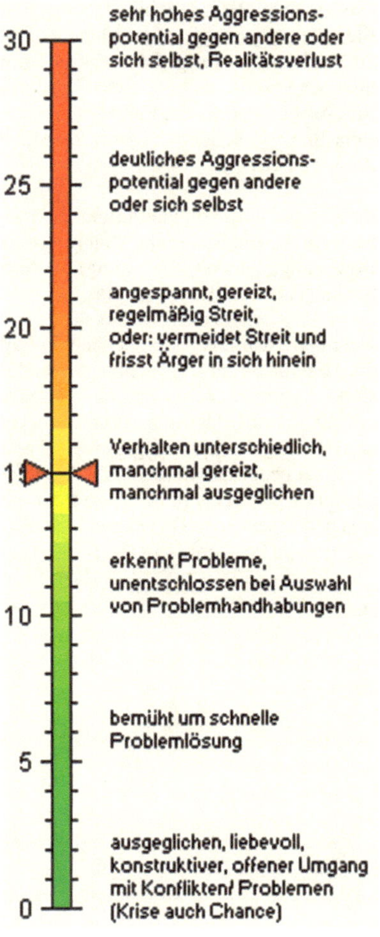

---

[80] Wie mit Stress umgegangen wird, ist im Modell entscheidend vom Immateriellen Vermögen [Variable F] geprägt, insbesondere von der Fähigkeit zur Reflexion eigener Verhaltensweisen, der sozialen Kompetenz (Kommunikation und Konfliktmanagement) und der Fähigkeit, gezielt Phasen der An- und Entspannung herbeiführen zu können.
Basierend auf dieser Deutung werden in „guten Stresskursen … keine Bewältigungs-‚Techniken' oder -‚Strategien' gelehrt, sondern vermittelt, wie sich die Einstellungen gegenüber der Umwelt und der eigenen Person sowie das eigene Verhalten in schwierigen Situationen ändern lassen" (Tausch 2004, 98).

Variable C: Befinden	**Zustandsskala**
Die Variable ‚Befinden' beinhaltet psychische Elemente (psychische Gesundheit, emotionale Stabilität, Selbstwertgefühl, häufige Stimmungslagen etc.) und physische Merkmale (physische Gesundheit, Fitness, körperliche Belastbarkeit, Schönheit bzw. Zufriedenheit mit Aussehen etc.). Ihr Zustand wird von vielfältigen Faktoren beeinflusst, wie Ernährung, Nahrungsqualität, Bewegung, Umwelt (-belastung), Wohnqualität, Schlaf, Träumen, Entspannung. Die möglichen Zustände reichen von Euphorie über Freude bis zu Depression, wobei durch die starke Aggregation des Variablensatzes hier unterstellt wird, dass sich körperliche, geistige und emotionale Faktoren gegenseitig gleichgerichtet beeinflussen (dass z. B. Traurigkeit zu einem schwächeren Immunsystem führt, was neben seelischen Problemen nun auch für körperliche Probleme sorgt).	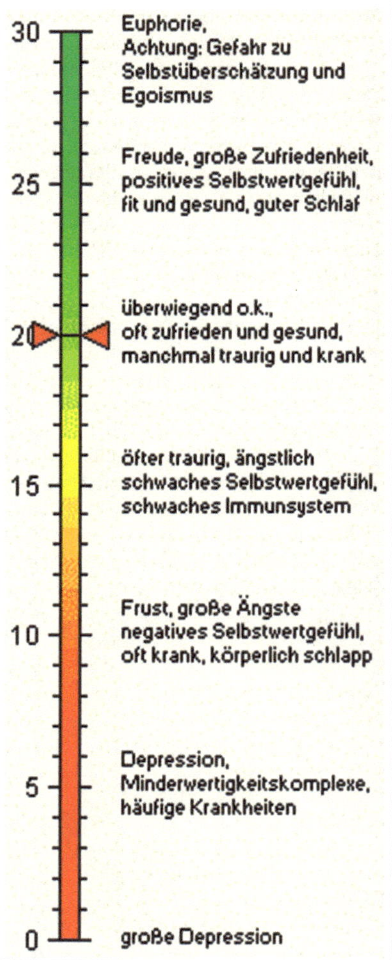

<table>
<tr><th>Variable D: Einfluss Vergangenheit</th><th>Zustandsskala</th></tr>
<tr><td>Die Variable D berücksichtigt alle gespeicherten Lebenserfahrungen eines Menschen, wie
- Kindheit, Verhältnis zu Eltern,
- Schicksalsschläge,
- gelernte Art der Konfliktbewältigung,
- Suchtverhaltensmuster [Belohnung durch Süßes/Bestrafung durch Entzug].

Diese Erfahrungen können auf die Gegenwart einen positiven oder eher negativen Einfluss ausüben.

Dabei kommt es genau wie bei ‚Einflüssen von außen‘ weniger auf die Lebensereignisse selbst an, sondern viel mehr auf die Bedeutung, die dem jeweiligen Ereignis beigemessen wurde und wie damit umgegangen wurde, z. B. mit Verarbeitung oder Verdrängung (vgl. These 3: Wahrnehmung als subjektive Konstruktion von Wirklichkeit).[81]</td><td>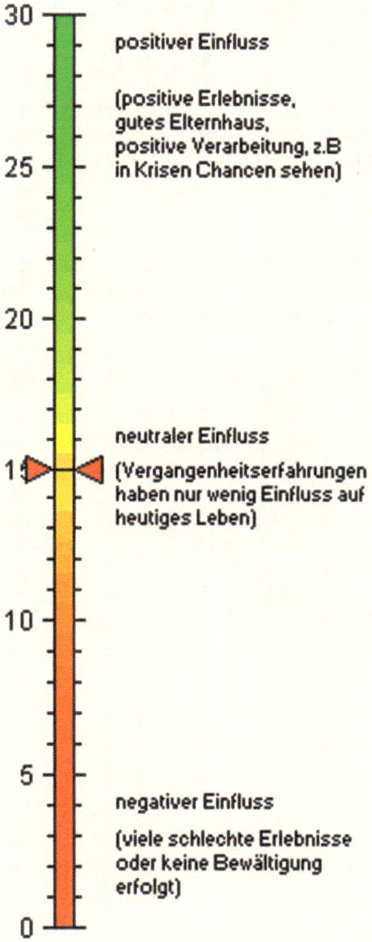
</td></tr>
</table>

81 Dies bestätigt der Harvard-Professor und Entwicklungspsychologe, Jerome Kagan: „Psychologen sprechen … Schlägen, Strafen, Umarmungen und Küssen eine beträchtliche Wirkungsmacht zu. Ich vermute jedoch, dass nicht diese Ereignisse selbst entscheidend sind, sondern die Art und Weise, wie das Kind sie interpretiert.“ (2005, 32) Aus diesem Grund gibt es im Modell keinen direkten Wirkungszusammenhang von Einfluss von außen [A] und Einfluss Vergangenheit [D], sondern nur einen indirekten Einfluss über das Stressverhalten [B].

Variable E: Sinn	**Zustandsskala**
„Der Mensch braucht Sinn, noch bevor er Brot braucht. Dass es so ist, fällt ihm aber erst auf, wenn er satt ist, ohne glücklich zu sein. Glück ist das Nebenprodukt eines sinnerfüllten Lebens. Daher ist Sinn ein unverzichtbares ‚Grundnahrungsmittel' für den Geist des Menschen." (Adl-Amini 2005, 129). Im kritischen roten Bereich auf der Zustandsskala fehlt dem Menschen eine Lebensperspektive, ein Gefühl der existentiellen Leere und der Nutzlosigkeit wird begleitet von dem Empfinden nichts wert zu sein.[82] Das lebensbedrohliche Gefühl verschwindet, sobald der Mensch in seinem Leben wieder einen Sinn sieht. „Es ist der Sinn, der den Wert des Lebens aufleuchten lässt." (Adl-Amini 2005, 14). Das grüne Optimum beginnt mit dem Erkennen der eigenen Freiheiten und einer aktiven Lebensgestaltung mit selbst gesetzten Zielen.	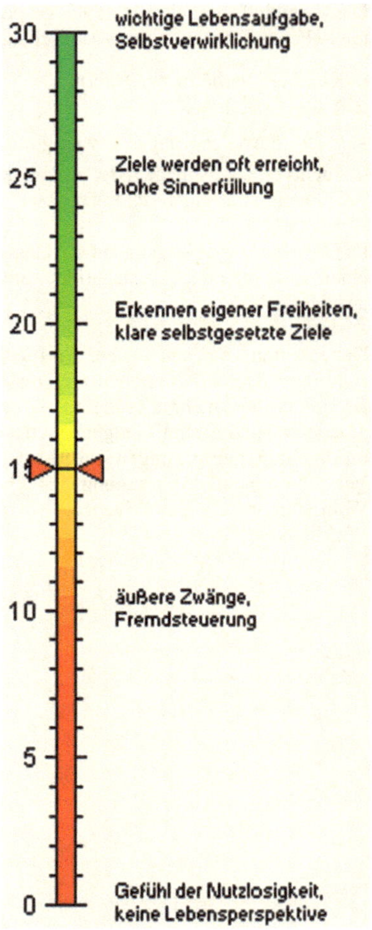

[82] Nach der **„Logotherapie" nach Viktor E. Frankl** (Frankl/Kreuzer 1982) schöpft jeder Mensch seine Kraft aus der Sinnhaftigkeit seiner Existenz. Fehlt dem Menschen der Sinnanker, kann er schnell frustriert und sogar psychisch krank werden. Bei der therapeutischen Arbeit mit Suizidpatienten ist Frankl zu der Erkenntnis gelangt, „dass Menschen, die ihrem Leben ein Ende setzen wollen, eigentlich unter einem abgrundtiefen Gefühl der Sinnlosigkeit leiden. Das Gefühl der existentiellen Leere höhlt sie aus, sodass sie ihr Leben als wertlos empfinden und wegwerfen wollen." (Adl-Amini 2005, 14).
Die Logotherapie versteht sich als eine sinnzentrierte Psychotherapie. „Sie ist eine Kurzzeittherapie, die den Menschen motivieren will, in seinem Leben einen Sinn zu suchen und zu erfüllen" (Adl-Amini 2005, 14). Frankls Ansatz versteht sich dabei nicht nur als Therapie für ►

Variable F: Immaterielles Vermögen	Zustandsskala

Zum ‚Immateriellen Vermögen‘ [83] zählen insbesondere folgende Aspekte:

- Geistige Leistungsfähigkeit:
  - Intelligenz (fachlich, sozial etc.)
  - Wissen, Bildung, Erfahrung
  - Ausbildung, verschiedene Qualifikationen
  - Informationszugang, Informationsverarbeitung
- Körperliche Leistungsfähigkeit, Belastbarkeit
- Anpassungsfähigkeit/„Selbstmanagement“:
  - Lernfähigkeit und Flexibilität (Fähigkeit, mit plötzlichen Veränderungen umzugehen)
  - Krisenkompetenz
  - Erkennen der Selbstverantwortung
  - → Erlernen eines Spektrums an neuen Handlungsmöglichkeiten für Notfall (Krisen, Veränderungen)

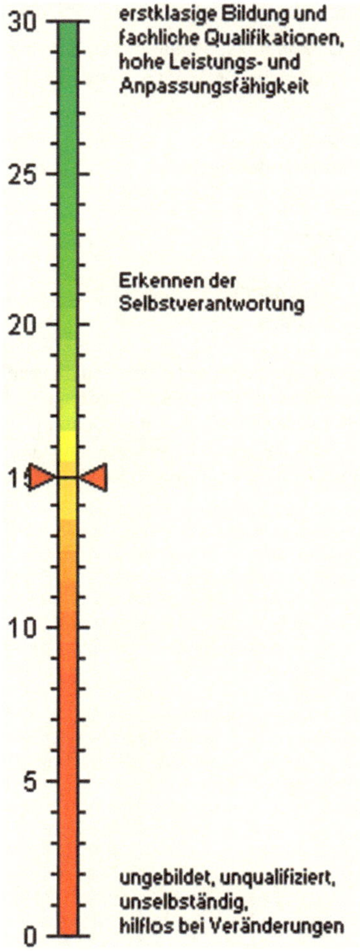

psychisch Kranke, sondern vor allem auch als Sensibilisierung jedes Menschen für die Bedeutung der Sinnfrage. „Sinn kann nicht gegeben, sondern muß gefunden werden.“ (Frankl 1980, 155). „Sensibilisierung für Sinn bedeutet Hellhörigwerden für die Winke des Lebens, bedeutet Aufmerksamwerden auf die Rufe des Schicksals, bedeutet Empfänglichwerden für die situativen Lebensaufgaben, bedeutet Verantwortung übernehmen für die Gestaltung des eigenen Lebens.“ (Adl-Amini 2005, 132).

[83] Im betriebswirtschaftlichen Sprachgebrauch ist der Begriff mit einer anderen Bedeutung belegt: „Das immaterielle Vermögen, auch ungegenständliches Vermögen genannt, beinhaltet *(Fortsetzung Fußnote 83 auf S. 108)*

Variable G: Materielles Vermögen	Zustandsskala

Zum ‚Materiellen Vermögen' zählen u. a.

- Einkommen (Gehalt, Rente, Kapitalerträge)
- finanzielle Unterstützung (reiches Elternhaus, Arbeitslosengeld etc.)
- Geldvermögen
- Immobilieneigentum
- Einrichtung, Auto
- Kunst
- Beteiligungen
- Versicherungen
- Schulden

Der Besitz oder das Fehlen von materiellem Vermögen kann Sicherheit aber auch Sorgen (großes Streitpotential in Beziehung) bedeuten und einen engen oder erweiterten Handlungsspielraum durch wenige oder viele Ressourcen.

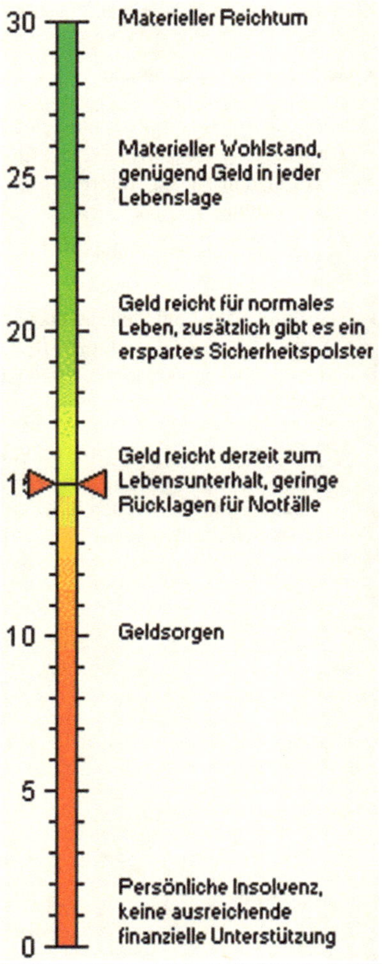

---

[83] *(Fortsetzung von S. 107)* Konzessionen, gewerbliche Schutzrechte, Lizenzen, Firmenwerte, Patente, geleistete Anzahlungen u.s.w.. Es können erhebliche Werte in immateriellen Gütern stecken. Auch das Warenzeichen oder die Markenrechte fallen unter das immateriellen Vermögen, daher auch der Begriff immateriell oder ungegenständlich." (Börsenlexikon, FAZ.net 2007).

Variable H: Suchtverhalten	Zustandsskala

Unter ‚Suchtverhalten' wird hier verstanden der Gebrauch von bewusstseinsverändernden Genussmitteln, wie

- Alkohol[84]
- Medikamente[85]
- Zigaretten[86]
- Opiaten[87]

Andere Suchterkrankungen, wie Koffein-, Mager- oder Fettsucht, Arbeits- oder Fitnesswahn etc. werden nicht explizit berücksichtigt, obwohl sie ebenfalls starken Einfluss auf den Gesamtzustand eines Menschen ausüben können.

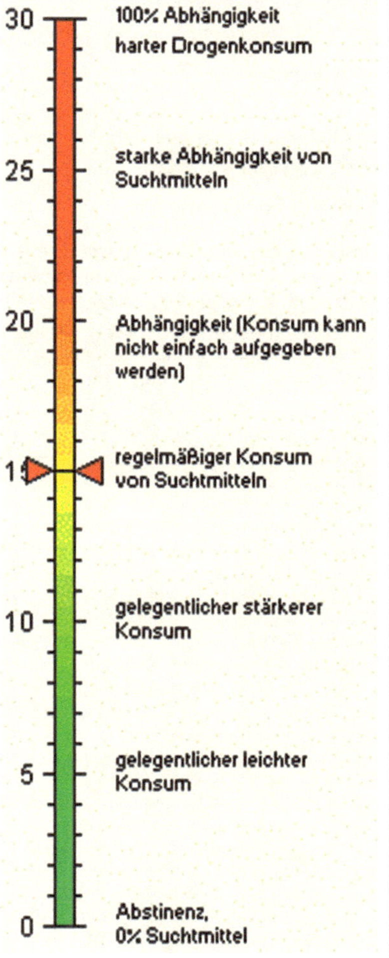

[84] 9,3 Mio. Menschen haben in Deutschland einen **riskanten Alkoholkonsum**. Darunter versteht man „einen erhöhten wöchentlichen Konsum oder auch ein übermäßiges Gelegenheitstrinken, bei dem jedoch keine körperliche Abhängigkeit besteht" (Robert 2005). 4,3 Millionen Menschen haben **behandlungsbedürftige Alkoholprobleme**. „Die Behandlung der Alkoholkrankheit … beginnt meist zu spät, in der Regel erst 5 bis 10 Jahre nach Beginn der Abhängigkeit." (Robert 2005).

[85–87] *(Fußnoten auf S. 110)*

<table>
<tr><th>Variable I: Private Beziehungen</th><th>Zustandsskala</th></tr>
<tr><td>
Die Variable Private Beziehungen [I] beschreibt das Verhältnis zu engen Bezugspersonen wie

- Partner
- Kinder
- Eltern
- Geschwister
- enge Freunde

Besonders ein schlechtes Verhältnis mit häufigem Streit und die Trennung bzw. der plötzliche Tod einer engen Bezugsperson können erhebliche negative Auswirkungen auf das Gesamtsystem haben – genauso wie das Fehlen von wichtigen echten Bezugspersonen.
</td><td>
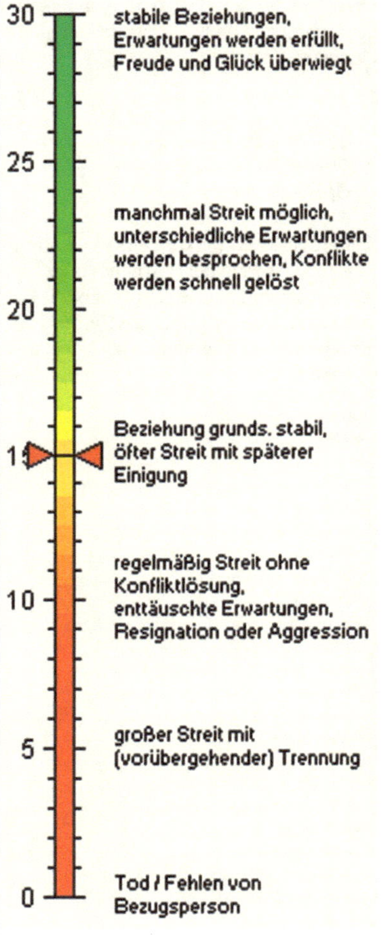

</td></tr>
</table>

(Fußnoten von S. 109)

[85] 1,5 Millionen Menschen in Deutschland sind nach Schätzungen der Deutschen Hauptstelle gegen Suchtgefahren (DHS 2001) **medikamentenabhängig**.

[86] Etwa 33 Prozent der erwachsenen deutschen Bevölkerung **rauchen**. Jährlich sterben ca. 140.000 Menschen an den Folgen des Rauchens. (Bundesministerium für Gesundheit 2007).

[87] In Deutschland leben schätzungsweise 120.000 bis 150.000 **Opiatabhängige**, von denen etwa 2.000 pro Jahr sterben. (Bundesministerium für Gesundheit 2007).

Variable J: Soziales Umfeld

Hier ist die Qualität des sozialen und räumlichen Umfeldes bzw. der Gemeinschaft gemeint, in der sich die Person bewegt. Dazu zählen:

- Größe (Familie, Gruppe, Dorf, Großstadt)
- Zustand, Kultur, Religion
- Solidarität, Verhalten gegenüber Minderheiten
- Wohnumfeld (Wohnsilos), Wohnqualität
- Kriminalität, Sicherheit, Polizei, Notdienste
- Umweltbelastung (Lärm, Gestank, Dreck etc.)
- Qualität der Infrastruktur:
  - Bildungs- und Beratungseinrichtungen
  - medizinische Versorgung,
  - psychologische Beratung
  - soziale Betreuung (Kinder, Alte, Kranke)
  - kirchliche Einrichtungen, Hilfsorganisationen
  - Freizeitmöglichkeiten, Vergnügen, Erholung
  - Jugendzentren, Vereine, Kulturangebot
  - Umweltschutz
  - Verkehrsanbindung, Einkaufsmöglichkeiten
  - Kommunikationsplätze (Wochenmarkt)

Zustandsskala

Variable K: Soziale Integration	Zustandsskala

Die Variable beschreibt die Rolle, die die Person in ihrer jeweiligen Gemeinschaft spielt. Eine Person kann verschiedene Rollen in unterschiedlichen Gemeinschaften einnehmen, wie

- ► berufliches, schulisches Umfeld
- ► Freizeitverein
- ► Dorfgemeinschaft
- ► Großfamilie

Das Modell sollte sich auf die wesentlichen Rolle mit den dominierenden Ergebnissen beschränken.

Der Zustand reicht von hohem Ansehen über wenig Beachtung bis zu Verspottung und privatem Terror.

Grundsätzlich ist eine hohe Integration vorteilhaft. Im Sinne von Durkheim könnte sie dann gefährlich sein, wenn die Gemeinschaft als Ganzes krank ist (bedenkliche Werte u. Normen, z. B. bei Sekten) oder wenn die Integration zur Selbstaufgabe der eigenen Werte und Bedürfnisse führt (vgl. Abschnitt 2.2.2).

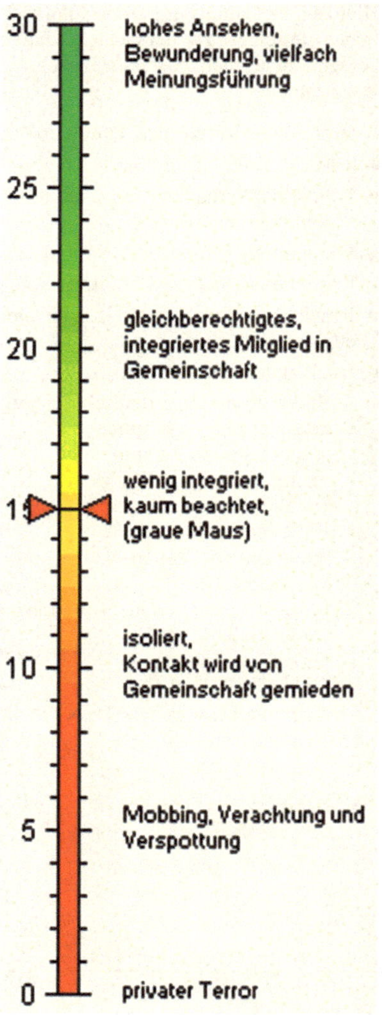

Variable L: Ressourcen	**Zustandsskala**

Ein Mensch hat regelmäßig die Entscheidung[88] zu treffen, wie die verfügbaren Ressourcen zu verteilen sind, um den Zustand einzelner Variablen zu verbessern. Ressourcen können sein:

- Geld
- Zeit
- Aufmerksamkeit[89]

Neben einem in jeder Periode neu aufgefüllten Grundbestand (jedem Menschen steht in jeder Periode grundsätzlich die gleiche Zeit zur Verfügung) führt im Simulationsmodell ein positives materielles bzw. immaterielles Vermögen und ein gutes Befinden zum Erhalt von weiteren Ressourcenpunkten. Dagegen reduziert sich das Ressourcenkonto bei regelmäßigem Suchtmittelkonsum (bindet Geld, Zeit und Aufmerksamkeit), sehr schlechtem Befinden und Schulden.

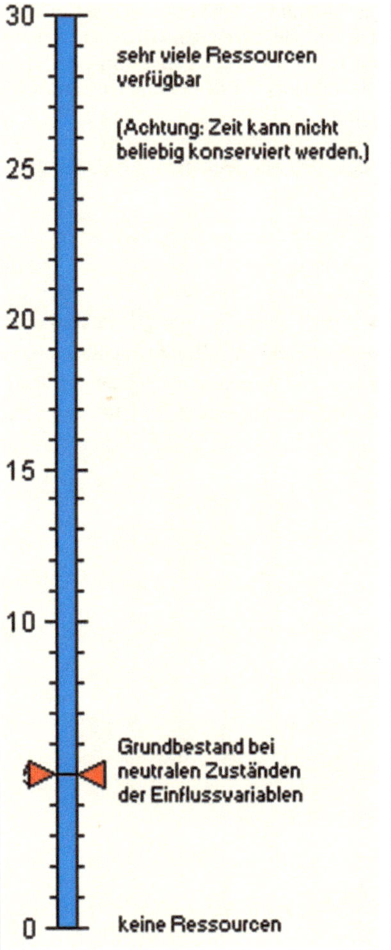

[88] Entscheidungen sind in der Regel durch die Wahl zwischen wenigstens zwei Möglichkeiten unter Berücksichtigung eines Auswahlkriteriums bzw. Zieles gekennzeichnet, wobei die Auswirkungen der gewählten Maßnahmen in der Zukunft liegen und daher nicht exakt vorher prognostiziert werden können. (Kahle 2001, 77; 2001 a, 9 ff.).

[89] „In allen entwickelten Volkswirtschaften ist Aufmerksamkeit zum wichtigsten Produktionsfaktor avanciert. … Wir sind nun einmal nur 16 Stunden am Tag wach, manche vielleicht ein bisschen mehr. Wir sind noch nicht einmal immer gleich wach, wir verfügen über eine erhöhte Aufmerksamkeit, wenn wir frisch und ausgeschlafen als wenn wir müde und abgespannt sind. … Wir sind also gezwungen, mit dem Gut Aufmerksamkeit ökonomisch umzugehen.“ (Franck 2004, 56).

<table>
<tr><th>Variable M: Suizidrisiko</th><th>Zustandsskala</th></tr>
<tr><td>

Im Modell fließen verschiedene Einflussfaktoren bei Erreichen kritischer Grenzwerte einzelner Variablen in das Suizidrisiko ein, das als Indikator für den Gesamtzustand der Person dient.

Variablen mit direktem Einfluss auf das Suizidrisiko sind:

- Stressverhalten [Aggression gegen sich selbst]
- Befinden [Depression]
- Sinn [Leere, Hoffnungslosigkeit]
- Suchtverhalten [hoher Suchtmittelkonsum]
- Private Beziehungen [Trennung, Tod]
- Soziale Integration [Isolation, Mobbing]

</td><td>

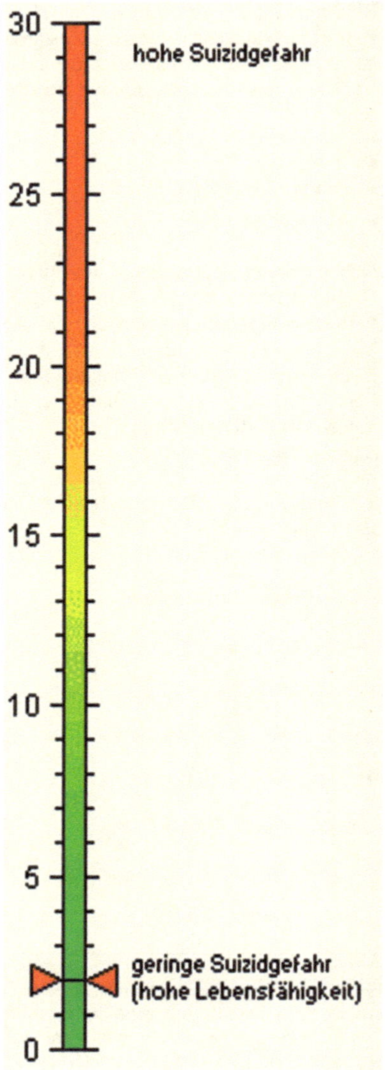

</td></tr>
</table>

5.2.2 *Einflussmatrix und Rollenverteilung*

Nach der Variablenbeschreibung werden mit Unterstützung der Einflussmatrix die Beziehungen zwischen den einzelnen Variablen analysiert, indem der Einfluss jeder Variablen auf jede andere systematisch nacheinander abgefragt wird. Die Frage lautet: Wenn sich der Zustand von Variable A verändert, wie stark verändert sich dann der Zustand von Variable B? Antwort: 0 [keine Wirkung] bis 3 [sehr starke Wirkung].[90]

		Wirkung von ↓ auf →	1	2	3	4	5	6	7	8	9	10	11	12	13	AS	P
A	1	Einfluss von außen	X	3	1	0	0	0	0	0	0	0	0	0	0	4	24
B	2	Stressverhalten	0	X	3	2	0	1	0	2	3	0	2	0	3	16	368
C	3	Befinden	0	3	X	0	2	1	1	3	2	0	1	2	3	18	396
D	4	Einfluss Vergangenheit	0	2	2	X	2	1	1	1	3	0	0	0	1	13	52
E	5	Sinn	0	2	2	1	X	2	0	1	1	0	2	0	3	14	154
F	6	Immaterielles Vermögen	0	3	1	0	2	X	2	0	1	1	1	3	1	15	150
G	7	Materielles Vermögen	0	1	2	0	1	1	X	1	2	2	1	3	1	15	120
H	8	Suchtverhalten	0	2	3	0	2	1	1	X	1	0	2	1	3	16	208
I	9	Private Beziehungen	2	3	2	1	1	0	1	2	X	0	1	0	3	16	272
J	10	Soziales Umfeld	2	2	2	0	0	1	0	1	1	X	2	0	1	12	60
K	11	Soziale Integration	2	2	2	0	1	0	0	1	1	0	X	0	2	11	132
L	12	Ressourcen	0	0	2	0	0	2	2	1	2	2	0	X	1	12	108
M	13	Suizidrisiko	0	0	0	0	0	0	0	0	0	0	0	0	X	0	0
			6	23	22	4	11	10	8	13	17	5	12	9	22	PS	
			67	70	82	325	127	150	188	123	94	240	92	133	0	Qx100	

Abb. 28: Einflussmatrix ‚Suizidalität'

Aus der Berechnung der Aktiv- und Passivsummen [Reihen- bzw. Spaltensummen] ergibt sich die Rolle der Systemkomponenten zwischen den Eigenschaften ‚aktiv' und ‚reaktiv' sowie zwischen ‚kritisch' und ‚puffernd', die in der folgenden Abbildung grafisch verdeutlicht werden.

---

90 Vgl. Abschnitt 4.3.

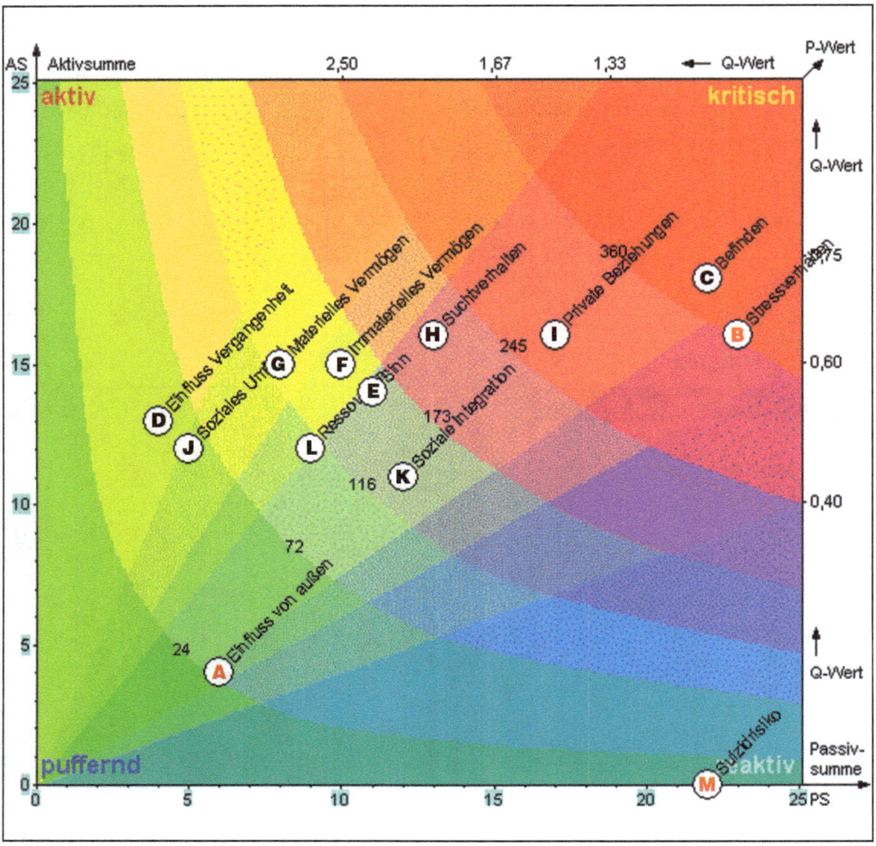

Abb. 29: Die Rollen der Variablen im System

Das **Suizidrisiko [M]** liegt im **stark reaktiven Bereich**. Das Element beeinflusst die anderen Variablen nicht, wird aber von mehreren Variablen stark beeinflusst (wie z.B. vom Befinden [C], dem Stressverhalten [B], dem Suchtverhalten [H] oder den Privaten Beziehungen [I]). Das Suizidrisiko dient daher auch als Indikator und ist keine Variable, die aktiv direkt beeinflusst werden kann. Um das Suizidrisiko zu reduzieren sind also keine direkten Maßnahmen möglich, sondern nur das Einwirken über eine Zustandsänderung anderer Variablen.

Interessant sind auch die sehr unterschiedlichen Rollen von Einfluss von außen [A] und Stressverhalten[B] im System-Modell.

Der **Einfluss von außen [A]** ist eine **puffernde Variable**. Hiernach haben äußere Störungen keinen so großen Einfluss auf das Gesamtsystem wie man zunächst annehmen sollte.[91] Änderungen des Gesamtzustands des Systems oder einzelner Variablen haben ebenfalls zunächst keine großen Auswirkungen auf die System-Umwelt. Die Vorstellung bzw. Hoffnung eines Menschen, dass allein durch Änderung von Umweltbedingungen, der persönliche Zustand verbessert werden kann wird sich kaum erfüllen. Deshalb kann beispielsweise allein der Umzug bzw. die Flucht ins Ausland mit dem Wunsch, ein neues Leben zu beginnen, oft in einer Enttäuschung enden.

Der Einfluss der Umwelt auf das System ergibt sich erst aus der Deutung der Umweltreize und dem daraus resultierenden Verhalten, das im Modell mit der Variable **Stressverhalten [B]** berücksichtigt wird. Diese Größe liegt im **stark kritischen Bereich** und hat demnach sehr großen Einfluss auf das Gesamtsystem. Durch die vielen ein- und ausgehenden Wirkungen können Zustandsänderungen des Stressverhaltens zu gefährlichen und kaum zu kontrollierenden Aufschaukelungs- und Umkippeffekten führen. Andererseits kann ein gelassenes, im Umgang mit Konflikten versiertes Naturell auch eine beruhigend stabilisierende Wirkung haben, so dass auch größere Umweltveränderungen nicht zwangsläufig in einer Lebenskrise enden müssen. Gefährlich sind schleichende kaum spürbare Veränderungen des Stressverhaltens, wie noch in den folgenden Simulationen demonstriert wird (vgl. Abschnitt 5.4.4).

Wirksame Hebel für mögliche Veränderungen des Gesamtzustands finden sich im **aktiven Bereich**. Dies können im Modell die Variablen **Immaterielles Vermögen [F]** (z. B. durch Coaching), **Materielles Vermögen [G]** (z. B. durch ganzheitliche Finanzplanung), **Einfluss Vergangenheit [D]** (z. B. durch psychologische Beratung) oder **Soziales Umfeld [J]** (z. B. durch einen Umzug) sein.

5.3 Vernetzung

5.3.1 Wirkungsgefüge

Das Wirkungsgefüge besteht aus sieben **blauen Variablen**, die die ‚Innenwelt‘ eines Menschen repräsentieren sollen und vier **grünen Variablen**, die die ‚Außenwelt‘ der

[91] Vgl. Abschnitt 3.2.2 über die subjektive Konstruktion von Wirklichkeit.

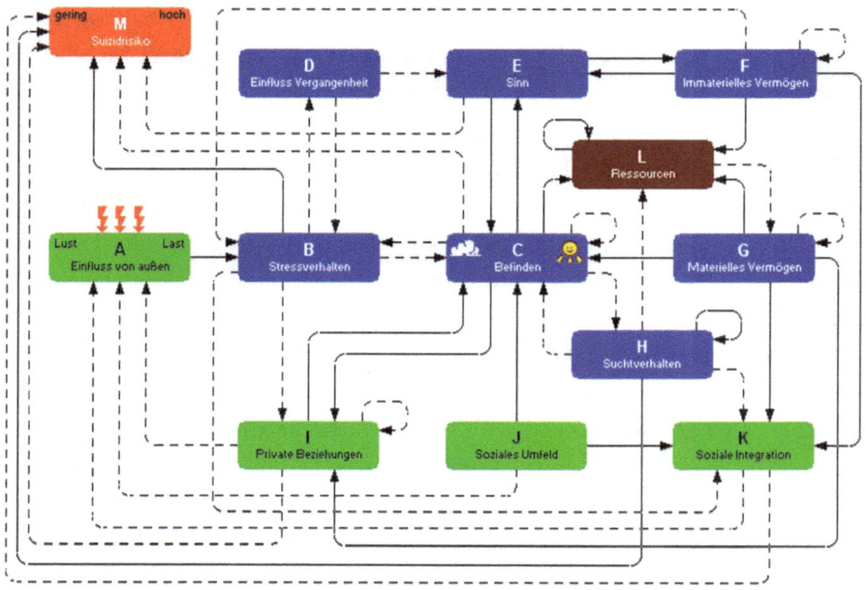

Abb. 30: Das Wirkungsgefüge

untersuchten Person abbilden. Am Ende einer Periode wird aus dem Zustand der Variablen B, C, E, H, I und K das **Suizidrisiko M (rot)** angezeigt und **Ressourcenpunkte L (braun)** vergeben, die zu Beginn der nächsten Periode nach der gewählten Ressourcenstrategie auf die Variablen C, F, G, H, I und J verteilt werden können (vgl. Beschreibung zur den Simulationen in Abschnitt 5.4).

Regelkreisanalyse

Wie die mit dem Sensitivitätsmodell mögliche Computeranalyse aufzeigt, enthält das aufgebaute Wirkungsgefüge 48 Regelkreise, davon 21 mit negativer Rückkopplung und 27 mit positiver Rückkopplung. Negative Rückkopplungen stabilisieren das System. Ohne sie schaukelt es sich hoch und bricht zusammen.

Besonders häufig in Regelkreise einbezogen sind die Variablen **B** [Stressverhalten] mit 14 negativen und 23 positiven Rückkopplungen und **C** [Befinden] mit 18 negativen und 21 positiven Rückkopplungen. Sie sind damit besonders aktive Variablen,

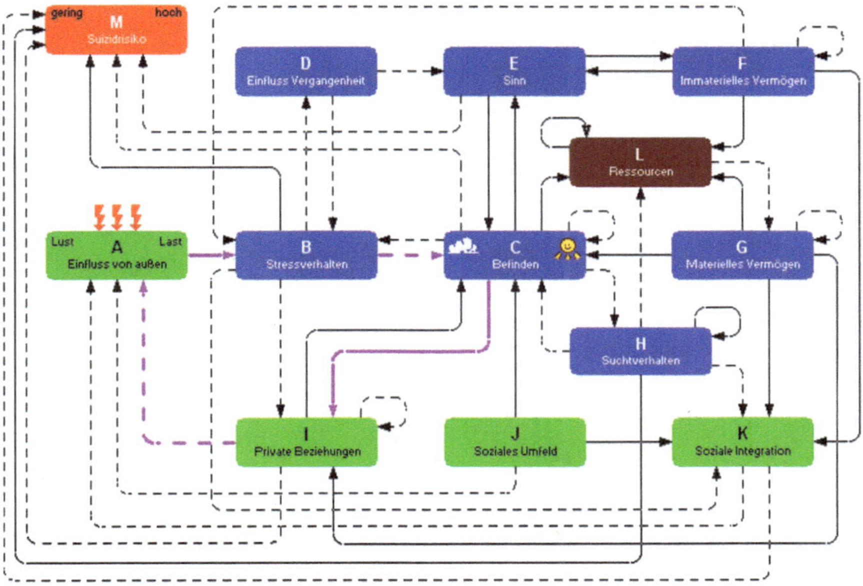

Abb. 31: Beispiel für einen Regelkreis mit positiver Rückkopplung A → B → C → I → A

deren Zustandsänderung große Auswirkungen auf das Systemverhalten haben kann. Die dominierende Wirkungsbeziehung im System besteht zwischen den Variablen **A** [Einfluss von außen] und **B** [Stressverhalten], die in 12 negative und 16 positive Regelkreise einbezogen sind. Die Wahrnehmung, Deutung und der Umgang mit äußeren Ereignissen spielt daher eine extrem wichtige Rolle.

5.3.2 Wirkungsfunktionen

Eine Variable kann eine andere Variable durch positive oder negative Wirkungen beeinflussen. Dies wird im Modell in Form einer grafischen Wirkungsfunktion berücksichtigt.

Das Modell beinhaltet 45 Wirkungsfunktionen, von denen wichtige im folgenden kurz beschrieben werden. Die übrigen Funktionen sind im Anhang grafisch dargestellt.

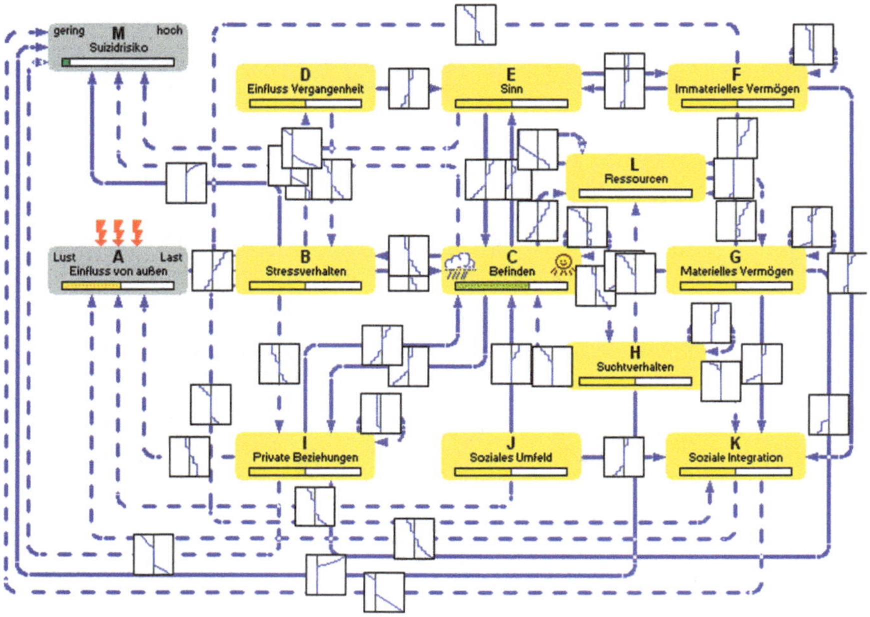

Abb. 32: Das Wirkungsgefüge mit Wirkungsfunktionen

Von der Variable **Einfluss von außen [A]** geht nur eine Wirkung zum Stressverhalten [B] aus. Denn erst die Wahrnehmung, Deutung und der Umgang mit äußeren Ereignissen bzw. Stress kann eine Änderung der Zustände anderer Variablen bewirken (vgl. Abschnitt 3.2.2.).

Die nachstehende Funktion beschreibt eine gleichgerichtete treppenförmige Beziehung. Links ist die Skalierung der Zustände der Variablen Einfluss von außen [A] aufgeführt. Bei wenig oder gewohntem „normalem“ Alltagsstress (Zustände 8–15) ergeben sich keine Auswirkungen auf das Stressverhalten [B], da der Mensch sich daran gewöhnt hat, mit „normalem“ Stress umzugehen. Zunehmender Stress (ab Zustand 16) kann nicht mehr so einfach kompensiert werden. Bei Überschreiten bestimmter Grenzwerte – hier durch die Stufen berücksichtigt – reagiert die Person zunächst entsprechend gereizter oder aggressiver (es sei denn, er hat andere Stressbewältigungsstrategien erlernt; vgl. Wirkung Immaterielles Vermögen [F] → Stressverhalten [B]). Überwiegen die positiven Ereignisse hat dies bei Überschreiten be-

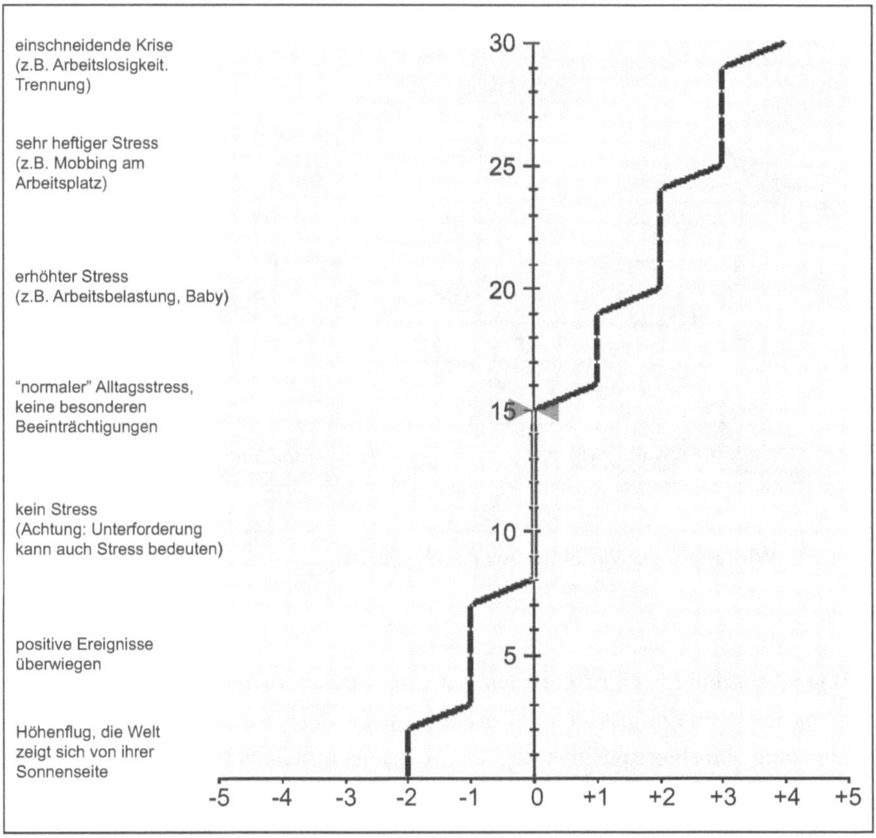

Abb. 33: Wirkungsfunktion: Einfluss von außen [A] → Stressverhalten [B]

stimmter Grenzwerte entsprechend positive Auswirkungen auf das Stressverhalten. Die Person wird im Modell entspannter und ausgeglichener und kann konstruktiver mit Konflikten umgehen.

Von der Variablen **Stressverhalten [B]** gehen Wirkungen zu vier Variablen aus, die alle negativ sind, d. h. mit zunehmendem Aggressionspotential verschlechtern sich im Modell das Befinden [C], die Privaten Beziehungen [I], die Soziale Integration [K] und auch der Einfluss der Vergangenheit [D]. Das Ausmaß der Veränderungen ist dabei je nach Aggressionsgrad und Variable unterschiedlich, wie die Abbildung 34 schematisch andeutet.

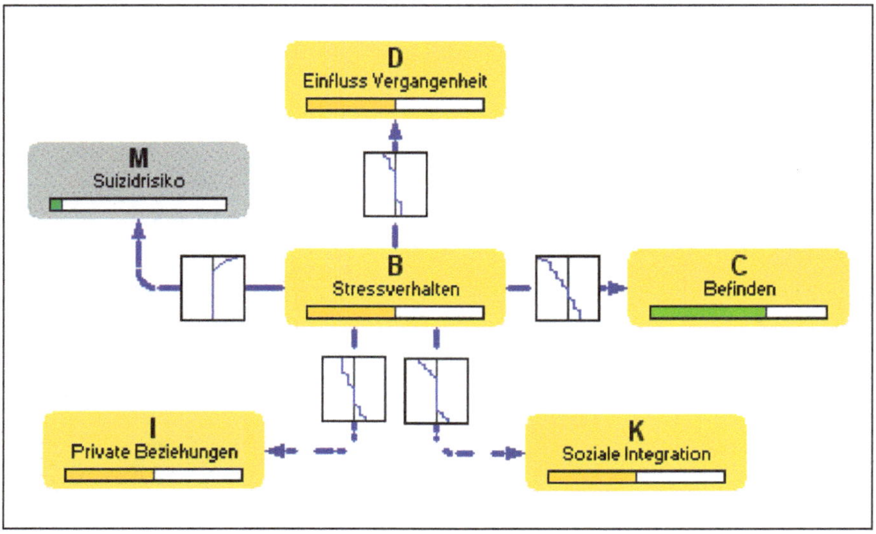

Abb. 34: Wirkungen der Variablen Stressverhalten [B]

Wie in Abschnitt 5.2.2 beschrieben, kann das Stressverhalten als extrem kritische Variable enormen Einfluss auf das Gesamtverhalten des Systems ausüben. Durch die Einbindung in mehrere positive Regelkreise, kann ein steigendes Aggressionsniveau sehr schnell verheerende Auswirkungen auf viele andere Variablen haben.

Besonders wichtig ist der Einfluss des Stressverhaltens auf das Suizidrisiko, das Abbildung 35 zeigt.

In ausgeglichenem oder nur leicht gereiztem Zustand besteht noch kein Suizidrisiko. Erst mit zunehmendem Aggressionsgrad kann das Stressverhalten erheblichen direkten Einfluss auf das Suizidverhalten haben (im Modell beginnend ab Zustand 23). Hierbei ist allerdings zu berücksichtigen, dass sich nur bei einigen Menschen die gestiegene Aggression bei zunehmendem nicht verarbeitetem Stress gegen sich selbst richtet, während andere Personen die Aggression eher an ihre Umwelt abgeben (vgl. Abschnitt 2.2.3: „Psychoanalytische Aggressionstheorie").

Die Variable **Immaterielles Vermögen [F]** kann im Modell die drei Variablen Stressverhalten [B], Sinn [E] und Soziale Integration [K] beeinflussen. Außerdem wurde eine negative Rückwirkung auf sich selbst eingebaut, da Wissen und Fähigkeiten, wenn sie nicht genutzt oder gepflegt werden, schnell veralten bzw. wieder ver-

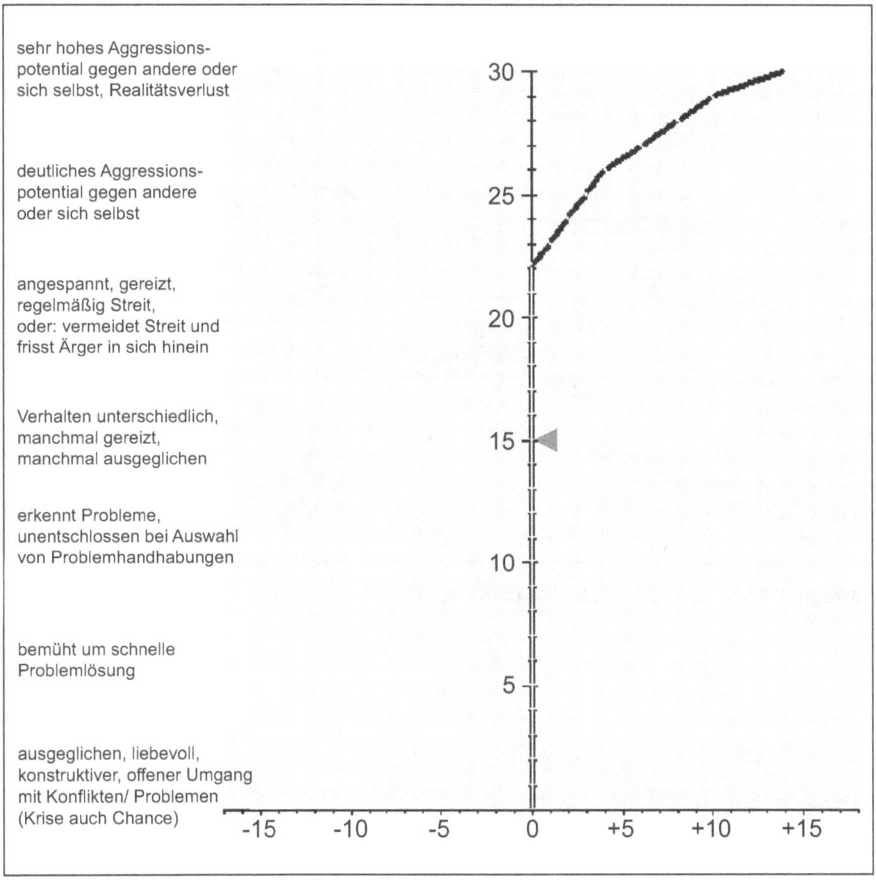

Abb. 35: Wirkungsfunktion: Stressverhalten [B] → Suizidrisiko [M]

lernt werden können. Darum wird im Modell unterstellt, dass regelmäßig Ressourcen investiert werden müssen, um das Immaterielle Vermögen zu erhalten. Zunehmendes immaterielles Vermögen sorgt für zusätzliche Ressourcen, die für andere Lebensbereiche zur Verfügung stehen. „Wissen ist die einzige Ressource, welche sich durch Gebrauch vermehrt." (Probst et al. 2006)

Besonders wichtig für das Systemverhalten und für die späteren Simulationen ist der Einfluss des immateriellen Vermögens auf das Stressverhalten. Wie oben beschrieben, ist das Stressverhalten als extrem kritische Variable ein ‚Instabilitätsrisiko'

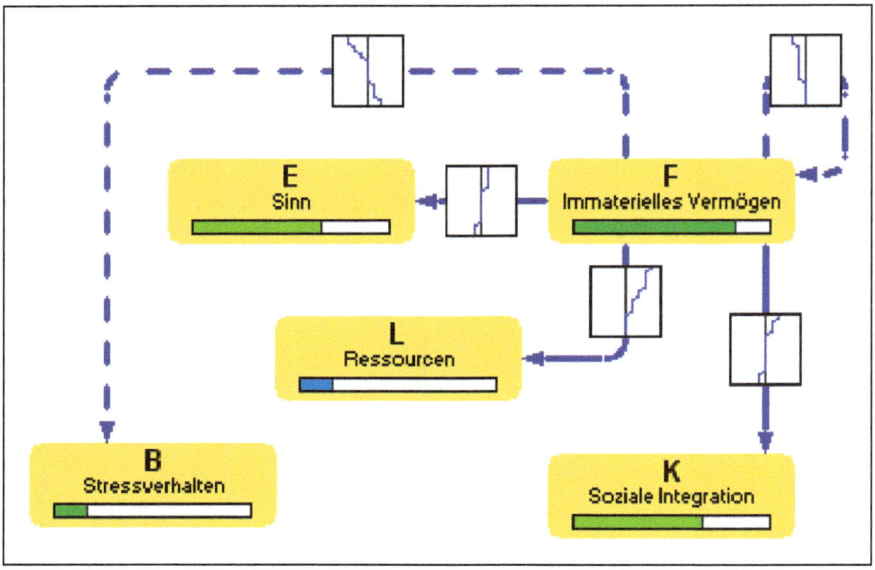

Abb. 36: Wirkungen der Variablen Immaterielles Vermögen [F]

für das Gesamtsystem. Neben einem guten Befinden [C] ist das immaterielle Vermögen die einzige wesentliche Größe, die hier stabilisierend wirken kann.

Der Wirkungsverlauf in Abbildung 37 unterstellt, dass ein durchschnittliches Niveau an Bildung, Wissen und Fähigkeiten keinen direkten Einfluss auf das Stressverhalten ausübt. In diesem Fall schlagen erhöhter Stress, Krisen und Umweltstörungen direkt auf das Stressverhalten in Form von erhöhter Aggression durch. Ab einer Schwelle (Zustand mit 21 Punkten – hier als Kreis hervorgehoben) wirkt das immaterielle Vermögen aggressionshemmend auf das Stressverhalten. Dies ist der Punkt, an dem eine Person – z. B. durch Selbsterfahrung oder durch einen guten Lehrer, Trainer oder Coach – die Selbstverantwortung für die eigenen Lebensumstände entdeckt (vgl. Abschnitt 3.2.2: „Konstruktion von Wirklichkeit"). Mit dem zunehmenden Erwerb von „Lebensfähigkeiten" (vgl. Epilog in Kapitel 6) kann immer konstruktiver mit Einflüssen von außen [A] umgegangen werden, was eine sehr stabilisierende Wirkung auf das Gesamtsystem ausübt (vgl. Viabilitätstest 3 auf den Seiten 163ff.). Hierzu kann auch die Erkenntnis zählen, dass Krisen nicht nur eine Bedrohung sein

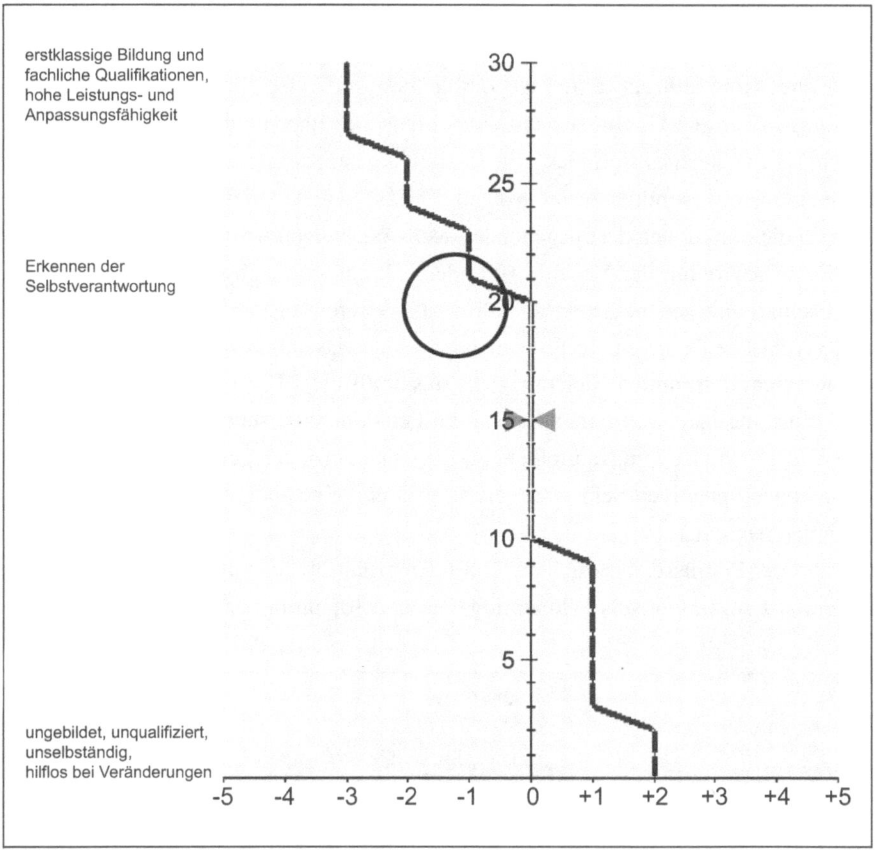

Abb. 37: Wirkungsfunktion: Immaterielles Vermögen [F] → Stressverhalten [C]

müssen, sondern auch Chancen zur Weiterentwicklung bieten können (vgl. Seite 55 ff.: „Krisen als entscheidender Wendepunkt".

Unterdurchschnittlich gebildete Menschen scheinen oft eher ‚den äußeren Umständen' die Schuld an ihrer persönlichen Situation zu geben. Sie sehen in stressreichen Veränderungen bzw. Krisen eher eine Bedrohung und reagieren mit Abwehr, Frust oder Aggression, was im Modell ab einem Bildungsniveau von 0–9 durch regelmäßig steigendes Stressverhalten berücksichtigt wird.

Im Simulationsmodell gehen von der Variablen **Befinden [C]** sechs Wirkungen aus. Damit zählt das Befinden zu den besonders aktiven Variablen, deren Veränderung direkt und indirekt (durch die Einbindung in diverse Regelkreise) große Auswirkungen auf den Gesamtzustand eines Menschen haben kann. Dementsprechend ist ein sehr schlechtes Befinden – im Modell als depressiver Zustand beschrieben – auch ein wichtiger Indikator mit großem Einfluss auf das Suizidrisiko. Im folgenden werden die Funktionen der ausgehenden sechs Wirkungen schematisch dargestellt.

Die Rückwirkung der Variable Befinden [C] auf sich selbst wird im Modell als wechselhaft angesehen: Grundsätzlich wird davon ausgegangen, dass das physische und psychische Befinden die Tendenz hat nach gewissen Schwankungen immer wieder in einem bestimmten Gleichgewicht zu stabilisieren. Dieser ‚normale' Gleichgewichtszustand kann von Persönlichkeit zu Persönlichkeit sehr unterschiedlich sein. (Manche Person ist vom Naturell eher positiv und zufrieden gestimmt und mit einem entsprechend positiven Selbstwertgefühl, während eine andere eher zu depressivem Befinden tendiert.)

Unter der Prämisse, dass sich das Befinden grundsätzlich auf ‚Normalniveau' einpendelt, ist ein euphorischer Höhenflug (Zustand 30) nur mit großem Ressourcenauf-

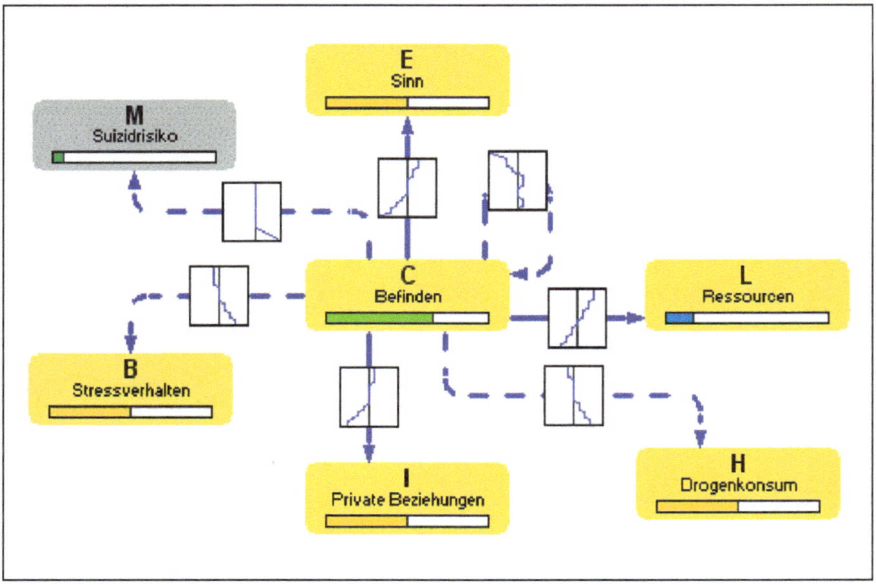

Abb. 38: Wirkungen der Variablen Befinden [C]

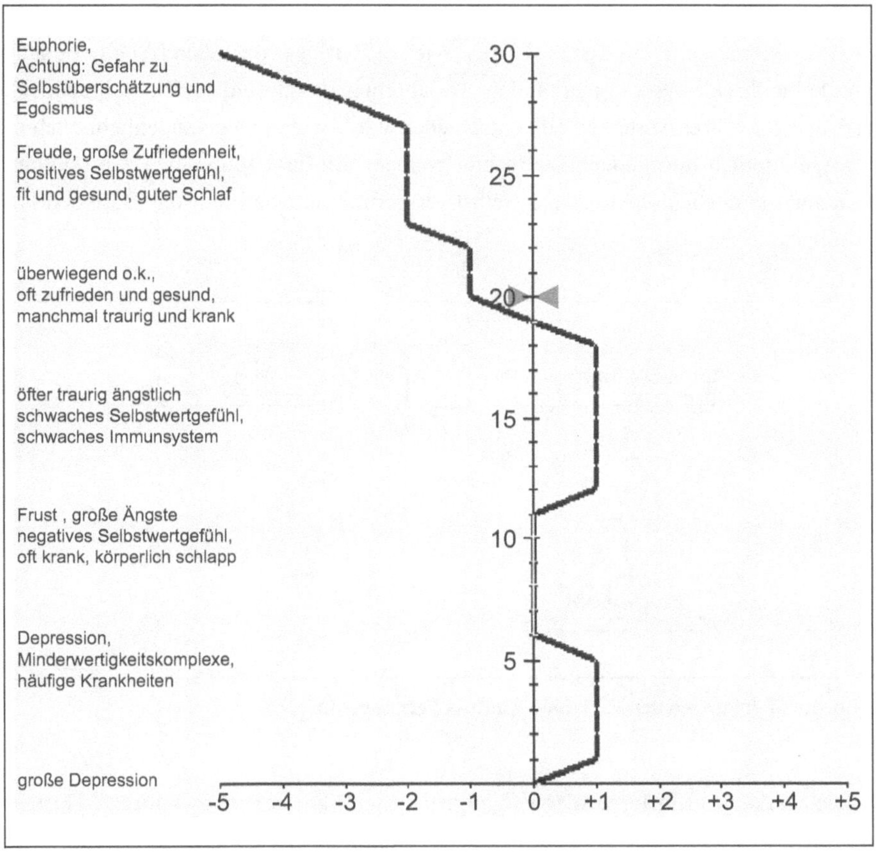

Abb. 39: Wirkungsfunktion: Befinden [C] → Befinden [C]

wand aufrecht zu erhalten. Auch ein von Freude und großer Zufriedenheit geprägter Zustand hält sich nicht von allein, sondern ist nur mit regelmäßigem Einsatz von Ressourcen stabil zu halten. Ein schlechter werdendes Befinden hat noch einige Zeit die Tendenz, sich auf dem alten Gleichgewicht zu stabilisieren. Darum gibt es bei ‚Stimmungsschwankungen' eine leicht positive Rückwirkung. Mit zunehmendem Frust folgt eine Phase der Gleichgültigkeit. Und erst bei sehr schlechtem Befinden sorgt im Modell ein ‚Kampf ums Überleben' dafür, dass sich das Befinden leicht verbessert.

Im Modell gehen von der Variable **Einfluss Vergangenheit [D]** zwei Wirkungen zu Stressverhalten [B] und Sinn [E] aus. Wie bei Einfluss von außen [A] gibt es auch hier keine direkte Wirkung auf andere Variable wie das Befinden [C], da im Modell erst über das Stressverhalten [B] entschieden wird, wie ein Vergangenheitserlebnis wahrgenommen und gedeutet wird und welchen Einfluss schließlich z.B. Enttäuschungen in der Kindheit auf das Selbstwertgefühl und somit auf das Befinden [C] ausüben.

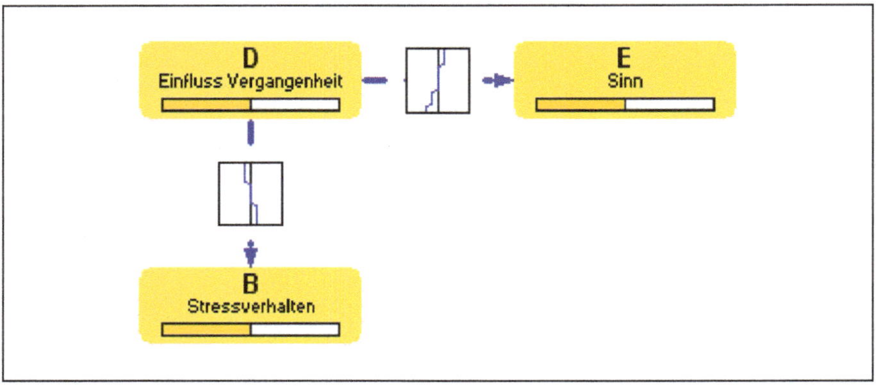

Abb. 40: Wirkungen der Variablen Einfluss Vergangenheit [D]

Die Stärke des Einflusses der Vergangenheit wird kontrovers diskutiert.[92] Unstrittig scheint zu sein, dass sich sehr negative Erfahrungen erheblich auf das Stressverhalten auswirken können und teilweise dominierender sind als aktuelle Einflüsse von außen. „Auf Dauer sind diese hochemotionalen Szenarien, die sich Menschen wieder und wieder ins Bewusstsein drängen, vielleicht sogar nervenaufreibender als der reale Streß des Hier und Jetzt.“ (TSA 2006, 56)[93]

[92] Hierzu wurde in Abschnitt 5.1 das Beispiel der frühen Kindheitserfahrungen angeführt, die von vielen Psychologen als gravierend für das spätere Leben eingeschätzt, von anderen dagegen weniger dominant gesehen werden, wobei sich beide Seiten auf umfangreiches empirisches Material stützen.

[93] „Sie [die Gedanken] kreisen um Erinnertes und um Erwartetes. Darunter ist auch viel Unerfreuliches, Aufwühlendes, das Angst oder Ärger macht. … Gefährdet sind hier besonders solche Menschen, die den Ärger über etwas, was ihnen widerfahren ist, nicht so schnell wieder abschütteln können. Sie haben ein grüblerisches Naturell und neigen dazu, den längst beendeten Vorfall in Gedanken wieder und wieder durchzuspielen.“ (TSA 2006, 56).

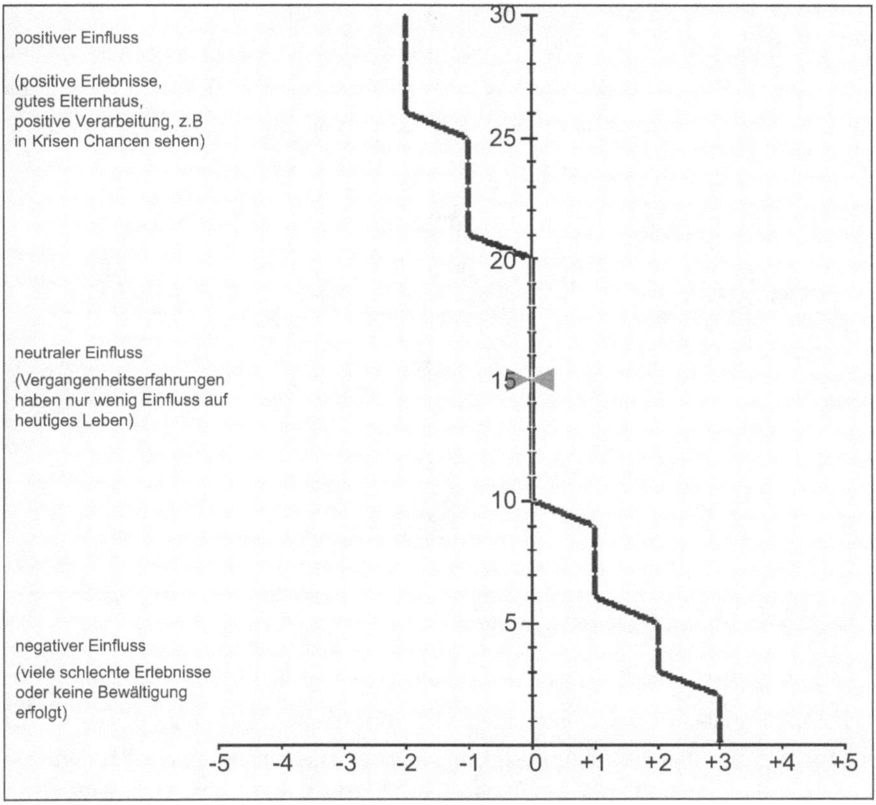

Abb. 41: Wirkungsfunktion: Einfluss Vergangenheit [D] → Stressverhalten [B]

Nicht so starke Erfahrungen scheinen dagegen eine eher untergeordnete Rolle zu spielen[94], weswegen sich im Modell nur in den positiven und negativen Grenzbereichen Auswirkungen ergeben.

[94] Nach Kagan sprechen neurowissenschaftliche Befunde für die Vergänglichkeit früherer Erfahrungen: „Ich habe des Öfteren die Erfahrung gemacht, dass ich mir einen alten Film nach 35 oder 40 Jahren ein zweites Mal anschaute und keine Szene wiedererkannte." (2005, 32) Auch noch vorhandenen Erinnerungen ist nicht immer zu trauen. Sie können sich im Laufe der Jahre verändern oder durch die Erzählungen anderer beeinflusst werden. (Nuber 2005a, 3)

Dementsprechend hat sich auch ein einschneidender Perspektivenwechsel in der Psychotherapie vollzogen, die sich in den 1980er und 90er Jahren noch intensiv auf die Probleme der Vergangenheit konzentrierte. „Viele beschäftigten sich intensiv mit ihrem ‚inneren Kind' –

(Fortsetzung Fußnote 94 auf S. 130)

Von der **Variable Sinn [E]** gehen positive Wirkungen zu den Variablen Befinden [C] und Immaterielles Vermögen [F] aus. Ein Gefühl der Sinnlosigkeit und inneren Leere hat dementsprechend negative Auswirkungen auf das Befinden und nimmt auch die Motivation das immaterielle Vermögen z. B. durch Weiterbildung zu verbessern.

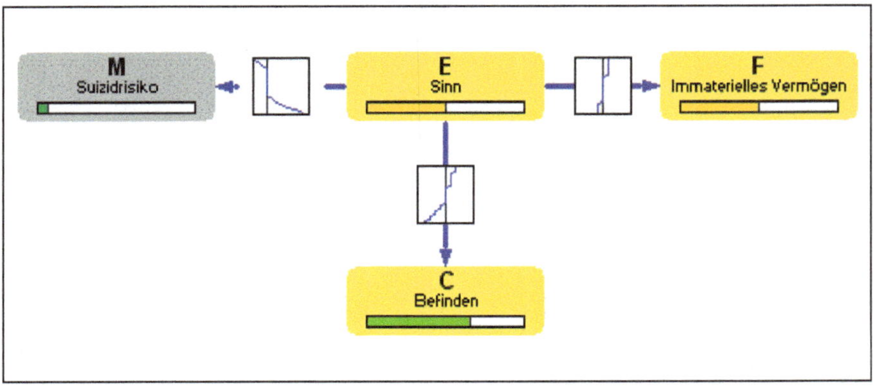

Abb. 42: Wirkungen der Variablen Sinn [E]

Fehlender Lebenssinn ist ein gravierendes Suizidrisiko [M]. Einige Wissenschaftler halten Sinn- und Hoffnungslosigkeit sogar für eine bedeutsamere Bedingungsvariable für suizidales Verhalten als Depressivität (Beck et al. 1975, 1146ff.).[95]

Das Erkennen der eigenen Freiheiten und das Vorhandensein einer Lebensaufgabe kann das Suizidrisiko aber auch reduzieren (und dadurch evtl. auch andere Defizitbereiche auffangen).

[94] *(Fortsetzung von S. 129)* und bemitleideten es. Der Blick zurück förderte das Opferdenken nach dem Schema: ‚Was hat man, armes Kind, dir angetan?' Die Fragen ‚Wie war die Kindheit?' und ‚Wann hat alles angefangen?' waren typisch für Therapien, die sich der Vergangenheitsbewältigung verschrieben hatten." (Nuber 2005a, 3) Die moderne „Positive Psychologie" (Auhagen 2004) orientiert sich dagegen eher an den Ressourcen und günstigen Möglichkeiten der Gegenwart. Hierzu Watzlawick: „Es ist noch niemandem besser gegangen, weil man ihm erklärt hat, warum es ihm schlecht geht. Besser geht es einem erst, wenn es besser geht." (zit. in: Nuber 2005a, 3).

[95] Dagegen sprechen jedoch andere Untersuchungen, die der Depressivität eine größere Bedeutung zumessen und in der Hoffnungslosigkeit eher ein Symptom sehen (u. a. Mazza/Reynolds 1998: „A longitudinal investigation of depression, hopelessness …").

Von der **Variable Materielles Vermögen [G]** gehen positive Wirkungen zu vier Variablen aus und eine Rückwirkung auf sich selbst.

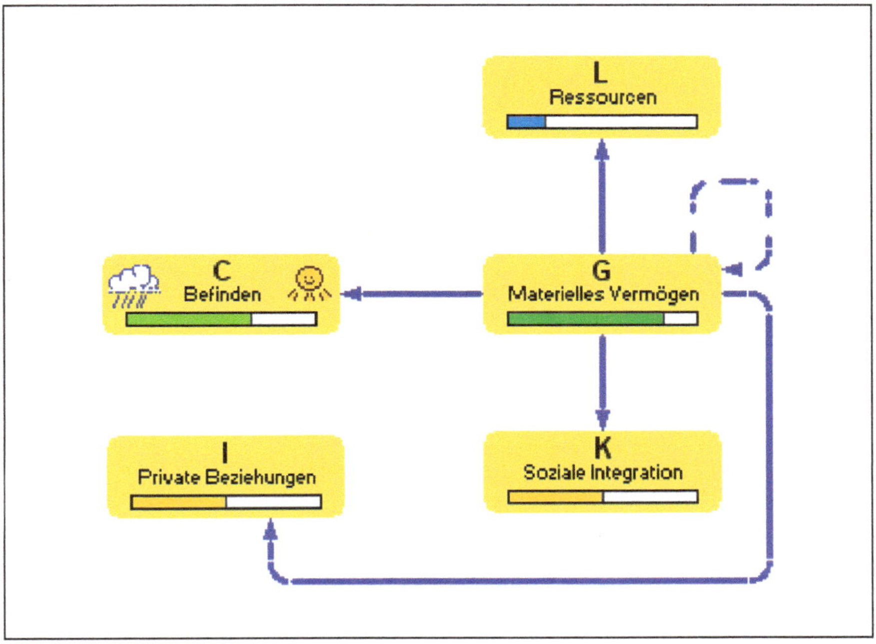

Abb. 43: Wirkungen der Variablen Materielles Vermögen [G]

In Abbildung 44 wird beispielhaft die mögliche Rolle des Materiellen Vermögens [G] für das Befinden beschrieben:
Der Wirkungsverlauf spiegelt die auf Studien basierende Überlegung wider, dass Geld allein keinen langfristigen Beitrag zur Verbesserung des Befindens leistet.[96] Kein Geld zu haben, kann sich dagegen erheblich negativ auf das Befinden auswir-

[96] „Dass Geld nicht glücklich macht, wussten schon unsere Großeltern. ... In reicheren Nationen mit einigermaßen tragfähigen Sozialnetzen ... bringt mehr Besitz längerfristig kaum mehr Zufriedenheit. In verschiedenen Befragungen von Lotto- und Wettgewinnern zeigte sich: Der Höhenflug durch den plötzlichen Geldregen war im Schnitt nach drei Monaten beendet. Der Wunsch nach mehr Geld scheint sogar regelrecht glücksfeindlich zu sein: Menschen, die Wohlstand als höchstes Ziel ansehen, sind mit ihrem Leben unterdurchschnittlich zufrieden, egal wie viel Geld sie bereits besitzen." (Psychologie Heute 2/2004, 20).

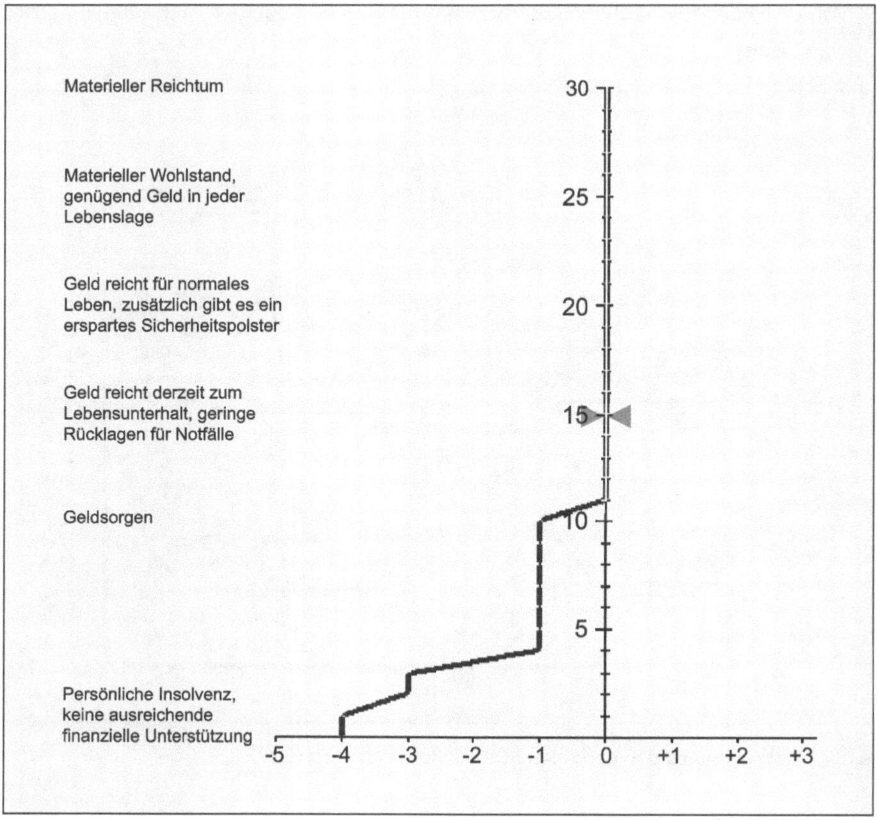

Abb. 44: Wirkungsfunktion: Materielles Vermögen [G] → Befinden [C]

ken. „Studien zeigen, dass allein erziehende Mütter, die in Armut leben, die höchsten Depressionswerte überhaupt ausweisen" (Psychologie Heute 8/2006, 26). Ein ähnlicher Verlauf wird bei der Wirkung auf Private Beziehungen [I] unterstellt.

Anders sind die Annahmen zum Verlauf bei der Rückwirkung auf sich selbst (s. Abb. 45).

Genügend Geld in jeder Lage bedeutet, dass auch ohne Arbeitseinkommen die Kapitalerträge ausreichen, um den Lebensstandard zu erhalten. Das Sicherheitspolster beruhigt. Allerdings nagt die Inflation an den Geldwerten, die nicht durch Kursgewinne ausgeglichen werden kann, und man braucht Zeit, um sich mit Geldanlage

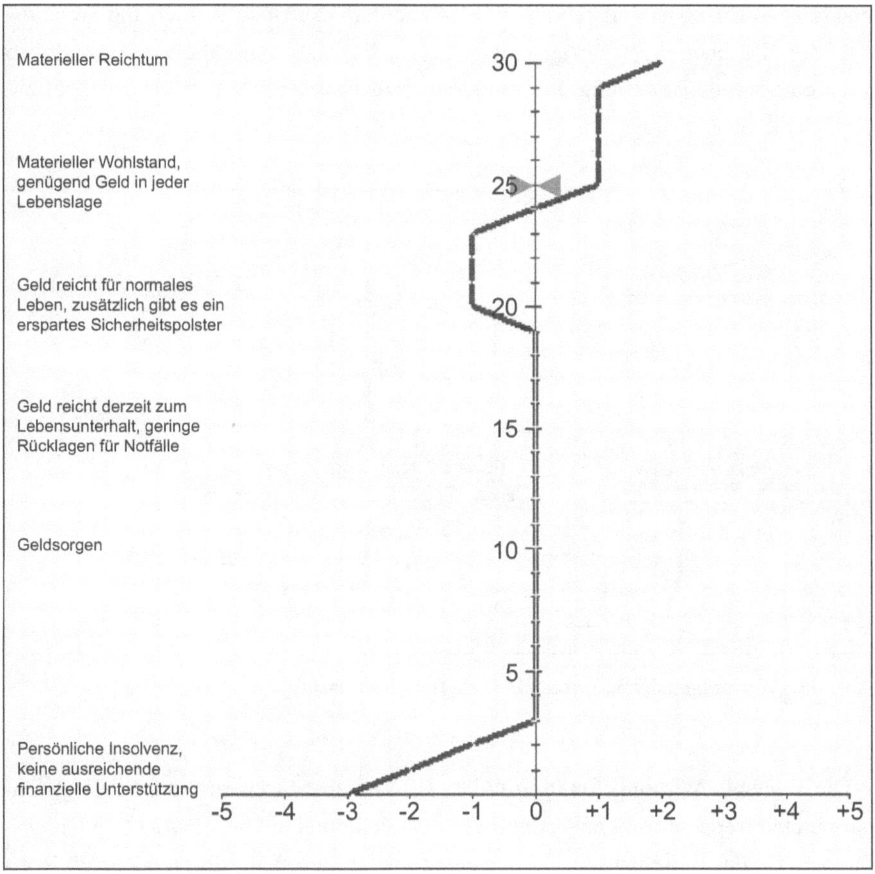

Abb. 45: Wirkungsfunktion: Materielles Vermögen [G] → [G]

zu beschäftigen. Im Reichtum sind die Kurs- und Wertsteigerungen höher als der reale Geldwertverlust durch Inflation. Geldsorgen sind subjektiv. Probleme gibt es erst, wenn die Ausgaben größer sind als die Einkommen und somit Schulden gemacht werden. Die Schuldzinsen können schnell in den Ruin führen.

Die **Variable Private Beziehungen [I]** beeinflusst die beiden Variablen Befinden [C] und Einfluss von außen [A]. Im Modell wurde auch eine negative Rückwirkung auf sich selbst berücksichtigt. Dahinter steht die Überlegung, dass eine Beziehung automatisch schlechter wird, wenn sie nicht aktiv durch den Einsatz von Zeit, Geld und/oder Aufmerksamkeit gepflegt wird. Außerdem kann insbesondere die Trennung oder der Tod einer engen Bezugsperson das Suizidrisiko stark erhöhen. Andererseits kann eine stabile Beziehung das Suizidrisiko aber auch senken und andere Defizitbereiche kompensieren.

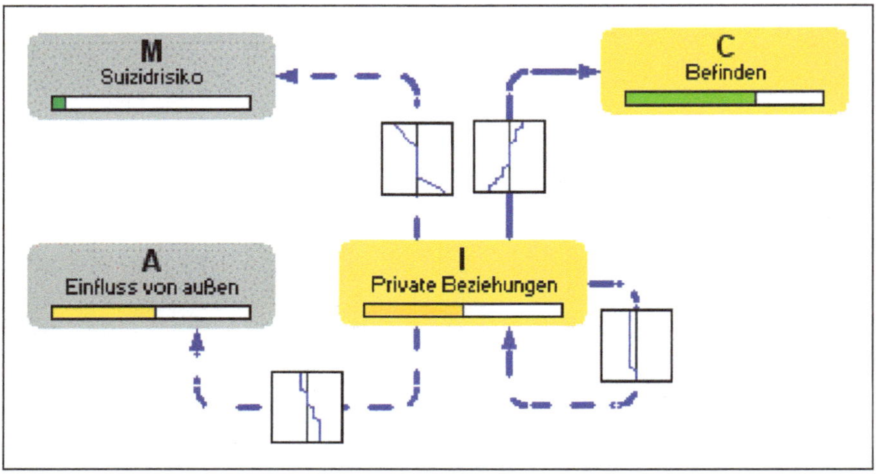

Abb. 46: Wirkungen der Variablen Private Beziehungen [I]

Die folgende Wirkungsfunktion (Abb. 47) beschreibt einen tendenziell gleichgerichteten treppenförmigen Verlauf: Gute Sozialkontakte können wichtige Glücksfaktoren für das Befinden sein.[97] Auch eine feste Partnerschaft führt tendenziell zu einer höheren Zufriedenheit.[98] Wer allerdings in einer ‚unglücklichen' Beziehung lebt, ist mit seinem Leben insgesamt unzufriedener als Alleinstehende oder Geschiedene (Psychologie Heute 2/2004, 20). Nach Tod oder Trennung kann sich das Befinden stark verschlechtern.

[97] „In einer Untersuchung von Martin Seligman und Ed Diener zeigte sich: Die glücklichsten Teilnehmer verbrachten die wenigste Zeit allein; sie mieden Einsamkeit und umgaben sich möglichst oft mit Familie, Freunden und Bekannten. Nicht ganz eindeutig ist dabei allerdings Ursache und Wirkung. So könnte es sein, dass glücklichere Menschen bei anderen besser ankommen und deshalb ein reicheres Sozialleben haben." (Psychologie Heute 2/2004, 20).

[98] In einer groß angelegten Befragung unter 35.000 Amerikanern gaben 40 Prozent der Verheirateten an, sehr glücklich zu sein. Bei den allein Lebenden waren es nur 24 Prozent (Psychologie Heute 2/2004, 20).

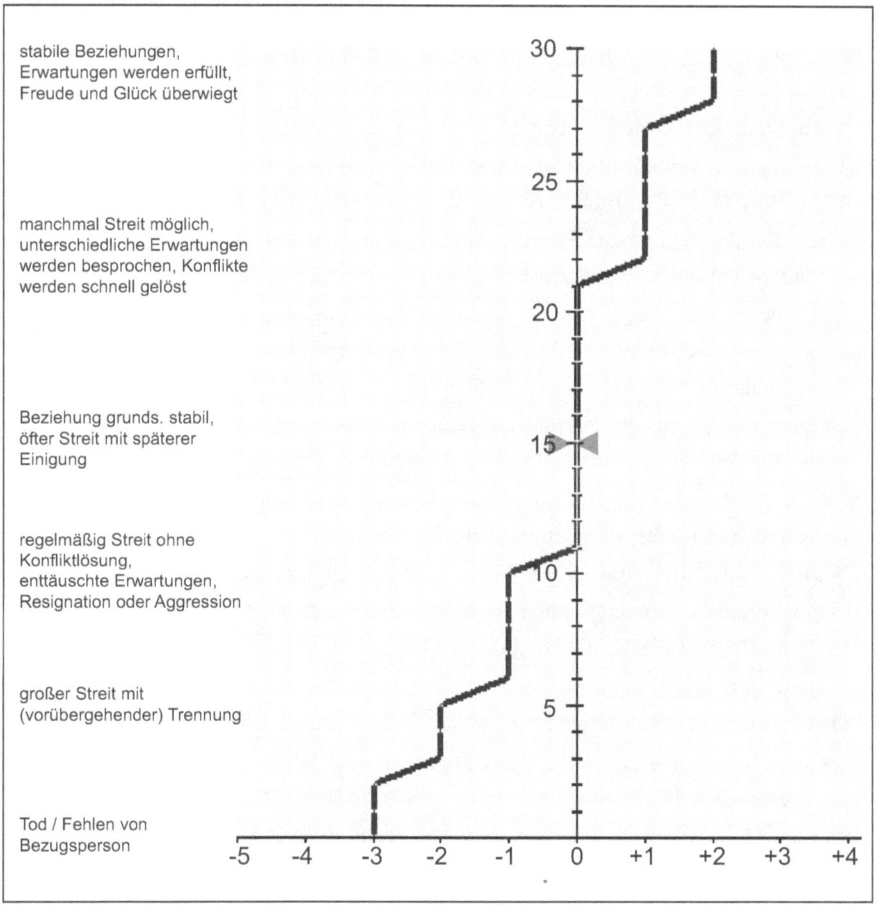

Abb. 47: Wirkungsfunktion: Private Beziehungen [I] → Befinden [C]

5.4 Simulationen

Als Vorbereitung für die folgenden Simulationen ist das oben aufgebaute Wirkungsgefüge individuell anzupassen. Zunächst gilt es, den aktuellen Gesamtzustand (Ist-Situation, Ausgangslage) einer Person zu erfassen. Hierfür sind die Ausgangszustände der einzelnen Variablen festzulegen.[99] Anschließend wird der Zeitablauf bestimmt, nach dem die einzelnen Wirkungen nacheinander abgearbeitet werden sollen.

Schließlich ist die Ressourcen-Strategie zu überlegen, nach der die verfügbaren Ressourcen [L] (Geld, Zeit und Aufmerksamkeit) zu Beginn jeder Periode auf die Variablen Befinden [C], Immaterielles Vermögen [F], Materielles Vermögen [G], Suchtverhalten [H], Private Beziehungen [I] und Soziales Umwelt [J] verteilt werden. Andere Variablen, wie Stressverhalten [B], Sinn [E] oder Soziale Integration [K] können nicht direkt durch Ressourcenzuteilung beeinflusst werden. Ihr Zustand verändert sich nur indirekt durch ihre Einbindung in Regelkreise.

Die Simulation gibt Aufschluss darüber, ob die gewählte Strategie bei gegebenem Ausgangszustand zu einem stabilen Gleichgewicht führt. Wenn ja, bedeutet dies, dass die Strategie passt und das Überleben gewährleistet ist. (Hierbei wird allerdings keine Aussage darüber getroffen, ob die Strategie optimal ist, im Sinne vom Erreichen von maximalen Einzelzuständen der Variablen.)

Wenn die gewählte Strategie zu keinem stabilen Gleichgewicht führt, sondern sich über positive Regelkreise gefährlich aufzuschaukeln droht, ist zu klären, wo es Probleme gibt [Defizit der Zustände einzelner Variablen] und ob andere Strategien mehr Erfolg versprechen.

Des Weiteren kann in Szenarien getestet werden, ob die bisherige Strategie auch noch passt, wenn mögliche zukünftige Probleme oder Krisen zu bewältigen sind. Auf diese Weise kann das Bewusstsein dafür sensibilisiert werden, rechtzeitig über neue Verhaltensstrategien nachzudenken, bevor eine Krise einen Menschen vor vollendete Tatsachen stellt.

Im Folgenden werden in ‚Viabilitätstests' verschiedene Strategien auf langfristige Lebensfähigkeit zum einen bei konstanten und zum anderen bei sich (krisenhaft) verändernden Rahmenbedingungen getestet.

---

[99] Ob die oben skizzieren Wirkungszusammenhänge generell gesehen werden können oder auch auf jede Person einzeln anzupassen sind, hängt u. a. vom Selbstverständnis der jeweiligen psychologischen Schule ab: Während bei der kognitiven Verhaltenstherapie grundsätzliche Ursachen und Mechanismen für alle Menschen gelten, gehen Psychoanalytiker regelmäßig davon aus, dass bei jedem Menschen neu herausgefunden werden muss, welcher Pfad in die Depression bzw. potentiell in den Suizid führen kann. (Leuzinger-Bohleber 2006, 31).

5.4.1 Ausgangszustand

Das Simulationsmodell enthält zwölf Variablen, die durch vielfältige Wirkungen miteinander in Beziehung stehen. Jede Variable kann unterschiedliche Zustände annehmen, die zunächst für jeden Menschen individuell festzulegen sind. Die Balken unter den Variablen-Namen zeigen den aktuellen Zustand an. Die Farbe **grün** symbolisiert einen guten bzw. optimalen Zustand, **gelb** steht für mittlere Werte und **rot** zeigt einen kritischen Bereich an. Im Ausgangszustand für die folgenden Simulationen wurden alle Variablen auf einen mittleren gelben Bereich eingestellt.[100] Nur der Zustand von Variable C ‚Befinden' ist im leicht grünen Bereich, was in diesem Beispiel den „normalen" Gleichgewichtszustand symbolisiert [die Person fühlt sich überwiegend o. k., sie ist oft zufrieden und gesund, manchmal gibt es emotionale Schwankungen, die von Traurigkeit und Krankheit begleitet werden].

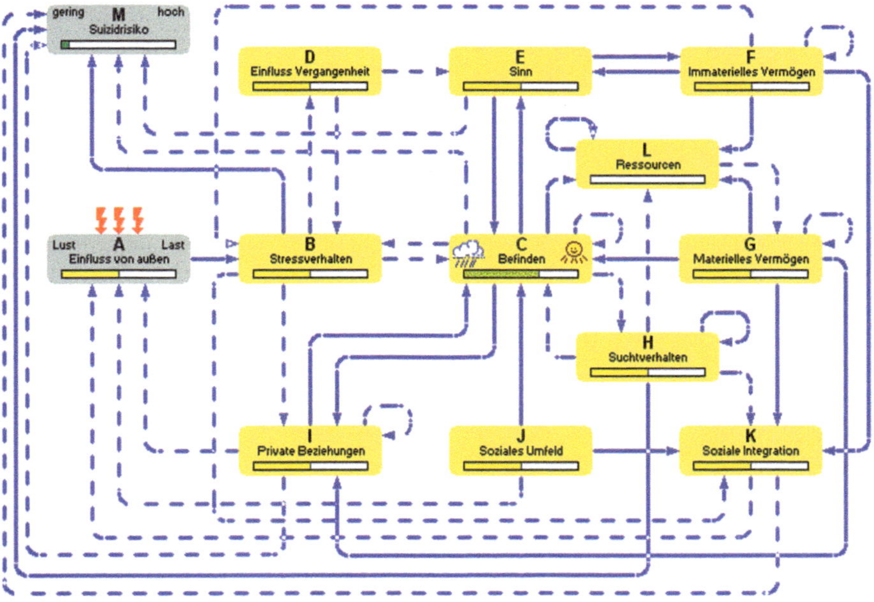

Abb. 48: Ausgangszustand für die folgenden Simulationen

[100] In der Praxis wäre die Ausgangssituation für jede Person nach einer Ist-Analyse individuell auszurichten, wie kurz auf Seite 152 beschrieben wurde.

Die Gesamtheit aller Variablen mit ihren jeweiligen Zuständen beschreibt den Gesamtzustand eines Menschen. Er kann zum einen durch Verteilung der Ressourcen auf bestimmte Variablen verändert werden, zum anderen können Ereignisse bzw. Einflüsse von außen auf die Variablen einwirken und hierdurch den Gesamtzustand verändern. Die Simulation ermöglicht die schrittweise Visualisierung der verschachtelten Wirkungsverläufe.

5.4.2 Ablauf der Wirkungsfunktionen

Nach Festlegung der Wirkungsfunktionen und der jeweiligen Ausgangszustände der Variablen ist nun noch der zeitliche Aspekt zu berücksichtigen. Die folgende Abbildung zeigt den Ablauf an, nach dem die einzelnen Wirkungsbeziehungen innerhalb einer Periode nacheinander (auf Wunsch für den Betrachter auch sichtbar) abgearbeitet werden.

Eine Periode beginnt im Modell mit der Wirkung ❶ zwischen Variable A und B; anschließend wird die Wirkung ❷ zwischen D und B abgearbeitet; darauf folgen drei ausgehende Wirkungen ❸ von B auf C, D und I usw.

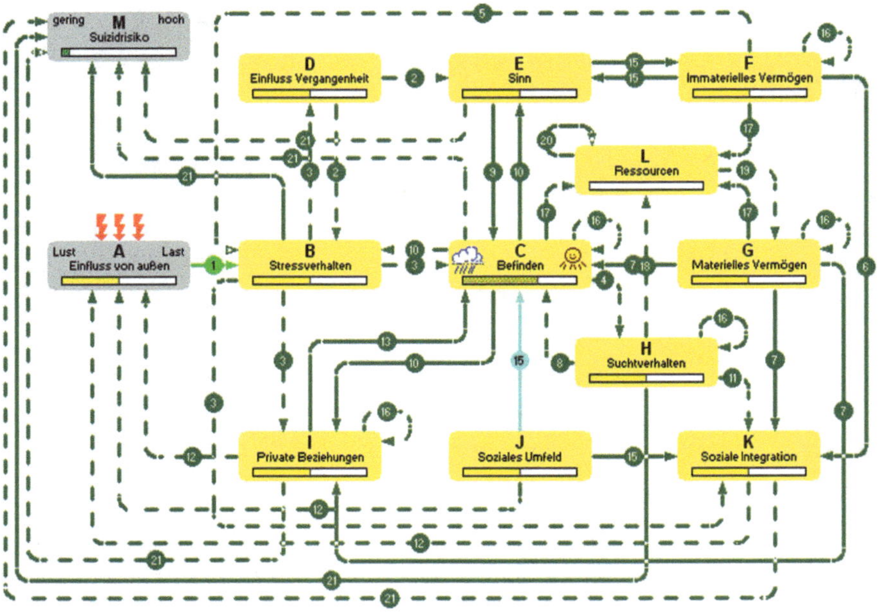

Abb. 49: Zeitliches Ablaufschema der Wirkungsfunktionen

Es ist auch möglich, zeitliche Verzögerungen zu berücksichtigen. So kann sich beispielsweise regelmäßiger Alkoholkonsum vielfach erst viele Jahre später negativ auswirken – so viel später, dass eine Behandlung bereits extrem problematisch sein kann.[101] In diesen Simulationen wurden keine Wirkungen mit Zeitverzug eingebaut, um die Nachvollziehbarkeit der Wirkungsabläufe für den außenstehenden Beobachter nicht zu erschweren.

5.4.3 Viabilitätstest 1: ‚Alltagstrott-Strategie' bei gewohntem Stress

In einer ersten Simulation wird die Systemstrategie ‚Gleichverteilung der Ressourcen', kurz genannt ‚Alltagstrott-Strategie' auf die langfristige Lebensfähigkeit bzw. Viabilität des menschlichen Systems getestet.

Ausgangslage

Da sich im Ausgangszustand alle Variablen im mittleren gelben Bereich [Zustandsgröße 15 bzw. 20 bei ‚Befinden'] befinden, ist das System in einem stabilen Gesamtzustand in dem geringfügige Änderungen einzelner Variablenzustände kaum Auswirkungen auf andere Variablen ausüben.

Ressourcen-Strategie

Am Ende jeder Periode werden im Modell Ressourcenpunkte vergeben. In diesem Beispiel erhält der Mensch in der ersten Periode je einen Punkt aus den Variablen [C], [F] und [G] und drei Punkte zusätzlich aus der Rückwirkung [L] (da beispielsweise jedem Menschen die gleiche Zeit unabhängig vom jeweiligen Systemzustand zur Verfügung steht). Ein Ressourcenpunkt wird durch regelmäßigen Suchtmittelkonsum [H] abgezogen, der Ressourcen wie Geld, Zeit und insbesondere Aufmerksamkeit bindet. Die verbliebenen fünf Punkte können zu Beginn der zweiten Runde auf die Variablen [C], [F], [G], [H], [I] und [J] verteilt werden.

[101] Vgl. Beschreibung der Variable Suchtverhalten [H] in Abschnitt 5.2.1.

In diesem Viabilitätstest wird eine gleichgewichtete Strategie verfolgt, die wie folgt beschrieben werden kann:

Periode 1–10: [C]+1, [I]+1, [G]+1, [F]+1, [H]-1, [J] Restpunkte

In Worten: In jeder Periode 1–10 wird die gleiche Strategie verfolgt. Die verfügbaren Ressourcenpunkte werden in der Reihenfolge [C], [F], [G], [H], [I] und [J] verteilt. Da hier jeweils nur 5 Punkte pro Periode zur Verfügung stehen, können im Sozialen Umfeld [J] keine verbessernden Maßnahmen erfolgen. Bei Suchtverhalten [H] steht eine –1, da hier Zeit und Aufmerksamkeit verwendet werden muss, um den Suchtmittelkonsum zu reduzieren.

Simulationsablauf

Die Simulation beginnt mit der Wirkung von Variable A auf Variable B. Da der Mensch normalen Alltagsstress [A] gewohnt ist, hat er keine Auswirkungen auf das Stressverhalten [B]. Das eher mittlere Stressverhalten hat in diesem ausgeglichenen Zustand, in dem der Mensch nur manchmal leicht gereizt reagiert, seinerseits keinen nennenswerten Einfluss auf andere Variablen wie Befinden [C] oder private Beziehungen [I]. Es werden auch keine besonders bemerkenswerten Ereignisse negativ oder positiv als einflussreiche Vergangenheitserfahrungen [D] gespeichert.

Die einzigen Zustandsänderungen ergeben sich zunächst aus den Rückwirkungen einiger Variablen auf sich selbst: Wenn man keine Ressourcen investiert, verschlechtert sich der Zustand des persönlichen Befindens [C], des immateriellen Vermögens [F] und der privaten Beziehungen [I], bei denen sich – z. B. wegen mangelnder Aufmerksamkeit – die Konflikte häufen, was wiederum zu leicht erhöhtem Stress von außen [der Zustand der Variable A steigt von 15 auf 16] führt. Des Weiteren ist der regelmäßige Suchtmittelkonsum [H] zu beachten, denn wenn man es nicht tut, erhöht er sich gefährlich schleichend und kaum spürbar von Jahr zu Jahr.

Da mit der gleichgewichteten Strategie die entstandenen Defizite jeweils ausgeglichen werden, gibt es auch in den kommenden Perioden kaum Zustandsänderungen. Die meisten Variablen bleiben konstant bei der mittleren Zustandsgröße 15. Das Befinden bleibt im konstanten Normalzustand 20. Lediglich der Stress von außen ist durch regelmäßige Beziehungskonflikte anfänglich leicht gestiegen, ein Zustand, der durch ebenfalls regelmäßig erfolgte Beziehungsarbeit ebenfalls konstant gehalten wird, so dass das Gesamtsystem auf mittlerem Niveau stabil bleibt, wie das folgende Verlaufsdiagramm bestätigt.

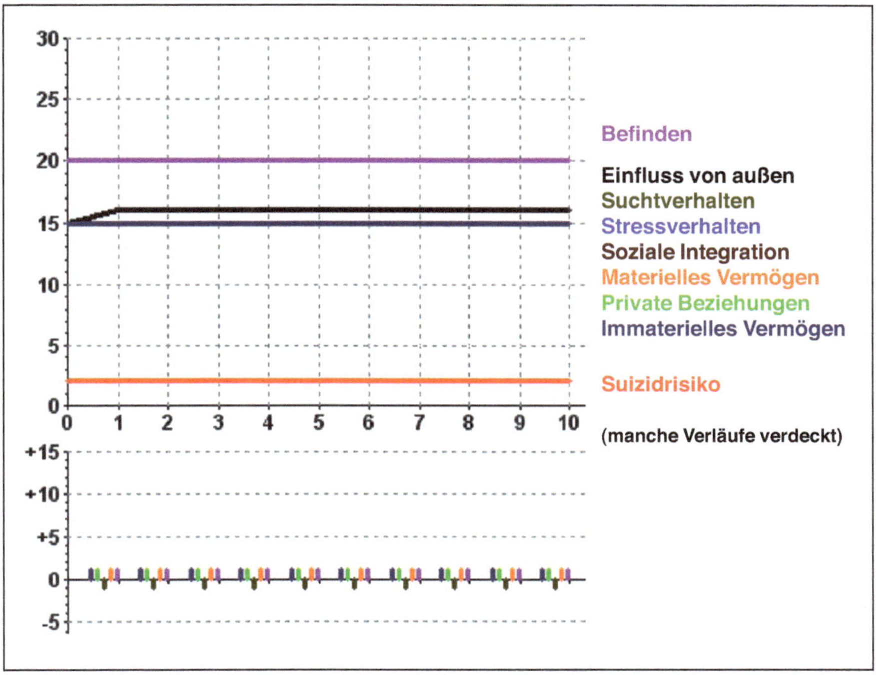

Abb. 50: Simulationsverlauf bei ‚Alltagstrott-Strategie' und normalem Stress

Ergebnis

Als Simulationsergebnis lässt sich festhalten, dass bei diesem Ausgangszustand die gewählte ‚Alltagstrott-Strategie' mit statischer Gleichverteilung der Ressourcen „passt". Während der 10 Perioden hat sich das Suizidrisiko [M] nicht erhöht, die Lebensfähigkeit wäre also sichergestellt.[102] Die Simulation gibt allerdings keine Auskunft darüber, ob es auch andere noch erfolgreichere Strategien gibt, wenn mit erfolgreich ein möglichst positiver Zustand der einzelnen Variablen (im grünen Bereich) gemeint ist. Hierzu müssten in weiteren Simulationen andere Strategien zur Verteilung der Ressourcen bei gleicher Ausgangslage getestet werden.

[102] Dies setzt voraus, dass sich die Umwelt der Person nicht ändert, was über einen längeren Zeitablauf eher unrealistisch ist. Ob sich die Strategie auch unter stressreicheren Umweltbedingungen bewährt, wird im folgenden Viabilitätstest 2 beispielhaft getestet.

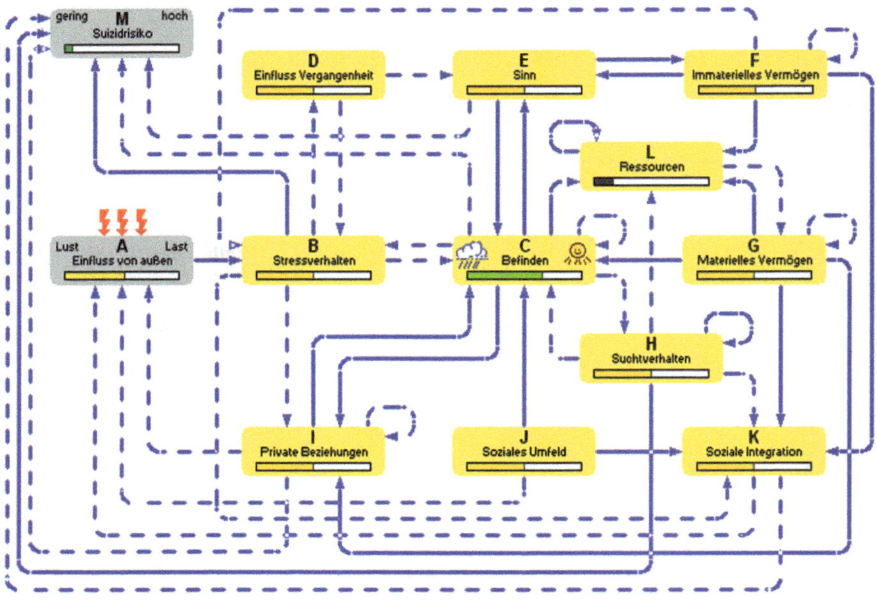

Abb. 51: Endzustand nach 10 Perioden bei ‚Alltagstrott-Strategie' und normalem Stress

5.4.4 *Viabilitätstest 2: ‚Alltagstrott-Strategie' bei erhöhtem Stress*

Ausgangslage

Die zweite Simulation erfolgt unter fast gleichen Bedingungen wie die vorige. Die Ausgangszustände der Variablen sind alle unverändert. Nur die Stressbelastung wurde geringfügig erhöht [Zustandsskala der Variable A ‚Einfluss von außen' von 15 auf 16].

Ressourcen-Strategie

Auch die Systemstrategie ‚Gleichverteilung der Ressourcen' wurde unverändert beibehalten. Der Mensch bleibt hier auch bei erhöhtem Stress seinen bisher bewährten Verhaltensmustern treu.

Periode 1–10: [C]+1, [I]+1, [G]+1, [F]+1, [H]-1, [J] Restpunkte

Simulationsablauf

Die Simulation beginnt wie oben mit der Wirkung von Variable A auf Variable B. Der leicht erhöhte Stress [A] führt zu einer Verschlechterung des Stressverhaltens [B]. Der Mensch reagiert nervös, gereizt und evtl. zunehmend aggressiv. Dieses Verhalten hat anfänglich allerdings noch keine Auswirkungen auf die Zustände anderer Variablen.

Die Zustandsänderungen aus den Rückwirkungen einiger Variablen auf sich selbst können wie im ersten Beispiel durch die gleichgewichtete Verteilung der Ressourcen ausgeglichen werden, so dass das Gesamtsystem anfänglich stabil bleibt. Auch in den folgenden Perioden scheint das System stabil. Allerdings erhöht sich das Aggressionspotential leicht von Periode zu Periode, was zunächst „nur" negative Auswirkungen auf die Privaten Beziehungen [I] hat.

Ab Periode 8 kippt das System schlagartig um. Die zunehmende Aggressivität hat zu häufigen Konflikten in den Beziehungen geführt, hierdurch erhöht sich der Stress von außen, was wiederum zu steigender Aggressivität führt. Das Befinden verschlechtert sich rapide, das Verhalten wird auch von dem sozialen Umfeld nicht mehr toleriert, so dass die Person zunehmend gemieden wird. Das Suchtverhalten wird nicht mehr kontrolliert, so dass der Suchtmittelkonsum regelmäßig zunimmt. Alles in allem steigen die Risikofaktoren in verschiedenen Bereichen, so dass auch das Suizidrisiko ab Periode 8 dramatisch steigt.

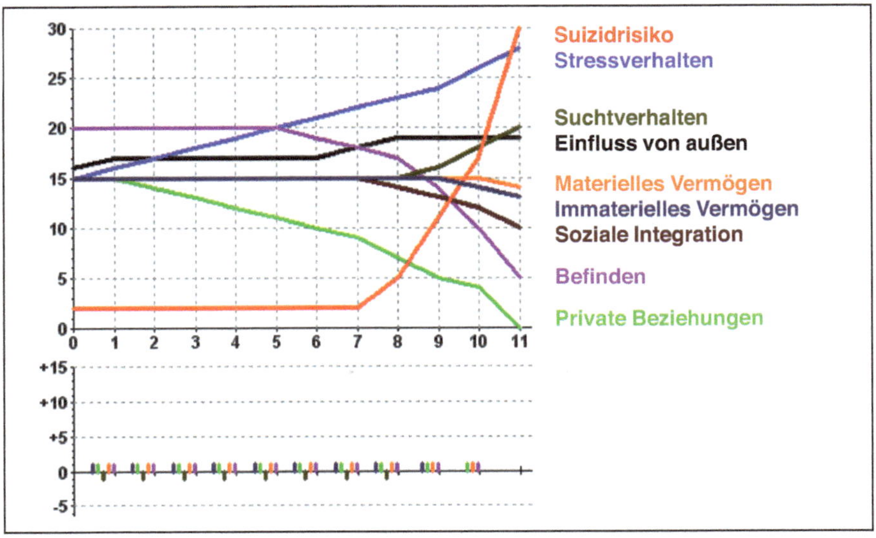

Abb. 52: Simulationsverlauf bei ‚Alltagstrott-Strategie' und anfänglich leicht erhöhtem Stress

Ergebnis

Ein über längeren Zeitraum scheinbar stabiles System kippt in nur 3 Perioden [8–10] drastisch um und bricht zusammen.[103] Die im ersten Beispiel noch erfolgreiche Strategie der Gleichverteilung der Ressourcen „passt" bereits unter leicht erhöhten Stressbedingungen nicht mehr – die Lebensfähigkeit ist gefährdet, das Suizidrisiko erheblich. Die große Gefahr besteht in diesem Beispiel in der anfangs kaum wahrnehmbaren, schleichenden negativen Entwicklung. In dem Moment, in dem die Probleme bewusst werden, ist es fast zu spät, neue Formen zum Umgang mit Stress und Aggression zu lernen. Das bedeutet: Es sollten frühzeitig andere Strategien getestet werden, um eine erhöhte Stressbelastung zu kompensieren.

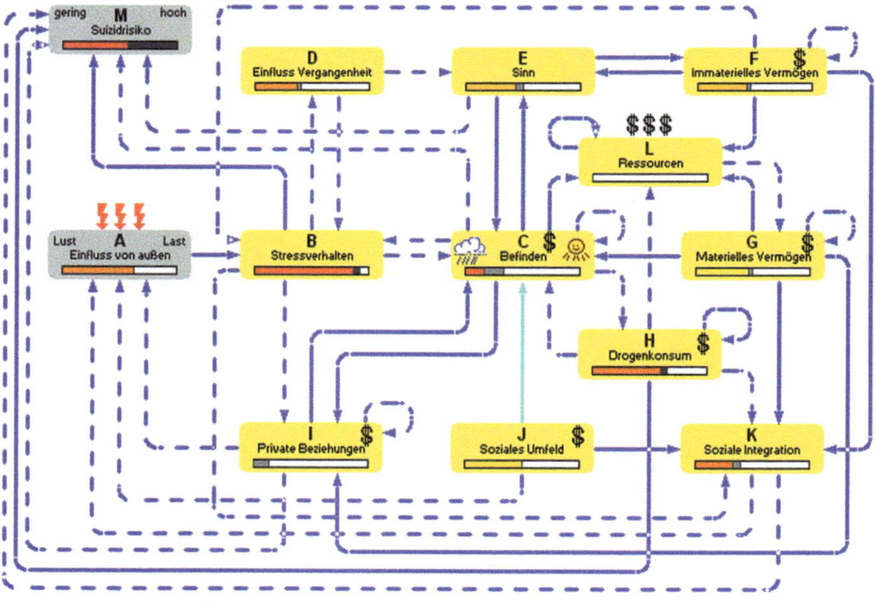

Abb. 53: Endzustand nach 11 Perioden bei ‚Alltagstrott-Strategie' und anfänglich leicht erhöhtem Stress

[103] Dieses drastische Ergebnis ist erstaunlich und wurde vom Verfasser angesichts der minimalen Veränderung der Ausgangssituation nicht vorhergesehen. Es kann aber das oft ebenso überraschende suizidale Verhalten von Personen erklären, die von außen betrachtet doch seit vielen Jahren in ‚normalen Verhältnissen' lebten und sich scheinbar ohne triftigen Grund selbst suizidierten.

5.4.5 Viabilitätstest 3: ‚Coaching-Strategie' bei erhöhtem Stress

Ausgangslage

Die dritte Simulation erfolgt unter dem Schlagwort ‚Coaching-Strategie' – womit eine anfängliche Stärkung des immateriellen Vermögens gemeint ist – unter exakt gleichen Ausgangsbedingungen wie der Viabilitätstest 2. Auch hier wurde die Stressbelastung gegenüber dem Test 1 nur geringfügig erhöht [Zustandsskala der Variable A ‚Einfluss von außen' von 15 auf 16].

Ressourcen-Strategie

Die Systemstrategie wurde gegenüber der vorigen ‚Alltagstrott-Strategie' deutlich verändert. In Periode 1 werden alle Ressourcenpunkte verwendet, um zum einen den Suchtmittelkonsum [H] deutlich zu reduzieren und das Immaterielle Vermögen [F] zu stärken. In Periode 2 fließen erneut die meisten Ressourcen an Geld, Zeit und Aufmerksamkeit in die Stärkung des Immateriellen Vermögens. (Dies könnte zum Beispiel in Form eines persönlichen Coachings[104] erfolgen, welches das Ziel verfolgt, eigene Verhaltensweisen zu reflektieren, die Selbstverantwortung zu stärken und alternative Umgangsformen mit Stress zu entwickeln.) Ab Periode 3 erfolgt wieder eine gleichgewichtete Strategie mit dem Augenmerk auf Privaten Beziehungen [I], Befinden [C] und Immateriellem Vermögen [F]. Übrige Ressourcen fließen in Materielle Vermögenswerte [G].

Periode 1: **[F]+3, [H]-2**
Periode 2: **[F]+5, [I]+1**
Periode 3–10: **[I]+2, [C]+2, [F]+2, [G]** Restpunkte

[104] Der Begriff ‚Coaching' wurde ursprünglich im Bereich des Leistungssports verwandt: „Hier handelt es sich … um einen ‚kuscheligen' Ort, an dem ein Mensch alle seine Gefühle, Fragen oder Sorgen ausbreiten kann. … Die Funktion von Coaching besteht in der Vorbereitung des Sportlers auf eine letztlich immer selbst zu erbringende Leistung in Ernstsituationen." (Schreyögg 1995, 7).
Eine Einführung in die Thematik bietet das „Handbuch Coaching" (Rauen 2000).

Simulationsablauf

Durch die anfängliche Konzentration auf eine Stärkung des Immateriellen Vermögens werden anderen Bereiche vernachlässigt – Private Beziehungen und Befinden werden etwas schlechter und auch gezielte Coaching-Maßnahmen können anfangs nicht das Ansteigen der Aggression als Reaktion auf erhöhten Stress verhindern. Doch bereits ab Periode 3 scheint sich das Coaching auszuzahlen: Die Stressbelastung von außen nimmt nicht weiter zu, das Stressverhalten verbessert sich spürbar von Runde zu Runde, ebenso wie das Befinden, die Beziehungen, das Vermögen und die Soziale Integration.

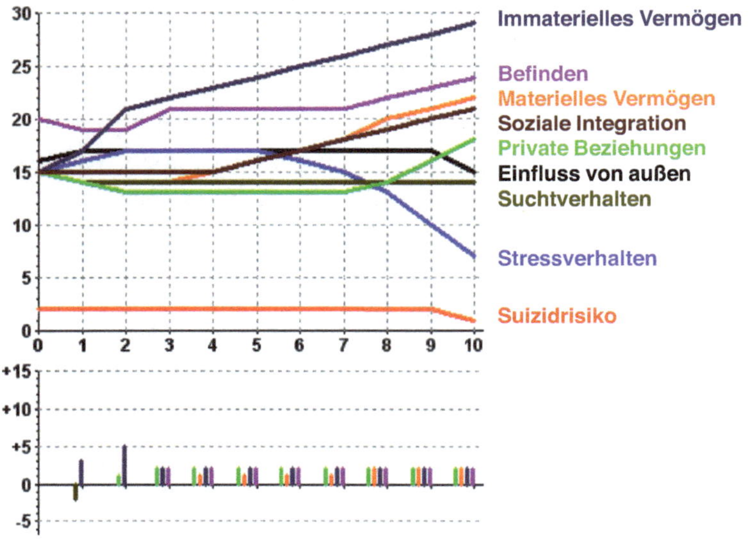

Abb. 54: Simulationsverlauf bei ‚Coaching-Strategie' und anfänglich leicht erhöhtem Stress

Ergebnis

Die Strategie mit anfänglicher Stärkung des Immateriellen Vermögens erweist sich als passend und sinnvoll. Bereits nach wenigen Perioden befinden sich alle Variablen im nicht-kritischen Bereich, viele sogar im grünen Optimum. Der gute Gesamtzustand und ein umfangreicher Vorrat an materiellen und immateriellen Ressourcen bieten zudem gute Voraussetzungen, auch größere Krisen zu überstehen, was in folgenden Krisentests noch zu belegen ist.

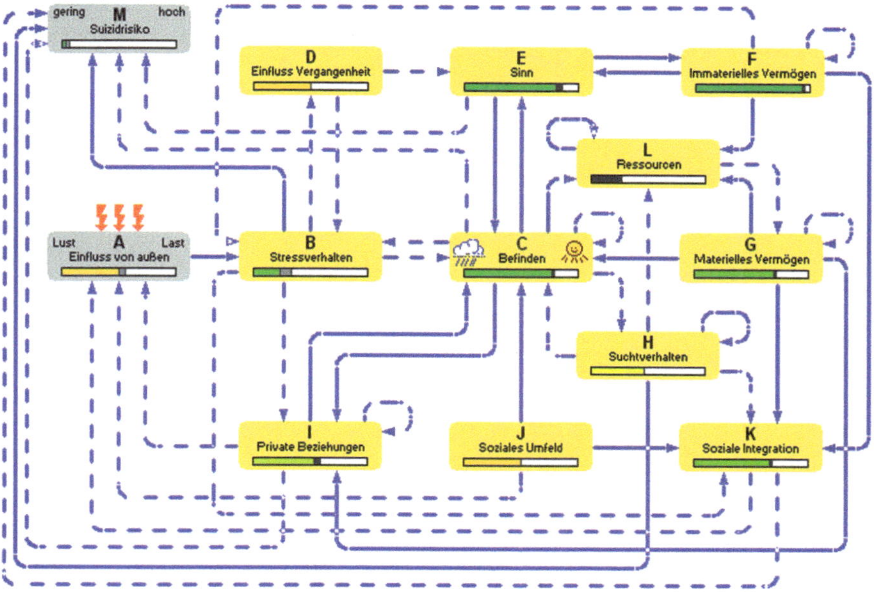

Abb. 55: Endzustand nach 10 Perioden bei ‚Coaching-Strategie' und anfänglich leicht erhöhtem Stress

Krisentest

Anknüpfend an obige Simulation werden ab Periode 10 mehrere einschneidende Krisen simuliert, um zu überprüfen, wie krisenresistent das System sich verhält. Dabei wird ab Periode 3 verfolgte Strategie beibehalten: **[I]+2, [C]+2, [F]+2, [G] Rest**.

Das System wird in Periode 10 durch stark erhöhten Stress [z. B. Mobbing am Arbeitsplatz], in Periode 12 durch den Verlust einer engen Bezugsperson [Tod oder plötzliche Trennung] und in Periode 13 durch großen Vermögensverlust [z. B. Börsencrash] gewaltig durcheinander gerüttelt, wie der Simulationsverlauf in Abb. 56: demonstriert. Doch jeweils nach kurzer Zeit kann sich das System mit der einfachen obigen Strategie wieder erholen. Trotz schwerer Krisen ist der Mensch in Periode 15 zufrieden und ausgeglichen, erfreut sich höchster sozialer Anerkennung, konsumiert nur gelegentlich Drogen mit abnehmender Tendenz und kann schnell neue gute Beziehungen aufbauen. Das Suizidrisiko ist minimal, die Lebensfähigkeit scheint langfristig gesichert.

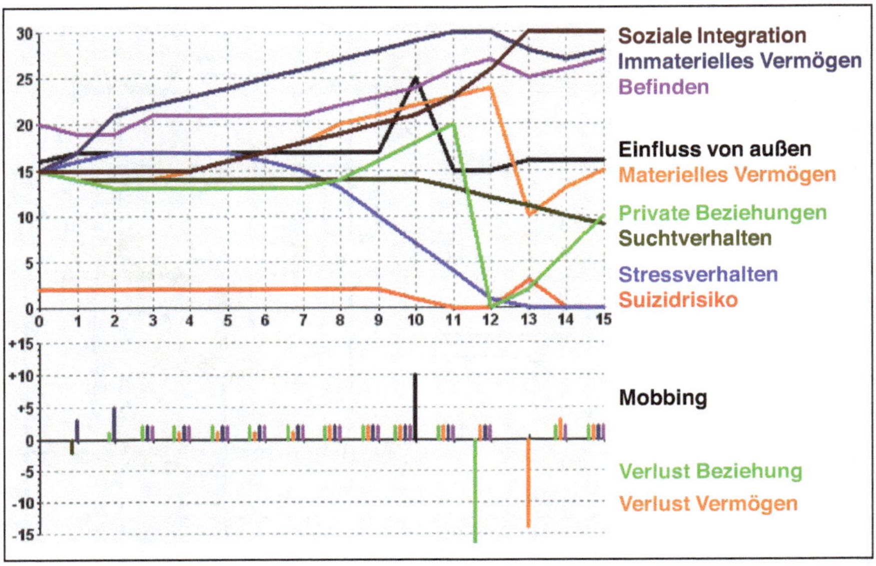

Abb. 56: Simulationsverlauf mit Krisentest bei ‚Coaching-Strategie'

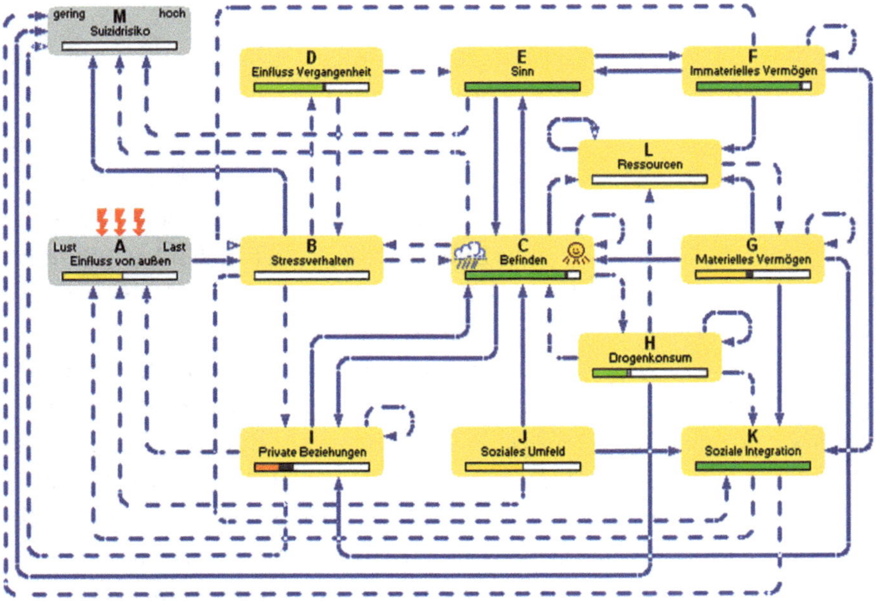

Abb. 57: Endzustand nach 15 Perioden bei ‚Coaching-Strategie' nach Krisentest

5.4.6 *Viabilitätstest 4: ‚Ego-Strategie' bei erhöhtem Stress*

Ausgangslage

Die vierte Simulation erfolgt als ‚Ego-Strategie', bei der das persönliche Wohlbefinden ‚gepusht' wird, ebenfalls unter exakt gleichen Bedingungen wie der zweite und dritte Viabilitätstest. Erneut startet die Variable A ‚Einfluss von außen' mit einer leicht erhöhten Stressbelastung von 16.

Ressourcen-Strategie

Die Systemstrategie wurde noch einmal deutlich verändert. Diesmal fließen sämtliche Ressourcen in das persönliche Befinden. Erst wenn der euphorische Maximalzustand des Befindens erreicht ist, fließen die restlichen noch vorhandenen Ressourcenpunkte in die Privaten Beziehungen.

Periode 1–10: **[C]+max., [I]** Restpunkte

Simulationsablauf

Die Pushung des persönlichen Wohlbefindens benötigt fast alle Ressourcen. Obwohl alle anderen Bereiche vernachlässigt werden, schwingt sich das System nach anfänglich leicht schlechter werdenden Beziehungen, sinkendem materiellen Vermögen [auf das persönliche Minimalniveau] und leicht steigendem Suchtmittelkonsum in ein stabiles Gleichgewicht ein. Der euphorische Maximalzustand des Befindens kann tatsächlich erreicht und bis zur Periode 10 aufrechterhalten werden [wenn auch unter ständig großem Ressourceneinsatz].

Ergebnis

So wie die vorige Strategie ‚Stärkung des Immateriellen Vermögens' scheint auch die hier getestete ‚Ego-Strategie' zu passen. Bis auf das Befinden liegen die meisten Variablen zwar nur im unteren Normalbereich, aber das System verhält sich langfristig stabil und das Suizidalitätsrisiko ist minimal. Die recht einseitige Strategie erweist sich bei leicht erhöhtem Stress also zumindest als geeigneter als eine sture Gleichverteilung der Ressourcen (wie im Viabilitätstest 2). Doch ist sie auch geeignet, um größere Krisen zu überstehen?

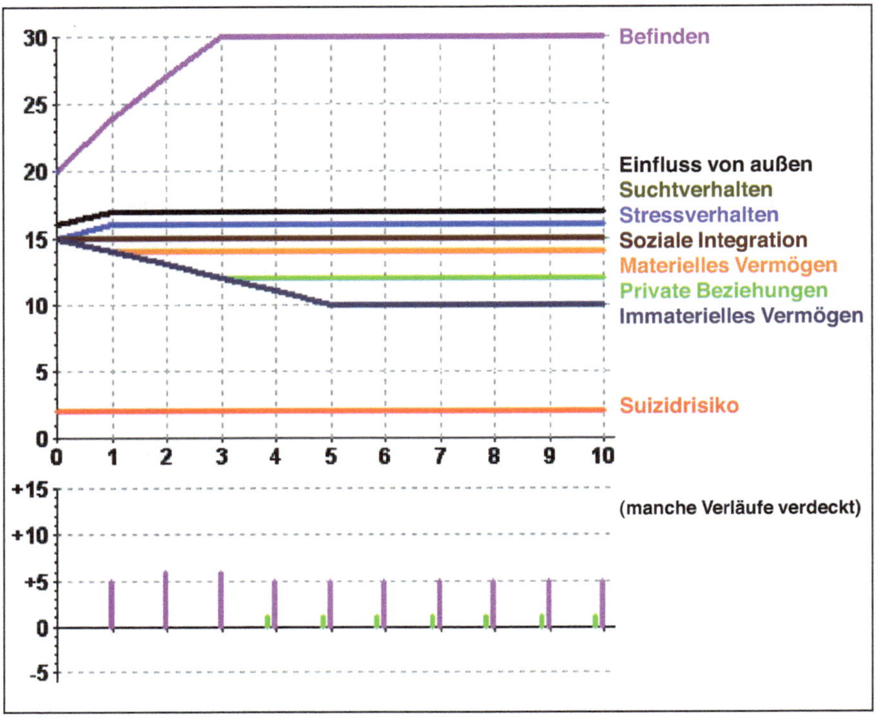

Abb. 58: Simulationsverlauf bei ‚Ego-Strategie' und erhöhtem Stress

Krisentest

Wie im Viabilitätstest 3 wird das System ab Periode 10 durch die gleichen drei einschneidenden Krisen erschüttert. Die erste Krise [Mobbing am Arbeitsplatz] kann durch das kaum erschütterliche Selbstvertrauen und Wohlbefinden noch schnell kompensiert werden. Die zweite Krise [Verlust einer engen Beziehung] führt dagegen zu einem deutlich sinkenden Befinden. Als die dritte Krise die Testperson in die finanzielle Not treibt, sinkt das Befinden erneut deutlich, die Person wird immer häufiger von der Gesellschaft gemieden, der Suchtmittelkonsum steigt, Versuche, neue Beziehungen aufzubauen, scheitern und zum erneuten Pushen des Befindens stehen nicht mehr ausreichend Ressourcen zur Verfügung.

Auch das Suizidrisiko steigt gefährlich an, und das System droht kurz- bis mittelfristig zusammenzubrechen. Die ‚Ego-Strategie' erweist sich als bei leicht erhöhtem Stress noch als passend, zur Bewältigung größerer Krisen aber als ungeeignet.

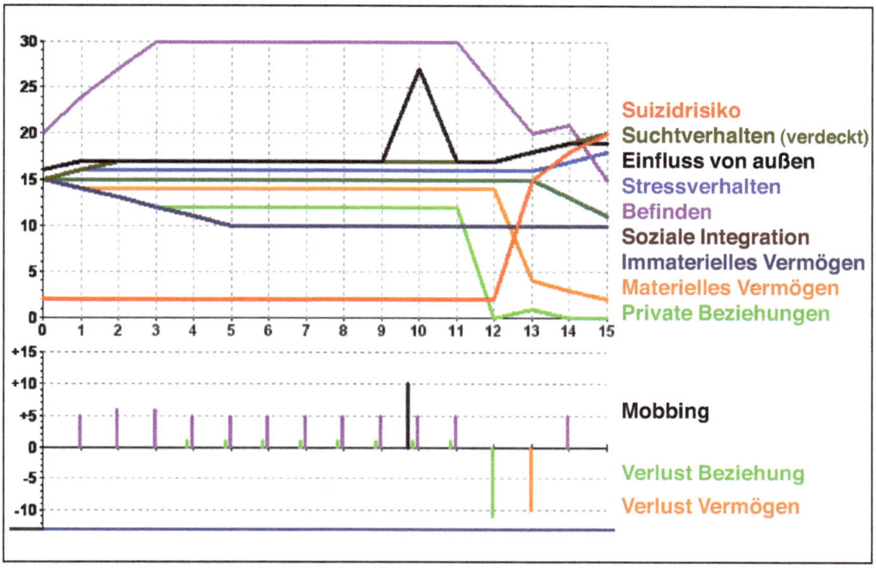

Abb. 59: Simulationsverlauf mit Krisentest bei ‚Ego-Strategie'

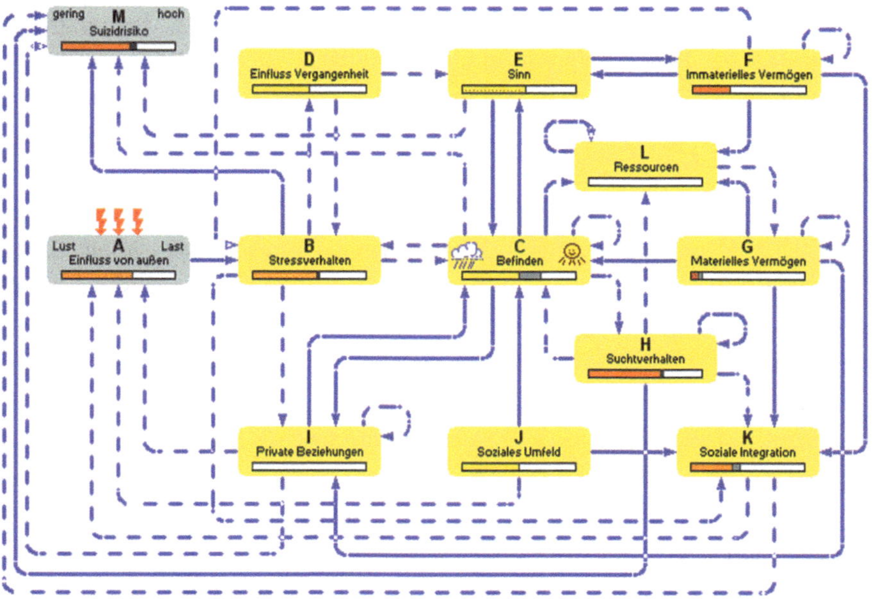

Abb. 60: Endzustand nach 15 Perioden bei ‚Ego-Strategie' nach Krisentest'

5.5 Fazit: Ergebnisse der Simulationen

Mit dem erarbeiteten Simulationsmodell wurden – ausgehend von einem einheitlichen Ausgangszustand – drei Grundstrategien auf langfristige Lebensfähigkeit [Viabiliät] getestet.

- **‚Alltagstrott-Strategie':** Gleichverteilung der verfügbaren Ressourcen auf alle Lebensbereiche
- **‚Coaching-Strategie':** Anfängliche Stärkung des Immateriellen Vermögens und anschließende Gleichverteilung der Ressourcen
- **‚Ego-Strategie':** Pushung des persönlichen Wohlbefindens

Bei gewohntem Normalstress erweisen sich alle drei Strategien als passend, denn das System verhält sich stabil und das Suizidrisiko bleibt minimal.

Bei leicht erhöhtem Stress ist die ‚Alltagstrott-Strategie' nicht mehr geeignet. Die Testperson ist mit dem nicht gewohnten Umgang mit erhöhtem Stress überfordert und reagiert mit zunehmender Aggressivität nach außen oder Rückzug und Aggressivität sich selbst gegenüber, die das System ab Periode 7 fast schlagartig umkippen lässt. Sowohl bei der ‚Coaching-Strategie' als auch bei der ‚Ego-Strategie' pendelt sich das System dagegen auf einem langfristig stabilen Gleichgewicht ein. Beide Strategien sind somit passend. Welche besser oder optimaler ist, ist nur von dem jeweiligen Menschen selbst zu entscheiden. Bei beiden ist das Suizidrisiko minimal.

Bei mehrfachen einschneidenden Krisen ist dann auch die ‚Ego-Strategie' überfordert. Die Ressourcen reichen nicht mehr aus, um einerseits das Wohlbefinden hoch zu halten und andererseits andere zunehmend bröckelnde Lebensbereiche zu sanieren. Das System wird mit jeder Krise zunehmend instabil und das Suizidrisiko steigt. Dagegen kehrt das System mit der ‚Coaching-Strategie' auch nach großen Krisen schnell wieder in ein stabiles Gleichgewicht zurück. Die Testperson hat rechtzeitig gelernt, mit erhöhtem Stress konstruktiv umzugehen und Krisen nicht nur als Bedrohung zu sehen, sondern auch als Chancen für die persönliche Weiterentwicklung, so dass das krisenresistente System langfristig stabil zu sein scheint – ohne nennenswerte Suizidrisiken.

Als Ergebnis lässt sich folgende These formulieren, deren Aussagen im folgenden Kapitel 6 als Epilog weiter ausgeführt werden:

These 7: Überlebens-Strategien

Bei niedrigem Stressniveau gibt es viele Strategien, die die Lebensfähigkeit eines Systems gewährleisten und das Suizidrisiko minimieren. Mit zunehmender Menge oder Intensität an störenden Einflüssen bzw. Ereignissen sinkt die Zahl der passenden Strategien. Als besonders stress- und krisenresistent erweisen sich Strategien, die möglichst frühzeitig das immaterielle Vermögen stärken, indem Möglichkeiten zur Selbstreflexion geschaffen werden, die eigene Selbstverantwortung gestärkt, ein Sinn im Leben entdeckt und Krisenkompetenz erworben wird.

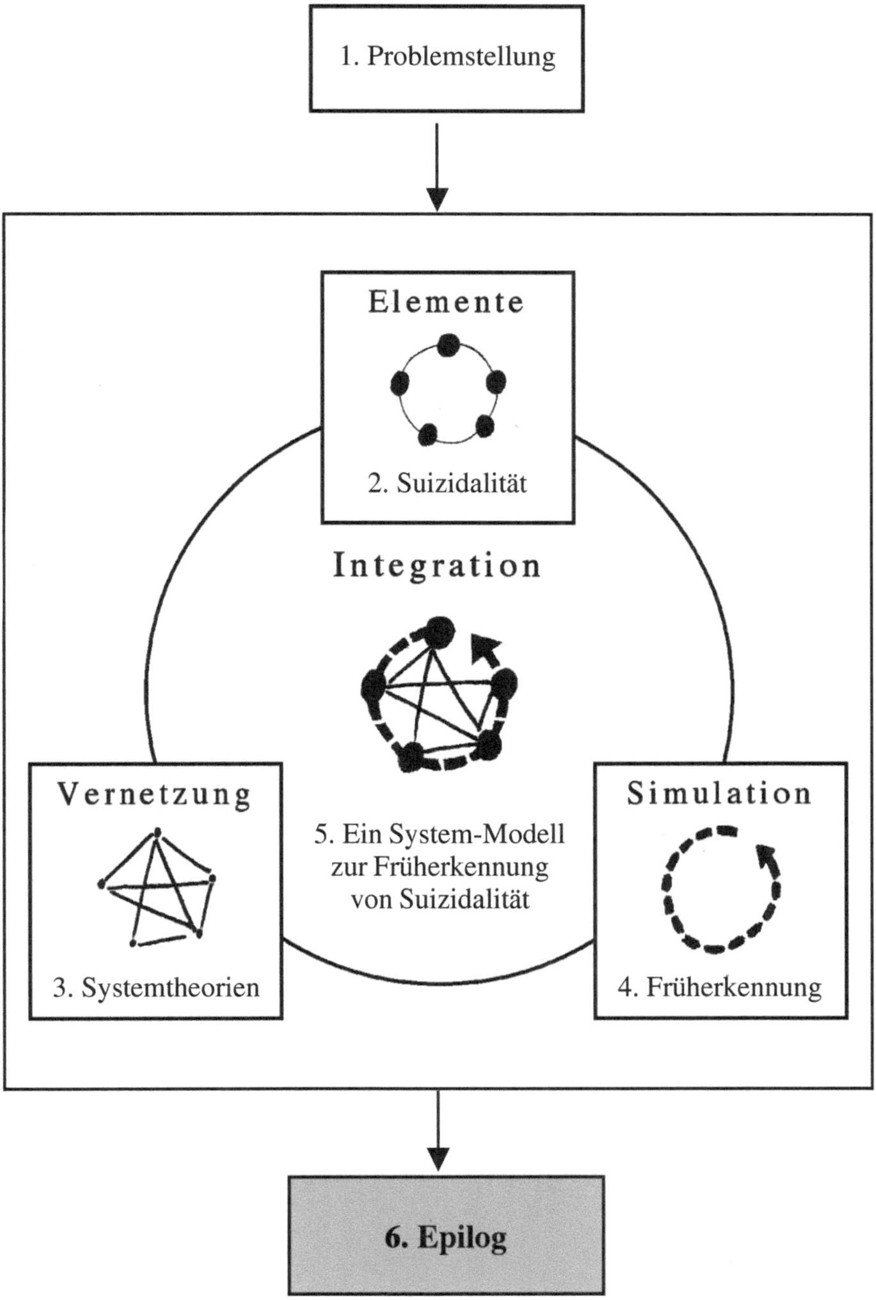
1. Problemstellung
Elemente
2. Suizidalität
Integration
Vernetzung
3. Systemtheorien
5. Ein System-Modell zur Früherkennung von Suizidalität
Simulation
4. Früherkennung
6. Epilog

6 Epilog: Entwicklungen spielen – spielend entwickeln

„Man kann den Menschen nichts beibringen. Man kann ihnen nur helfen, es in sich selbst zu entdecken."
(Galileo Galilei)[105]

Das Suizidphänomen zählt nicht nur für Mediziner und Psychologen, sondern auch für Sozialwissenschaftler zu einem der „dornigsten Probleme" (Schmidtchen 1989, 31).

Während die Zahl der Todesopfer durch Verkehrsunfälle in Deutschland dank technischer Innovationen in den letzten 30 Jahren drastisch um ca. 70% reduziert werden konnte,[106] ist die Suizidrate trotz intensiver Forschungsbemühungen, die in Kapitel 2 vorgestellt wurden, nur geringfügig gesunken. Der Mensch ist eben kein Automobil, sondern eine „nicht-triviale Maschine" (Foerster 1993, 206f.). Ein sehr komplexes Netzwerk aus nicht-linear rückgekoppelten intrazellulären, neurophysiologischen, hormonellen, sensorischen, motorischen, psychischen, kommunikativen und semiotischen Prozessen führt zu einer Vielzahl von möglichen Systemzuständen und macht Vorhersagen über Reaktionen auf bestimmte Eingaben kaum möglich, wie Kapitel 3 beschrieb. Das erschwert das Erfinden eines ‚Airbags' zum Schutz vor emotionalen Unfällen, wie Trennung, Enttäuschung oder Mobbing.

Meistens ergeben sich Krisen nicht aus heiterem Himmel, sondern deuten sich vorher – zunächst mit schwachen Signalen – an, wie moderne Früherkennungssysteme aus der Betriebswirtschaft zeigen können (vgl. Kapitel 4). Eine große Gefahr – auch bei suizidalen Tendenzen – entsteht aus schleichenden Entwicklungen mit Zeitverzögerungen, die zunächst zu kaum spürbaren leichten Veränderungen führen und sich erst bei Erreichen kritischer Grenzwerte über positive Rückkopplungen in sehr kurzer Zeit zu einer bedrohlichen Lebenskrise aufschaukeln können. [Im Simulationsmodell zeigte der Viabilitätstest 2 (ab Seite 142) beispielhaft, wie leicht erhöhter Stress über der natürlichen Belastungsgrenze zu lange kaum spürbarer Steigerung des Aggressionspotentials führt. Erst nach mehreren Perioden begann das System

---

105 Zit in: Norman Rentrop Verlag (2007).

106 Lt. Statistischem Bundesamt gab es 1974 ca. 18.000 Verkehrstote und 2001 ca. 5.500.

sich scheinbar plötzlich und überraschend über positive Regelkreise aufzuschaukeln, um kurz darauf komplett zusammenzubrechen.]

Um die Suizidrate spürbar zu senken, könnte ein Instrument von Nutzen sein,

- das zur Frühwarnung vor einer sich entwickelnden Krise geeignet ist,
- das Möglichkeiten eröffnen kann, frühzeitig geeignete „Überlebensstrategien“ und Lebensfähigkeiten zu entdecken und zu erwerben und
- das zu der Erkenntnis verhilft, dass schwierige Lebenslagen und Krisen nicht unabänderlich zwangsläufig in einer Katastrophe enden müssen.

Das zu diesem Zweck entwickelte und in Kapitel 5 vorgestellte Simulationsmodell erhebt keinen Anspruch, einen Menschen in all seinen Facetten realistisch abzubilden. Auch wenn die Studien und Anregungen verschiedener Experten in die Auswahl der Variablen und die Verläufe der Wirkungsfunktionen zwischen den Variablen eingeflossen sind, kann das Modell immer nur beispielhafte Wirklichkeiten abbilden.

Das Wirkungsgefüge soll dazu anregen, den Menschen als Ganzes zu betrachten. Die Integration verschiedener Erklärungsperspektiven aus unterschiedlichen Wissenschaftsdisziplinen in einem Modell soll dem multikausalen Charakter des Suizid-Phänomens gerecht werden.

Das Simulationstool eröffnet zudem die Chance, quasi spielerisch selbst zu entdecken, wie die knappen menschlichen Ressourcen – Geld, Zeit und Aufmerksamkeit – möglichst effektiv im Sinne von langfristiger Lebensfähigkeit verteilt werden können.

Die Betonung liegt hier auf **Spiel.**[107] Und so wäre es ideal, das vorgestellte Modell zu einer gängigen Computer-Spielversion weiter zu entwickeln.[108] Es wäre auch

[107] Auch in der betrieblichen Praxis kann dem Spiel eine wichtige Bedeutung zukommen, wie Kahle beschreibt: „Zur Unterstützung von Entscheidungsträgern der Wirtschaft bei komplexen Problemstellungen kann es nicht darum gehen, komplizierte Optimierungsrechnungen durchführende Instrumente in die Hand zu geben auch wenn diese möglicherweise exakte Ergebnisse berechnen können. Es sollte eher darum gehen, ihnen eine Gedankenwelt zu vermitteln, in der sie sich zukünftige Situationen vorstellen und geeignete Analysemöglichkeiten und Handlungen einüben können. Modelle werden dabei nicht als Instrumente zur Analyse oder Optimierung angesehen, sondern als Übungswelten oder Diskursarenen.“ (Kahle 2001, 19f.).

[108] Als Vorbild könnte das von Vester entwickelte Computer-Simulationsspiel „Ecopolicy“ (2000) dienen, bei dem ein Spieler die Aufgabe bekommt, ein fiktives Land möglichst effektiv durch Verteilung von Systemressourcen zu regieren.

denkbar, die Simulationsverläufe in Form eines Spielfilms anschaulich zu machen. (Hieraus könnte sich ein spannendes Projekt für ein interdisziplinäres Studententeam ergeben.)

Mit den Medien Spiel oder Spielfilm eröffnet sich ein vorrangig nonverbaler Zugang zu dem Tabuthema ‚Suizid', der vor allem Jugendlichen – einer besonders gefährdeten Zielgruppe – entgegenkommt. In dieser öfter problembeladenen Entwicklungsphase sind Eltern und Lehrer mit ihren Ratschlägen, Tipps, Belehrungen und Warnungen wenig gefragt und bei allem guten Willen wenig hilfreich. Der Einsatz von Spiel und Film in Schulen,[109] Universitäten etc. könnte mit anschließenden Diskussionsrunden und kleineren Arbeitsgruppen oder auch in Gesprächen mit Gleichaltrigen dazu führen, über eigene Handlungsoptionen nachzudenken und Verbündete bzw. Ansprechpartner in der Krise zu finden.

Ökonomische Einschränkung

Selbst wenn die ‚Erfolgsgeheimnisse' eines langen, gesunden und erfüllten Lebens bekannt sind, ist dies noch kein Garant dafür, dass sich ein Mensch auch immer nach ihnen richtet. Er kann vielmehr gute ökonomische Gründe für Verhaltensweisen haben, die der langfristigen Lebensfähigkeit entgegenstehen, wie der „ökonomische Ansatz zur Erklärung menschlichen Verhaltens" beschreibt, für den Gary S. Becker 1992 den Nobelpreis für Wirtschaftswissenschaften erhielt:

> Eine gute Gesundheit und ein langes Leben sind für die meisten Menschen wichtige Ziele, aber sicher braucht man nur einen kurzen Augenblick nachzudenken, um sich klar zu machen, daß sie nicht die einzigen Ziele sind: Es kann sein, daß man etwas von der besseren Gesundheit oder einem längeren Leben opfert, weil es andere konfligierende Ziele gibt. Der ökonomische Ansatz impliziert, daß es eine ‚optimale' erwartete Lebensdauer gibt, bei der der Nutzen eines zusätzlichen Lebensjahres geringer ist als der Nutzenentgang, der durch den Aufwand an Zeit und anderen Ressourcen zur Gewinnung dieses einen Lebensjahres entsteht. Wenn daher jemand ein starker Raucher ist, oder sich derart seiner Arbeit widmet, daß er darüber jede Bewegung vernachlässigt, so nicht notwendigerweise deshalb, weil er sich über die Konsequenzen nicht im klaren ist, oder weil er ‚unfähig' ist, die ihm zur Verfügung stehenden Informationen zu nutzen, sondern möglicherweise deshalb, weil die zu gewinnende Lebensspanne für ihn die Kosten des Verzichts auf das Rauchen, oder der weniger intensiven Arbeit nicht aufwiegt. Dies wären unkluge Entscheidungen, wenn ein langes Leben das einzige Ziel wäre, aber solange andere Ziele existieren, können solche Entscheidungen informiert und in diesem Sinne ‚klug' sein. (Becker 1993, 9).

---

[109] Hohendorf merkt an, dass „Simulationsspiele, gerade in Formen einer systemisch-konstruktivistischen Ausgestaltung, im Schulalltag bisher ein Schattendasein führen" (2002, 346), und diskutiert Chancen und Schwierigkeiten bei der Einführung (346–348).

Wenn man diesem ökonomischen Ansatz konsequent folgt, ergibt sich eine sehr erweiterte Definition von Suizidalität. Denn hiernach wären auch sehr viele ‚natürliche' Todesfälle Suizide, in dem Sinne, dass eine Person sie hätte hinausschieben können, wenn sie mehr Ressourcen in die langfristige Lebensfähigkeit investiert hätte.

Fazit

Es gibt kein dauerhaft stabiles Gleichgewicht. Immer wieder muss ein Mensch erneut eine Entscheidung treffen, wie er seine knappen Ressourcen verteilt. Für diese ökonomische Kunst gibt es kein Patentrezept. Auch bisher erfolgreiche Strategien können plötzlich nicht mehr funktionieren. Denn regelmäßig wird das Gleichgewicht durch innere und äußere Ereignisse gestört – durch Freude und Lust bringende Ereignisse, aber auch durch traurige und frustrierende.

Darum ist es zur Stärkung der Lebensfähigkeit eines Menschen wichtig, möglichst frühzeitig[110] gewisse Fähigkeiten, Verhaltensmuster und Einsichten zu entwickeln bzw. sich ihrer bewusst zu werden und entsprechend einzusetzen.

Es geht darum, die **Selbstverantwortung** zu **entdecken** – den eigenen Entscheidungsfreiraum zwischen Reiz und Reaktion[111]: Es ist nicht entscheidend was außen passiert. Ich bin es, der den Impulsen von außen Bedeutung gibt.

Es geht nicht darum, Schicksalsschläge und Trauer zu verdrängen oder jeder sich anbahnenden Krise aus dem Weg zu gehen. Sondern es geht darum, **Krisenkompetenz** zu **entwickeln**, mit der Einsicht, dass eine Krise neben der Gefahr immer auch eine Lernchance bietet:

---

[110] In noch stressfreiem entspannten Zustand lernt es sich nachweislich leichter (Vester 1991c, 135 ff.), und ein Training neuer Verhaltensmuster braucht Zeit, eventuell sogar mehrere Jahre. Auch Zuversicht und Geduld sind gefragt, wenn über längere Zeit die persönliche Weiterbildung vorangestellt und andere Lebensbereiche wie private Beziehungen vernachlässigt werden. Der Erfolg lässt oft auf sich warten und stellt sich dann im Idealfall erst später in Form eines krisenresistenten stabilen Gesamtsystems ein. Das aus der Not heraus geborene Lernen in der Krise kommt dagegen sehr spät, oft zu spät.
Hier passt die Metapher vom chinesischen Bambus: „In den ersten vier Jahren nach der Pflanzung wächst dieser fast ausschließlich unter der Erde. Im fünften Jahr aber schießt er bis zu 30 Meter in die Höhe." (Hansch 2006, 5),

[111] „Wir sehen nicht mit den Augen: wir sehen mit unserem Gehirn. Wir hören nicht mit den Ohren: wir hören mit unserer Erinnerung. Wir fügen den Gegenständen und Ereignissen der Außenwelt etwas hinzu, was wir zusammen dann Wirklichkeit nennen." (Sprenger 1995, 96).

**„Krisen sind schmerzhaft und gefährlich.
Sie sind lebensnotwendig und die einzige Chance,
sich weiterzuentwickeln.
Krisen sind normal. Krisen sind das Leben.“**

(Christine Swientek 1990, 134)

Es geht darum, die **Aufmerksamkeit** zu **schulen** – sich selbst und anderen gegenüber. Zeit und meist auch Geld sind knappe Ressourcen. Daher ist die Aufmerksamkeit der größte Hebel zur Erweiterung des Handlungsspielraums: „Wenn es Ihnen gelingt, einem Menschen eine halbe Stunde aufmerksam zuzuhören, könnte es sein, dass Sie ihm den Gang zum Therapeuten ersparen. Aufmerksames Zuhören ist übrigens eine sehr anstrengende Sache. Das schafft nicht jeder.“ (Adl-Amini 1995).

Und schließlich geht es darum, **wertvolle Beziehungen** zu **pflegen**, um so zumindest einen vertrauten Menschen in seiner Nähe zu wissen. Denn: „Ist es einmal so weit, daß man einen wirklich guten Kontakt zu einem Menschen gewonnen hat, verliert man ihn kaum mehr durch Selbstmord.“ (Ringel 2005, 205)

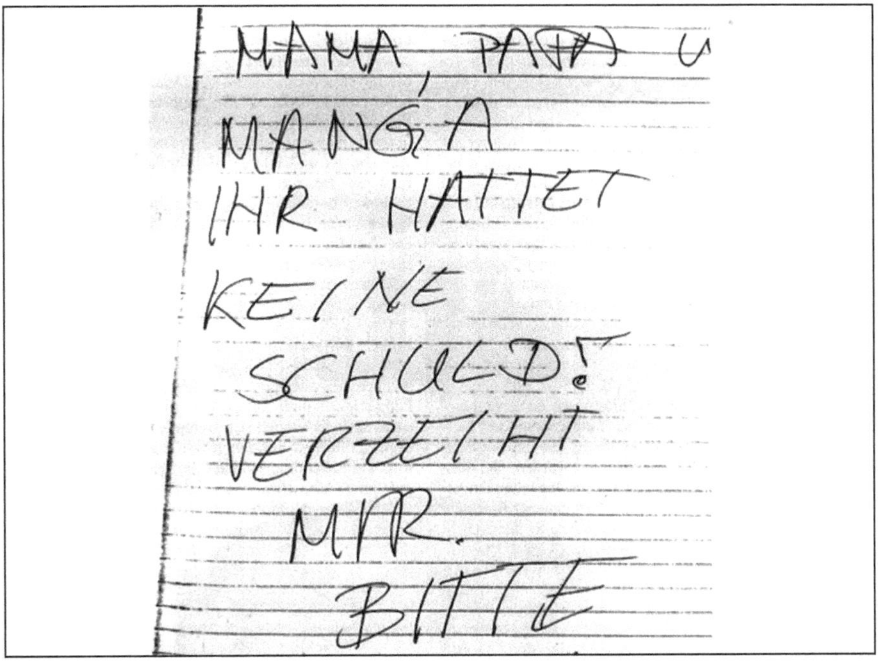
MAMA, PAPA u
MANGA
IHR HATTET
KEINE
SCHULD!
VERZEIHT
MIR.
BITTE

Abb. 61: Abschiedsbrief
(Quelle: Zimmermann/Heinemann/Püschel 2004, 271)

7 Verzeichnisse

Dem Leben ins Gesicht zu sehen,
immer,
dem Leben ins Gesicht zu sehen
und es als das zu erkennen,
was es wirklich ist,
es endlich als das zu erkennen
und zu lieben, was es ist,
und es dann fortzugeben.
(Virginia Woolf)[112]

7.1 Verzeichnis der Thesen

---

[112] Zit. in: „The Hours. Von Ewigkeit zu Ewigkeit.“ (Spielfilm).

bzw. Ereignissen. Damit beschreibt Wahrnehmung keine passive Aufnahme und Wiedergabe von Informationen, sondern einen aktiven Interpretationsprozess, durch den ein Mensch seine subjektive Wirklichkeit selbst konstruiert.

These 4: Autonomie als Freiraum zwischen Reiz und Reaktion 47

Zwischen Reiz und Reaktion hat ein Mensch bei der Konstruktion seiner subjektiven Wirklichkeit einen Entscheidungsfreiraum innerhalb dessen er aus verschiedenen Möglichkeiten frei wählen kann. Damit ist ein Mensch für seine individuellen Modelle von der Wirklichkeit, die sein Verhalten prägen, und somit auch für seine Lebensumstände innerhalb dieses Entscheidungsraums selbst verantwortlich.

These 5: Lebensfähigkeit von komplexen Systemen 49

Lebensfähigkeit steht für die Möglichkeiten und Bereitschaft eines Systems, ein der jeweiligen Lebenssituation angepasstes Gleichgewicht herstellen zu können, indem auf Störungen bzw. veränderte Rahmenbedingungen mit ‚passenden' Verhaltensweisen reagiert wird.

These 6: Suizidalität aus systemtheoretischer Perspektive 60

Suizidalität beschreibt ein Phänomen, bei dem ein Mensch keine adäquate Anpassungsleistung an sich veränderte Lebensbedingungen erbringen kann oder will. Selten ist ein einzelner Auslöser ursächlich für die Suizidhandlung, sondern mehrere Störungen haben schon vorher zur Instabilität des Systems beigetragen – einem Zustand, in dem bei Überschreiten eines kritischen Grenzwertes kleine Ursachen zu großen Wirkungen führen können.

These 7: Überlebens-Strategien 153

Bei niedrigem Stressniveau gibt es viele Strategien, die die Lebensfähigkeit eines Systems gewährleisten und das Suizidrisiko minimieren. Mit zunehmender Menge oder Intensität an störenden Einflüssen bzw. Ereignissen sinkt die Zahl der passenden Strategien. Als besonders stress- und krisenresistent erweisen sich Strategien, die möglichst frühzeitig das immaterielle Vermögen stärken, indem Möglichkeiten zur Selbstreflexion geschaffen werden, die eigene Selbstverantwortung gestärkt, ein Sinn im Leben entdeckt und Krisenkompetenz erworben wird.

7.2 Literaturverzeichnis

Ackermann, Walter/Ruf, Sabine (Hg.) (1990): *Was leisten Frühwarnsysteme für die Assekuranz?* St. Gallen.

Adl-Amini, Bijan (1995): Interview. In: Langbehn, Claus/Harm, Jörg (1995): „Sinnlosigkeit und Suizidversuche". [Dokumentarfilm].

Adl-Amini, Bijan (2004): *Krisenpädagogik Band II: Krise und Entwicklung*. Darmstadt.

Adl-Amini, Bijan (2005): *Krisenpädagogik Band I: Veränderung und Sinn*. 3. Aufl. Darmstadt.

Adl-Amini, Bijan (2007): „Krisen im Leben und Arbeitsleben – Chancen zum Wachsen". URL: http://www.krisennavigator.de/akfo78-d.htm [Stand 17. 3. 2007].

Adler, Alfred (1937): „Selbstmord". In: Internationale Zeitschrift für Individualpsychologie 15/1937. S. 49–52.

Adler, Alfred/Freud, Sigmund (1910): „Über den Selbstmord, insbesondere den Schüler-Selbstmord. Diskussionen des Wiener psychoanalytischen Vereins." Hg. von der Vereinsleitung. 1. Heft. Wiesbaden.

Ansoff, H. Igor (1976): „Managing Surprise and Discontinuity: Strategic Response to Weak Signals". In: Zeitschrift für betriebswirtschaftliche Forschung 1976. S. 129–152.

Ansoff, H. Igor (1981): „Die Bewältigung von Überraschungen und Diskontinuitäten durch die Unternehmensführung. Strategische Reaktionen auf schwache Signale". In: Steinmann, H. (Hg.) (1981): *Planung und Kontrolle*. München. S. 233–264.

Auhagen, Ann E. (Hg.) (2004): *Positive Psychologie. Anleitung zum ‚besseren' Leben*. Weinheim/Basel.

Baecker, Dirk (2004): „Vorwort". In: Luhmann, Niklas (2004): *Einführung in die Systemtheorie*. 2. Aufl. Heidelberg. S. 7–10.

Bateson, Gregory (1981): *Ökologie des Geistes. Anthroplogische, psychologische, biologische und epistemologische Perspektiven*. Frankfurt. [Orig.: 1972].

Bateson, Gregory (2002): *Geist und Natur. Eine notwendige Einheit*. Frankfurt. [Orig.: 1979].

Bauer, Joachim (2006): „Depressive Gesundheitsstörungen". URL: http://www.psychotherapie-prof-bauer.de/depression.htm [Stand 29.6.2006].

Bauer, Joachim (2007): „Seele und Körper: Psychotherapie und moderne Neurowissenschaft". URL: http://www.psychotherapie-prof-bauer.de/selkframe.htm [Stand 6. 2. 2007].

Beck, A. T. et al. (1975): „Hopelessness and Suicidal Behavior. An Overview". In: JAMA 234/1975. S. 1146–1149.

Becker, Gary S. (1993): *Der ökonomische Ansatz zur Erklärung menschlichen Verhaltens*. 2. Aufl. Tübingen. [Orig.: The Economic Approach to Human Behavior. Chicago, 1976].

Bertalanffy, Ludwig von (1970): *Aber vom Menschen wissen wir nichts*. Düsseldorf.

Bertram, Ulrich (1993): *Früherkennungsorientierte Steuerung: Theoretische Grundlagen und Anwendung für Versicherungsunternehmen*. München/Mering. [Zugl.: Hannover, Univ., Diss., 1993].

Bluma, Lars (2005): Norbert Wiener und die Entstehung der Kybernetik im Zweiten Weltkrieg. Münster. [Zugl.: Bochum, Univ., Diss., 2004].

Bronisch, Thomas (2002): „Depression“. In: Bronisch, Thomas/Götze, Paul/Schmidtke, Armin/Wolfersdorf, Manfred (Hg.) (2002): *Suizidalität. Ursachen – Warnsignale – therapeutische Ansätze*. Stuttgart/New York. S. 155–174.

Bronisch, Thomas/Brunner, Jürgen (2002): „Neurobiologie“. In: Bronisch, Thomas/Götze, Paul/Schmidtke, Armin/Wolfersdorf, Manfred (Hg.) (2002): *Suizidalität. Ursachen – Warnsignale – therapeutische Ansätze*. Stuttgart/New York. S. 155–174.

Buchinger, Gerhard (Hg.) (1983): *Umfeldanalysen für das strategische Management*. Wien.

Bundesministerium für Gesundheit (2007): „Homepage“. URL: http://www.bmg.bund.de [Stand: 17.3.2007].

Covey, Stephen R. (1995): *Die sieben Wege zur Effektivität: ein Konzept zur Meisterung Ihres beruflichen und privaten Lebens*. 5., durchges. Aufl. Frankfurt am Main/New York.

Dankwarth, Gerhard/Püschel, Klaus (1991): „Suizide im Senium“. In: Z Gerontol 24/1991. S. 12–16.

Dekker, W. (1998): „Die Zukunft wird uns immer überraschen, aber sie sollte uns nicht überrumpeln“. In: Henzler, Herbert A. (1988): *Handbuch Strategische Führung*. Wiesbaden. S. 837–839.

Dispenza, Joe (2004): Interview. In: Arnitz, Willliam/Chasse, Betsy/Vicente, Mark (2004): „What the Bleep do we (k)now!? Ich weiß, dass ich nichts weiß!“. [Dokumentarfilm].

Durkheim, Emile (1999): *Der Selbstmord*. Frankfurt am Main. [Orig.: *Le Suicide*. Paris: 1897; erste deutsche Übersetzung: *Der Selbstmord*. Neuwied: 1969].

Etzersdorfer, Elmar et al. (2002): „Persönlichkeitsstörungen“. In: Bronisch, Thomas/Götze, Paul/Schmidtke, Armin/Wolfersdorf, Manfred (Hg.) (2002): *Suizidalität. Ursachen – Warnsignale – therapeutische Ansätze*. Stuttgart/New York. S. 175–201.

Farberow, N. L./Shneidman, E. S. (1961): *The Cry for Help*. New York

Fiedler, Georg (2005): „Suizide, Suizidversuche und Suizidalität in Deutschland. Daten und Fakten 2003“. URL: http://www.suicidology.de/online-text/daten.pdf [Stand April 2005].

Fiedler, Georg (2007): „Suizidprävention in Hamburg“. Vortrag im Rahmen der Tagung „Suizidalität und Suizidprävention“ in der Ärztekammer Hamburg am 27.2.2007.

Fleig, Alfonds Bertold (1995): *Neuropsychologische und biochemische Studien zu Suizidalität, Depressivität und Aggressivität: HPLC-Untersuchungen zum Serotonien- und Katecholamin-Stoffwechsel*. Würzburg.

Foerster, Heinz von (1985): *Sicht und Einsicht: Versuche zu einer operativen Erkenntnistheorie*. Braunschweig/Wiesbaden.

Foerster, Heinz von (1993): *Wissen und Gewissen. Versuch einer Brücke*. Frankfurt am Main.

Foerster, Heinz von (1994): „Das Konstruieren einer Wirklichkeit“. In: Watzlawick, Paul (Hg.) (1994): *Die erfundene Wirklichkeit: Wie wissen wir, was wir zu wissen glauben*. 8. Aufl. München. S. 39–60.

Foerster, Heinz von (2005): „Entdecken oder Erfinden. Wie läßt sich Verstehen verstehen?“ In: Gumin, Heinz/Meier, Heinrich (Hg.) (2005): *Einführung in den Konstruktivismus*. 8. Aufl. München. S. 41–88.

Franck, Georg (2004): „Aufmerksamkeit – die neue Währung". In: Psychologie Heute (Hg.) (2004): *Faszination Psychologie. Glanzlichter aus drei Jahrzehnten*. Weinheim/Basel. S. 56–57.

Frankl, Victor E. (1980): *Der Mensch vor der Frage nach dem Sinn. Eine Auswahl aus dem Gesamtwerk*. 2. Aufl. München.

Frankl, Victor E./Kreuzer, Franz (1982): *Im Anfang war der Sinn. Von der Psychoanalyse zur Logotherapie*. München.

Freeman, Arthur (1995): *Selbstmordgefahr? Erkennen und Behandeln: Kognitive Therapie bei suizidalem Verhalten*. Bern.

Freud, Sigmund (1917): „Trauer und Melancholie". In: Freud, Sigmund (1974): *Gesammelte Werke*. Frankfurt am Main.

Fuchs, Josef/Schwantag, Karl (Hg.) (1985): *agplan: Handbuch der Unternehmensplanung*. Berlin.

Gerisch, Benigna et al. (2006): „Zur Entwicklung der Theorien suizidalen Erlebens und Verhaltens im deutschen Sprachraum". URL: http://www.uke.uni-hamburg.de/extern/tzs/suizidalitaet/information/frame_d.html [Stand: 15. 6. 2006]

Gibbs, Jack P./Martin, Walter T. (1964): *Status integration and suicide*. Eugene.

Giddens, Anthony (1997): *Die Konstitution der Gesellschaft. Grundzüge einer Theorie der Strukturierung*. Frankfurt am Main/New York.

Glasersfeld, Ernst von (1994): „Einführung in den radikalen Konstruktivismus". In: Watzlawick, Paul (Hg.) (1994): *Die erfundene Wirklichkeit: Wie wissen wir, was wir zu wissen glauben*. 8. Aufl. München.

Glasersfeld, Ernst von (2005): „Konstruktion der Wirklichkeit und des Begriffs der Objektivität". In: Foerster, Heinz von et al. (2005): *Einführung in den Konstruktivismus*. 8. Aufl. München. S. 9–39.

Götze, Paul (2002): „Erklärungsmodelle der psychoanalytischen Aggressions- und Narzissmustheorie". In: Bronisch, Thomas/Götze, Paul/Schmidtke, Armin/Wolfersdorf, Manfred (Hg.) (2002): *Suizidalität. Ursachen – Warnsignale – therapeutische Ansätze*. Stuttgart/New York. S. 115–128.

Götze, Paul (2007): „Was ist Suizidalität? Biologische, kultur-anthropologische, soziologische, psychiatrische und psychoanalytische Perspektiven." Vortrag im Rahmen der Tagung „Suizidalität und Suizidprävention" in der Ärztekammer Hamburg am 27. 2. 2007.

Gomez, Peter/Malik, Fredmund/Oeller, Karl-Heinz (1975): *Systemmethodik*. Bern.

Gomez, Peter (1983): *Frühwarnung in der Unternehmung*. Bern.

Gomez, Peter (1990): „Vernetztes Denken für die Frühwarnung". In: Ackermann, W./Ruf, S. (Hg.) (1990): *Was leisten Frühwarnsysteme für die Assekuranz?* St. Gallen. S. 27–39.

Gomez, Peter/Probst, Gilbert (1999): *Die Praxis des ganzheitlichen Problemlösens. Vernetzt denken. Unternehmerisch handeln. Persönlich überzeugen*. Bern/Stuttgart/Wien.

Gumin, Heinz/Meier, Heinrich (Hg.) (2005): *Einführung in den Konstruktivismus*. 8. Aufl. München. [Inhaltlich unveränderte Texte des Originals: München, 1985]

Haenel, Thomas (1989): *Suizidhandlung. Neue Aspekte der Suizidologie*. Berlin.

Haenel, Thomas (2002): „Genetik". In: Bronisch, Thomas/Götze, Paul/Schmidtke, Armin/Wolfersdorf, Manfred (Hg.) (2002): *Suizidalität. Ursachen – Warnsignale – therapeutische Ansätze*. Stuttgart/New York. S. 155–174.

Hahn, Dietger (1979): „Frühwarnsystem, Krisenmanagement und Unternehmensplanung“. In: ZfB Ergänzungsheft 2/1979. S. 25–46.

Hahn, Dietger (1983): „Frühwarnsysteme“. In: Buchinger, Gerhard (Hg.) (1983): *Umfeldanalysen für das strategische Management*. Wien. S. 3–26.

Hahn, Dietger/Taylor, Bernhard (Hg.) (1990): *Strategische Unternehmungsplanung – Strategische Unternehmungsführung: Stand und Entwicklungstendenzen*. 5. Aufl. Heidelberg.

Haken, Hermann (1991): *Erfolgsgeheimnisse der Natur. Synergetik: Die Lehre vom Zusammenwirken*. 2. Aufl. Frankfurt am Main/Berlin.

Haken, Hermann/Haken-Krell, Maria (1992): *Erfolgsgeheimnisse der Wahrnehmung: Synergetik als Schlüssel zum Gehirn*. Stuttgart.

Haken, Hermann/Schiepek, Günter (2006): *Synergetik in der Psychologie. Selbstorganisation verstehen und gestalten*. Göttingen et al.

Hansch, Dietmar (2006): *Erfolgsprinzip Persönlichkeit. Selbstmanagement mit Psychosynergetik. Probleme meistern, die Zukunft gestalten. Eigene Potentiale entwickeln und ausschöpfen*. Heidelberg.

Hautzinger, Martin et al. (1994): *Beck-Depressions-Inventar [BDI]. Testhandbuch*. Bern.

Heidegger, Martin (1943): *Vom Wesen der Wahrheit*. Frankfurt am Main.

Hendin, Herbert (1963): „The Psychodynamics of Suicide.“ In: The Journal of Nervous and Mental Disease 136/1963. S. 236–244.

Henry, A. F./Short, J. F. (1954): *Suicide and homicide*. London.

Henseler, Heinz (1974): *Narzisstische Krisen. Zur Psychodynamik des Selbstmords*. Reinbek.

Henzler, Herbert A. (1988): *Handbuch Strategische Führung*. Wiesbaden.

Hohendorf, Martin (2002): „(Selbst-)Organisation von Simulationsspielen unter systemisch-konstruktivistischem Aspekt“. Dissertation Lüneburg, Universität. [Institut für Betriebswirtschaftslehre].

Holyst, Brunon (1986): *Selbstmord – Selbsttötung. Kriminologische und kriminalistische Erkenntnisse über Probleme von Ich und Gesellschaft*. München.

Huber, Eugen (2007): „Der Zusammenhang von Suizid und Bildungsniveau.“ Diplomarbeit. URL: http://www.beepworld.de/members42/sonbul3/suizid.htm [Stand 4. 3. 2007].

Janssen, Werner (o. J.): „Suicid,- Realität. – Vorbeugung?“ Manuskript Hamburg, Universität. [UKE Institut für Rechtmedizin].

Kagan, Jerome (2000): *Die drei Grundirrtümer der Psychologie*. Weinheim/Basel.

Kagan, Jerome (2005): „Die Macht der frühen Jahre wird überschätzt“. In: Psychologie Heute compact, Heft 12. S. 28–33.

Kahle, Egbert (1994): „Die Entwicklung einer systemisch-ganzheitlichen Unternehmensanalyse. Teil III, Forschungsstrategien – der Zusammenhang von Lehre und Forschung am Beispiel des Kognitionswissenschaftlichen Modells von FOKUS. Ein Beitrag zur nicht-hierarchischen Strukturierung von Modellen“. FOKUS Arbeitsbericht 3/1994. Lüneburg, Universität.

Kahle, Egbert (1995): „Kognitionswissenschaftliche Grundlagen von Selbstorganisation“. FOKUS Arbeitsbericht 1/1995. Lüneburg, Universität.

Kahle, Egbert (2001): „Multikausalität in der Entscheidungstheorie". In: Lehner, Martin/ Wilms, Falko E. P. (Hg.) (2001): *Problemsituationen als Gefüge von Wirkungen*. Berlin. S. 75–101.

Kahle, Egbert (2001a): *Betriebliche Entscheidungen: Lehrbuch zur Einführung in die betriebswirtschaftliche Entscheidungstheorie*. 6., unwes. veränd. Aufl. München/Wien.

Kahle, Egbert (2006): „Szenarien in der Unternehmensstrategie. Qualitative und quantitative Aspekte der strategischen Früherkennung". In: Wilms, Falko E. P. (Hg.) (2006): *Szenariotechnik. Vom Umgang mit der Zukunft*. Bern/Stuttgart/Wien. S. 333–352.

Kahle, Egbert/Jansen, Brigitte E. S./Wilms, Falko E. P. (1993): „Das Wirkungsgefüge multipersonellen Entscheidungsverhaltens in Organisationen". FOKUS Arbeitsbericht 1/1993. Lüneburg, Universität.

Kahle, Egbert/Wilms, Falko E. P. (1998): *Der Helidem: Eine nichthierarchische Form der Analyse komplexer Wirkungsgefüge*. Aachen.

Kahle, Egbert/Wilms, Falko E. P. (Hg.) (2005): *Effektivität und Effizienz durch Netzwerke. Wissenschaftliche Jahrestagung der Gesellschaft für Wirtschafts- und Sozialkybernetik vom 18. und 19. März in Lüneburg*. Berlin.

Kieser, Alfred (1993): „Fremdorganisation, Selbstorganisation und evolutionäres Management". Vortrag vor der Kommission Organisation im Verband der Hochschullehrer für Betriebswirtschaft. Wien.

Kind, Jürgen (1992): *Suizidal. Psychoökonomie einer Suche*. Göttingen.

Kleiber, Manfred/Püschel, Klaus (1987): „Überlegungen zur Suizidproblematik im Zusammenhang mit Blutentnahmen nach § 81 a stopp". In: Blutalkohol 24/1987. S. 100–108.

Knittelmeyer, Heribert (2003): „Frühwarnsysteme – zwischen Wunsch und Wirklichkeit". In: Schatz, Roland (Hg.) (2003): *Frühwarnsysteme*. Bonn et al. S. 123–138.

König, Eckhard/Zedler, Peter (1998): *Theorien der Erziehungswissenschaft. Einführung in Grundlagen, Methoden und praktische Konsequenzen*. Weinheim.

Kriz, Jürgen (1999): *Systemtheorie für Psychotherapeuten, Psychologen und Mediziner: eine Einführung*. Wien.

Kriz, Willy Christian (2000): *Lernziel: Systemkompetenz. Planspiele als Trainingsmethode*. Göttingen.

Kruse, Peter (2005): *next practice – Erfolgreiches Management von Instabilität. Veränderung durch Vernetzung*. 3. Aufl. Offenbach.

Krystek, Ulrich (1985): „Frühwarnsysteme für die Unternehmung". In: Fuchs, Jürgen/Schwantag, G. (Hg.) (1985): *agplan: Handbuch der Unternehmensplanung*. Berlin. Kapitel 5261.

Krystek, Ulrich (1990): „Controlling und Frühaufklärung: Stand und Entwicklungstendenzen von Systemen der Frühaufklärung". In: Controlling 2/1990. S. 68–75.

Krystek, Ulrich (1990a): „Früherkennungssysteme als Instrument des Controlling". In: Mayer, Elmar/Werber, Jürgen (Hg.) (1990): *Handbuch Controlling*. Stuttgart. S. 419–442.

Krystek, Ulrich/Müller-Stewens, Günter (1990): „Grundzüge einer strategischen Frühaufklärung". In: Hahn, Dietger/Taylor, Bernard (Hg.) (1990): *Strategische Unternehmungsplanung – Strategische Unternehmungsführung: Stand und Entwicklungstendenzen*. 5. Aufl. Heidelberg. S. 337–364.

Krystek, Ulrich/Müller-Stewens, Günter (1993): *Frühaufklärung für Unternehmen. Identifikation und Handhabung zukünftiger Chancen und Bedrohungen.* Stuttgart.

Krystek, Ulrich/Müller, Michael (1999): „Frühaufklärungssysteme. Spezielle Informationssysteme zur Erfüllung der Risikokontrollpflicht nach KonTraG". In: Controlling 4–5/1999. S. 177–183.

Kubie, C. S. (1964): „Multiple Determinants of Suicide". In: The Journal of Nervous and mental Disease 138/1964. S. 3–8.

Küsters, Elmar A. (1998): *Episoden des interkulturellen Managements. Grundlagen der Selbst- und Fremdorganisation.* Wiesbaden. [Zugl.: Lüneburg, Univ., Diss., 1998].

Lehmann, A./Ruf, S. (1990): „Frühwarnsysteme in der Assekuranz – Schlagwort oder strategische Option". In: Versicherungswirtschaft 7/1990. S. 366–371.

Lehner, Martin/Wilms, Falko E. P. (Hg.) (2001): *Problemsituationen als Gefüge von Wirkungen.* Berlin.

Lehner, Martin/Wilms, Falko E. P. (2002): *Systemisch denken – klipp und klar.* Zürich.

Leuzinger-Bohleber, Marianne (2006): „Warum werden Menschen depressiv?" In: Psychologie Heute 8/2006. S. 31.

Lewinsky-Aurbach, Bluma (1980): *Suizidale Jungendliche. Grenzen und Möglichkeiten psychologischen Verstehens.* Stuttgart.

Lindner, R./Duru, A. (1996): „Krisentheorien, Krisenintervention und Suizidalität". In: Fortschritt Neurol Psychiatr 64/1996, Sonderheft 1. S. 16.

Lockemann, Ute (1999): „Einfluß verschiedener Alkoholisierungsgrade auf straßenverkehrsrelevante vestibuloocculäre Reaktionen". In: Ophthalmologe 96/1999, Supplement 1. S. 63.

Lockemann, Ute et al. (1995): „Häufig fehleingeschätzt: Blutalkoholkonzentrationen bei (plötzlichen) natürlichen und nicht natürlichen Todesfällen". In: Versicherungsmedizin 47/1995. S. 15–17.

Lockemann, Ute/Heinemann Axel/Püschel, Klaus (1996): „Forensische Pädopathologie – Alkoholvergiftung". In: päd 2/1996. S. 245–246.

Loew, Hans-Christian (2003): „Frühwarnung, Früherkennung, Frühaufklärung – Entwicklungsgeschichte und theoretische Grundlagen". In: Schatz, Roland (Hg.) (2003): *Frühwarnsysteme.* Bonn et al. S. 19–47.

Luhmann, Niklas (1984): *Soziale Systeme.* Frankfurt am Main.

Luhmann, Niklas (2004): *Einführung in die Systemtheorie.* 2. Aufl. Heidelberg. [Herausgegeben von Dirk Baecker auf Basis der Einführungsvorlesung von Luhmann im Wintersemester 1991/92 an der Universität Bielefeld.]

Malik, Fredmund/Probst, Gilbert J. B. (1981): „Evolutionäres Management". In: Die Unternehmung 35. S. 122–140.

Malik, Fredmund (2006): *Strategie des Managements komplexer Systeme. Ein Beitrag zur Management-Kybernetik evolutionärer Systeme.* 9., unveränderte Aufl. Bern/Stuttgart/Wien.

Maturana, Humberto R./Varela, Francisco (1987): *Der Baum der Erkenntnis. Die biologischen Wurzeln des menschlichen Erkennens.* Bern/München.

Maturana, Humberto R. (1994): „Kognition". In: Schmidt, Siegfried J. (Hg.) (1994): *Der Diskurs des radikalen Konstruktivismus.* 6. Aufl. Frankfurt am Main. S. 89–118.

Mayer, Elmar/Werber, Jürgen (Hg.) (1990): *Handbuch Controlling*. Stuttgart. S. 419–442.

Mazza, J. J./Reynolds, W. M. (1998): „A longitudinal investigation of depression, hopelessness, social support, and major and minor life events and their relation to suicidal ideation in adolescents". In: Suic Life-Threat Beh 28/1998. S. 358–374.

Menninger, Karl (1938): *Man against himself*. New York.

Merton, Robert King (1968): *Social theory and social structure*. New York.

Mirow, Michael (2005): „Acht Thesen zur Bedeutung der Systemtheorie für die Gestaltung von Konzernorganisationen". In: Kahle, Egbert/Wilms, Falko E. P. (Hg.) (2005): *Effektivität und Effizienz durch Netzwerke. Wissenschaftliche Jahrestagung der Gesellschaft für Wirtschafts- und Sozialkybernetik vom 18. und 19. März in Lüneburg*. Berlin. S. 9–27.

Müller-Stewens, Günter (1981): *Strategische Frühaufklärung*. München.

Nationales Suizid Präventions Programm (2007): Homepage. URL: http://suizidpraevention-deutschland.de/Einleitung.html [Stand: 4.3.2007]

Niemeyer, Axel (2004): *Frühwarnsysteme für das strategische Management: Effizienzkonzeption, Diagnose und Fallstudien*. München.

Norman Rentrop Verlag (2007): „Zitatesammlung". URL: http://www.normanrentrop.de/zitate/menschen.html [Stand: 12. 3. 2007]

Nuber, Ursula (2005a): „Familienleben: Wie wir wurden, was wir sind". In: Psychologie Heute compact, Heft 12. S. 3.

Oldenburg, Jörn (1993): „Das Sensitivitätsmodell von Frederic Vester und seine Anwendungsmöglichkeiten in der Wirtschaft". Seminararbeit Lüneburg, Universität. [Seminar: Mikro- und Makrosimulation in den Wirtschafts- und Sozialwissenschaften im Wintersemester 1993/94].

Oldenburg, Jörn (1996): „Lernstatt Lüneburg. Ein regionales Lernstatt-Modell für Berufseinsteiger in kleinen und mittleren Unternehmen". Diplomarbeit Lüneburg, Universität. [Institut für Betriebswirtschaftslehre, insbes. Entscheidung und Organisation].

Ortner, Alessia et al. (2006): „Frühwarnsysteme: Problematik des Erkennens einer Krise". Seminararbeit Zürich, Universität. [Bank- und finanzwirtschaftliches Doktorandenseminar: Krisenmanagement].

Parsons, Talcott (1976): *Zur Theorie sozialer Systeme*. Opladen.

Piaget, Jean (1974): *Der Aufbau der Wirklichkeit beim Kinde*. Stuttgart.

Pöldinder, Walter (1968): *Die Abschätzung der Suizidalität*. Bern

Pöldinger, Walter (1985): „Beurteilung des Suizidrisikos". In: Psychiatrie für die Praxis 36/1985. S. 883–837.

Probst, Gilbert/Gomez, Peter (1989): *Vernetztes Denken. Unternehmen ganzheitlich führen*. Wiesbaden.

Probst, Gilbert/Raub, Steffen/Romhardt, Kai (2006): *Wissen managen. Wie Unternehmen ihre wertvollste Ressource optimal nutzen*. 5., überarbeitete Aufl. Wiesbaden.

Püschel, Klaus et al. (1984): „Erhängen: Suizid oder Tötungsdelikt?" In: Archiv für Kriminologie 174/1984. S. 141–153.

Püschel Klaus/Dankwarth, Gerhard (1991): „Suizide bei schizophrener Psychose". In: Schütz, Harald et al. (Hg.) (1991): *Medizinrecht – Psychopathologie – Rechtsmedizin*. Berlin/Heidelberg. S. 366–376.

Püschel, Klaus/Berkholz, Elke von (1996): „Forensische Pädopathologie – Suizid; Sprung/ Sturz aus großer Höhe“. In: päd 2/1996. S. 322–324.

Püschel, Klaus/Rübsamen, M. (1997): „Todesursachen bei schwangeren Frauen – unter besonderer Berücksichtigung des Suizids“. In: Z. Geburtsh. Neonatol. 201/1997. S. 26–29.

Püschel, Klaus/Stuhr, Ulrich (2003): „Erweiterter Selbstmord: Tötungsdelikt mit Anschlusssuizid. Eine heuristische Studie“. In: Psyche 11/2004. S. 1035–1062.

Rachor, Christina (2002): „Suizidalität, Gesellschaft und Geschlecht – Durkheims Denkmodell als Hintergrund soziologischer Suizidforschung“. In: Bronisch, Thomas/Götze, Paul/Schmidtke, Armin/Wolfersdorf, Manfred (Hg.) (2002): *Suizidalität. Ursachen – Warnsignale – therapeutische Ansätze*. Stuttgart/New York. S. 73–86.

Read, Marcel (2005): „Konzeption und Inbetriebnahme eines Frühwarnsystems“. URL: http://www.comratio.com/pdf/Fruehwarnsystem.pdf [Stand: 5.3.2007]

Rieser, Ignaz (1980): *Frühwarnsysteme für die Unternehmenspraxis*. München.

Rieser, Ignaz (1985): „Frühwarnsysteme für Unternehmen“. In: Wirtschaftsbulletin 35/1985. S. 18.

Ringel, Erwin (2005): Der Selbstmord: Abschluss einer krankhaften psychischen Entwicklung. 9., unveränd. Aufl. Frankfurt am Main. [Textidentisch mit der 1. Aufl. von 1953].

Robert, Kerstin (2005): „Evidenzbasierte Literaturrecherche für eine Leitlinie zur Früherkennung und Frühbehandlung von riskantem Alkoholkonsum und Alkoholabhängigkeit in der hausärztlichen Praxis“. Dissertation Tübingen, Universität. [Medizinische Fakultät der Eberhard-Karls-Universität zu Tübingen].

Roselieb, Frank (2003): „Empirische Befunde zu Frühwarnsystemen in der internen und externen Unternehmenskommunikation.“ In: Schatz, Roland (Hg.) (2003): *Frühwarnsysteme*. Bonn et al. S. 85–105.

Roselieb, Frank (2007): „Unternehmenskrisen 1999 (Auswahl).“ URL: http://www.krisennavigator.de/mainfad.html [Stand: 5. 3. 2007]

Roth, Gerhard (1994): „Erkenntnis und Realität: Das reale Gehirn und seine Wirklichkeit“. In: Schmidt, Siegfried J. (Hg.) (1994): *Der Diskurs des radikalen Konstruktivismus*. 6. Aufl. Frankfurt am Main. S. 256–286.

Saar, Guy (2005): „Einstellungen zum Suizid in Deutschland und Israel - ein Vergleich“. Dissertation Berlin, Universität. URL: http://www.diss.fu-berlin.de/2005/181 [Stand: 4. 3. 2007].

Schatz, Roland (Hg.) (2003): *Frühwarnsysteme*. Bonn et al.

Scheffer, Bernd (1990): „Wie erkennen wir erkennen: Die soziale Konstruktion von Wirklichkeit im Individuum“. In: Funkkolleg Medien und Kommunikation. Brief 2. Weinheim/Basel. S. 46–81.

Schmidt, Siegfried J. (1994): „Der radikale Konstruktivismus: Ein neues Paradigma im interdisziplinären Diskurs“. In: Schmidt, Siegfried J. (Hg.) (1994): *Der Diskurs des radikalen Konstruktivismus*. 6. Aufl. Frankfurt am Main. S. 11–88.

Schmidtchen, Gerhard (1989): *Schritte ins Nichts. Selbstschädigungstendenzen unter Jugendlichen*. Opladen.

Schmidtke, Armin (1988): *Verhaltenstheoretisches Erklärungsmodell suizidalen Verhaltens*. Regensburg.

Schmidtke, Armin (1992): „Werden Suizidhandlungen in der Bevölkerung seltener? Neue epidemiologische Ergebnisse.“ In: Nervenheilkunde 11/1992. S. 32–35.

Schmidtke, Armin et al. (1996): „Epidemiologie von Suizid und Suizidversuch“. In: Nervenheilkunde 15/1996. S. 496–506.

Schmidtke, Armin et al. (1998): „Epidemiologie von Suizid und Suizidversuchen in Deutschland“. In: Suizidprophylaxe, Sonderheft 1998. S. 37–49.

Schütz, Harald et al. (Hg.) (1991): *Medizinrecht – Psychopathologie – Rechtsmedizin*. Berlin/Heidelberg.

Simon, Fritz B. (2006): *Einführung in Systemtheorie und Konstruktivismus*. Heidelberg.

Spencer Brown, George (1997): *Gesetze der Form*. Lübeck. [Orig.: Laws of Form. London, 1969].

Sperhake, Jan/Schulz, Friedrich (1998): „Todesfall mit ungewöhnlichen Stichverletzungen – Suizid oder Homizid?“ In: Rechtsmedizin 9/1998. S. 25–28.

Sprenger, Reinhard K. (1995): *Das Prinzip Selbstverantwortung: Wege zur Motivation*. Frankfurt am Main/New York.

Staehle, Wolfgang H. (1989: *Management: Eine verhaltenswissenschaftliche Perspektive*. 4., neubearb. und erw. Aufl. München.

Stengel, Erwin (1964): *Selbstmord und Selbstmordversuch*. Frankfurt am Main.

Stoff, M. David/Mann, J. John (1997): *The Neurobiology of Suicide. From the bench to the clinic*. New York.

Swientek, Christine (1990): *Wenn Frauen nicht mehr leben wollen*. Reinbek.

Tausch, Reinhard (2004): „Sinn in unserem Leben“. In: Auhagen, Ann E. (Hg.) (2004): *Positive Psychologie. Anleitung zum ‚besseren‘ Leben*. Weinheim/Basel.

Thost, Andrea (2000): „Suizidalität bei Opiatabhängigen. Eine Verlaufsuntersuchung“. Dissertation Hamburg, Universität. [Klinik für Psychiatrie und Psychotherapie des Universitätsklinikums Hamburg-Eppendorf].

Töpfer, Armin (2007a): „Rechenfehler im Pentium-Prozessor von Intel im Sommer 1994“. URL: http://www.krisennavigator.de/mainfad.html [Stand: 5. 3. 2007]

Töpfer, Armin (2007b): „Nicht bestandener ‚Elch-Test‘ der A-Klasse von Daimler-Benz im Herbst 1997“. URL: http://www.krisennavigator.de/mainfad. html [Stand: 5. 3. 2007]

TSA (2006): „Der lange Schatten des Ärgers“. In: Psychologie Heute 7/2006. S.56.

TZS (2006): Homepage des Therapiezentrums für Suizidgefährdete [TZS]. URL: http://www.uke.uni-hamburg.de/extern/tzs/suizidalitaet/information/frame_d.html [Stand: 9. 9. 2006].

Ulrich, Hans/Probst Gilbert J. B. (1995): *Anleitung zum ganzheitlichen Denken und Handeln: Ein Brevier für Führungskräfte*. 4., unveränderte Aufl. Bern/Stuttgart/Wien.

Varela, Francisco (1982): „Die Biologie der Freiheit“. In: Psychologie Heute 9/1982. S. 82–93.

Varela, Francisco (1993): *Kognitionswissenschaft, Kognitionstechnik: eine Skizze aktueller Perspektiven*. 3. Aufl. Frankfurt am Main.

Vennemann, Mechthild M. T. et al. (2006): „Unterschätzte Suizidraten durch unterschiedliche Erfassung in Gesundheitsämtern“. In: Deutsches Ärzteblatt 18/2006. S. 1036–1040.

Vester, Frederic (1990): *Ausfahrt Zukunft. Strategien für den Verkehr von morgen. Eine Systemuntersuchung*. 5. Aufl. München.

Vester, Frederic (1991a): *Ballungsgebiete in der Krise: Vom verstehen und Planen menschlicher Lebensräume*. Aktualisierte Neuausg. München.

Vester, Frederic (1991b): *Ausfahrt Zukunft Supplement. Material zur Systemuntersuchung.* München.

Vester, Frederic (1991c): *Denken, Lernen, Vergessen. Was geht in unserem Kopf vor, wie lernt das Gehirn, und wann lässt es uns im Stich?* 18. Aufl. München.

Vester, Frederic (1993): „Eine Vision gewinnt Kontur: Sensitivitätsmodell Prof. Vester". München. [Informationsbroschüre der Studiengruppe für Biologie und Umwelt zum Sensitivitätsmodell].

Vester, Frederic (2000): „Ecopolicy: Das kybernetische Strategiespiel. Eine neue Ebene im spielerischen Erfassen unserer komplexen Umwelt". Braunschweig. [CD-Rom mit Handbuch].

Vester, Frederic (2001): *Die Kunst vernetzt zu denken: Ideen und Werkzeuge für einen neuen Umgang mit Komplexität.* 7., durchgesehene und überarbeitete Aufl. Stuttgart.

Vester, Frederic (2006): „Sensitivitätsmodell Prof. Vester®". Malik Management Zentrum St. Gallen. [CD-Rom mit lizenzierter Professional Version 6.6 für Windows und Arbeitsmaterial].

Watzlawick, Paul (Hg.) (1994): *Die erfundene Wirklichkeit: Wie wissen wir, was wir zu wissen glauben.* 8. Aufl. München.

Welz, Rainer (1983): *Drogen, Alkohol und Suizid; strukturelle und individuelle Aspekte abweichenden Verhaltens.* Stuttgart: Enke.

Welz, Rainer/Schmidtke, Armin/Häfner, Heinz (1988): „Lebensverändernde Ereignisse, wahrgenommener Streß und Suizidversuchsrisiko". In: Suizidprophylaxe 15/1988. S. 155–175.

Wiener, Norbert (1968): *Kybernetik. Regelung und Nachrichtenübertragung in Lebewesen und Maschine.* Reinbek. [Orig.: Cybernetics. Communication and Control in the Animal and the Machine. New York, 1948].

Wilhelm, K. (2006): „Das Glück des Augenblicks". In: Psychologie Heute 7/2006. S. 16.

Wilms, Falko E. P. (1995): *Entscheidungsverhalten als rekursiver Prozeß: konzeptuelle Bausteine des systemorientierten Managements.* Wiesbaden. [Zugl.: Lüneburg, Univ., Diss., 1994].

Wilms, Falko E. P. (Hg.) (2006): *Szenariotechnik. Vom Umgang mit der Zukunft.* Bern/Stuttgart/Wien.

Wittgenstein, Ludwig (1966): Tractatus logico-philosophicus. Philosophische Untersuchungen. Frankfurt am Main.

Wöhe, Günter (1990): *Einführung in die Allgemeine Betriebswirtschaftslehre.* 17., überarb. Aufl. München.

Wolf, Frank (2002): „Destruktivität und Suizid". Diplomarbeit Hamburg, Universität für Wirtschaft und Politik (HWP).

Wolfersdorf, Manfred (1994): „Suizidologie als moderne Wissenschaft". In: Suizidprophylaxe 2/1994. S. 47–53.

Wolfersdorf, Manfred et al. (2002): „Schizophrene und affektive Psychosen". In: Bronisch, Thomas/Götze, Paul/Schmidtke, Armin/Wolfersdorf, Manfred (Hg.) (2002): *Suizidalität. Ursachen – Warnsignale – therapeutische Ansätze.* Stuttgart/New York. S. 175–201.

Zimmermann, Ulrike/Heinemann, Axel/Püschel, Klaus (2004): „Forensische Pädopathologie – Suizide bei Kindern und Jugendlichen". In: päd 10/2004. S. 268–273.

Anhang: Wirkungsfunktionen des System-Modells

(in Ergänzung zu Abschnitt 5.3.2)

Stressverhalten [B] → Befinden [C]

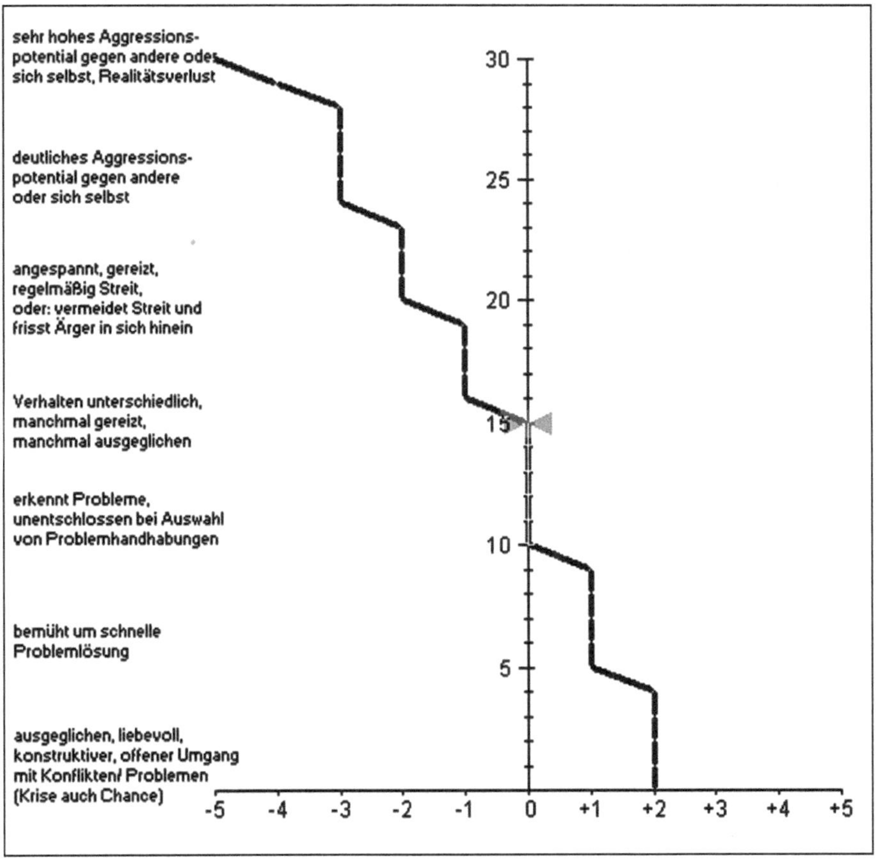

Stressverhalten [B] → Vergangenheit [D]

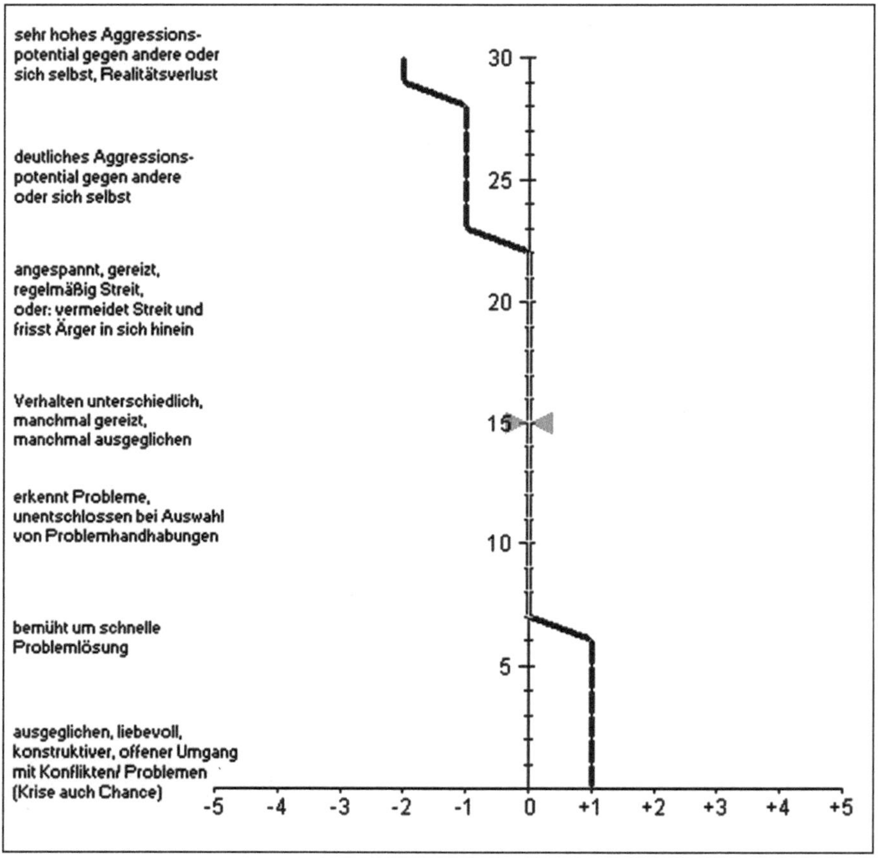

Stressverhalten [B] → Beziehungen [I]

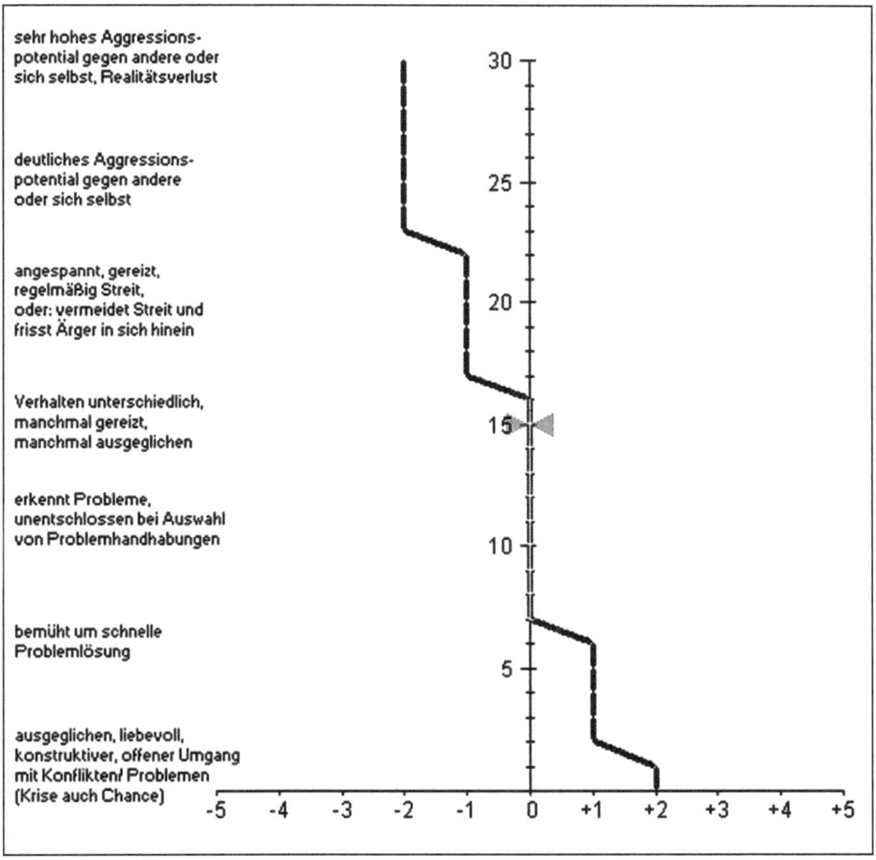

Befinden [C] → Stressverhalten [B]

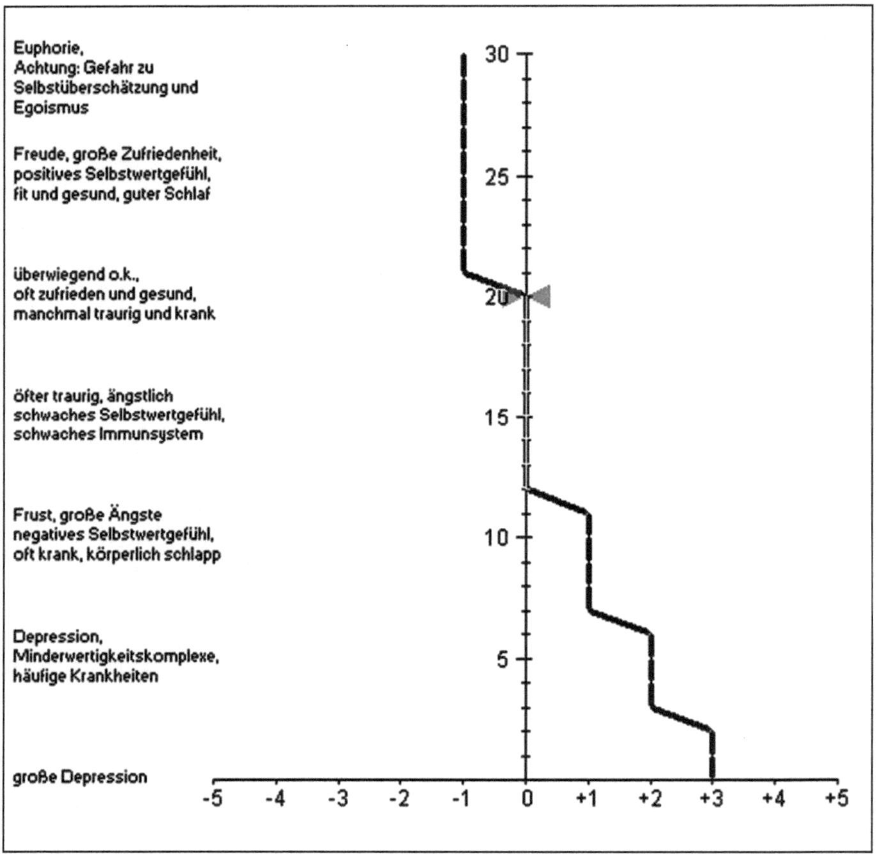

Befinden [C] → Sinn [E]

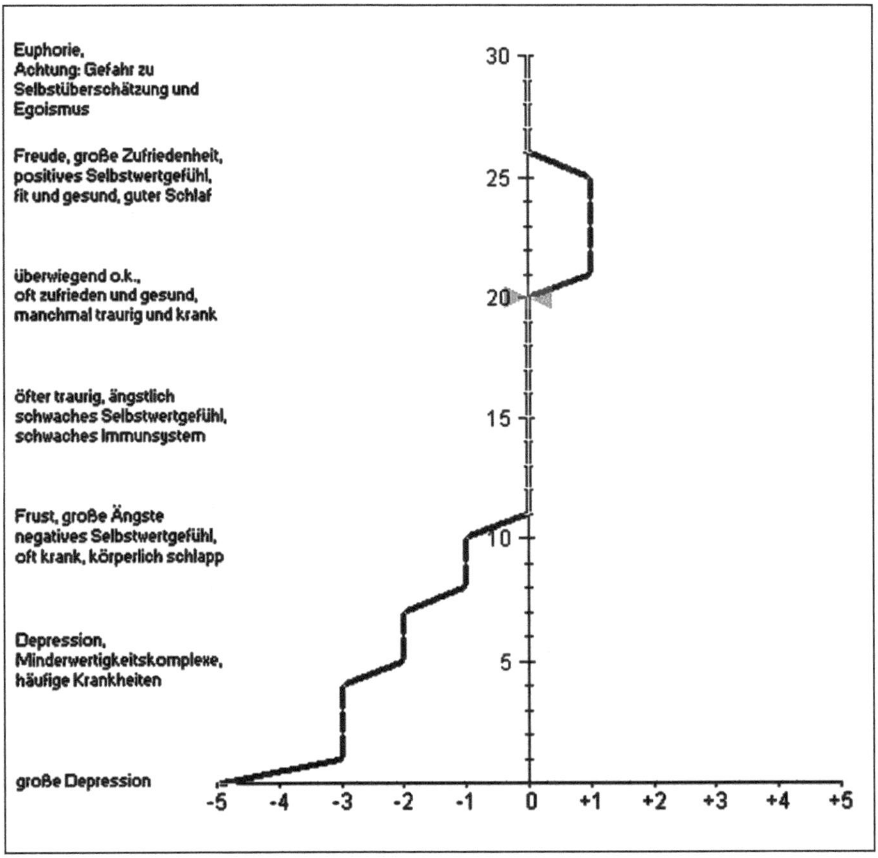

Befinden [C] → Suchtverhalten [H]

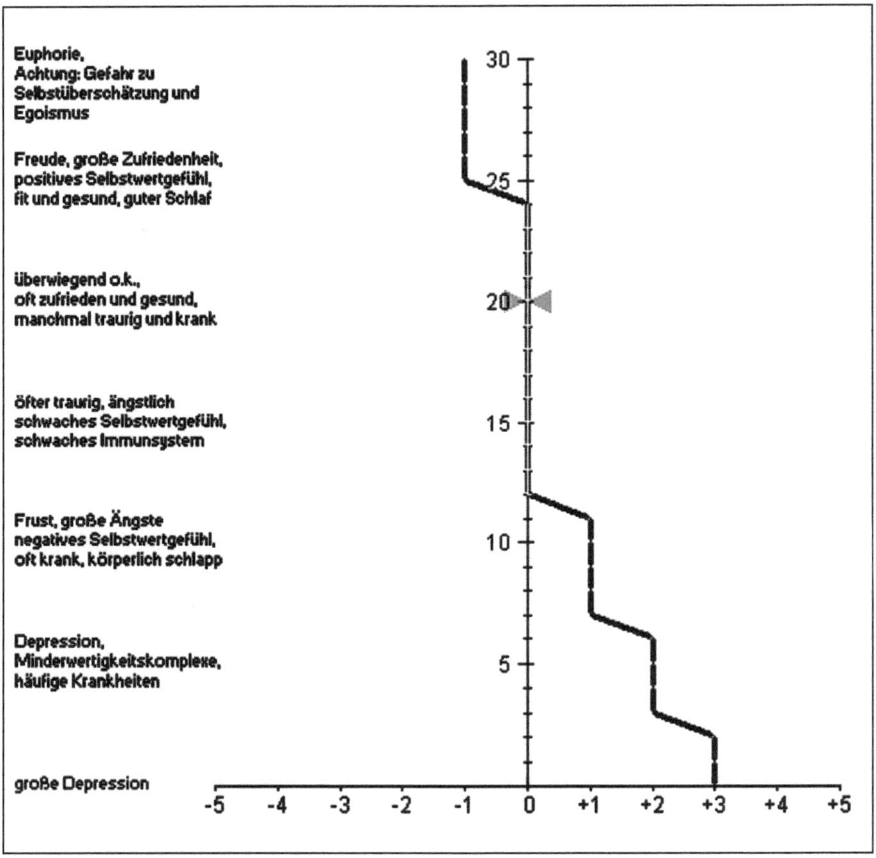

Befinden [C] → Private Beziehungen [I]

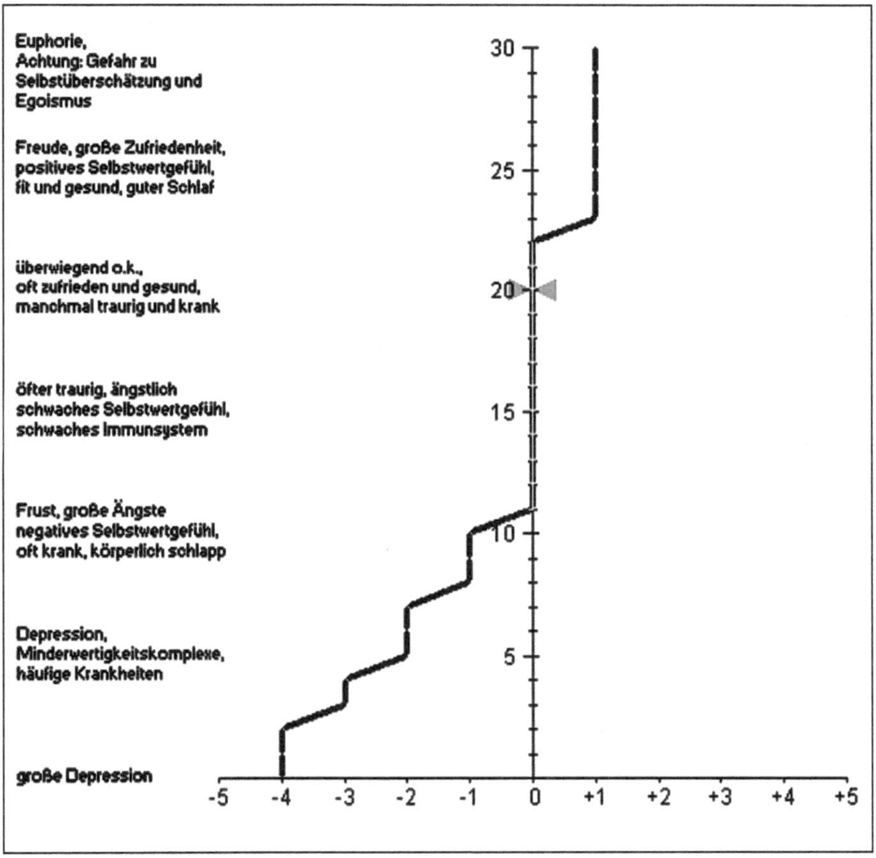

Befinden [C] → Suizidrisiko [M]

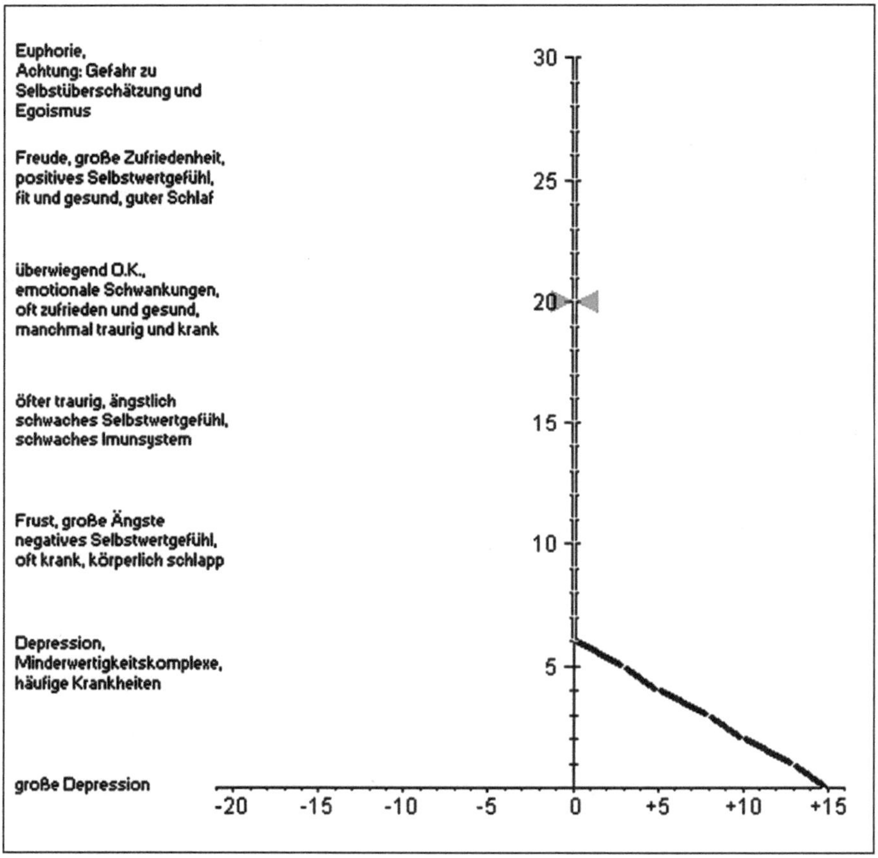

Einfluss Vergangenheit [D] → Sinn [E]

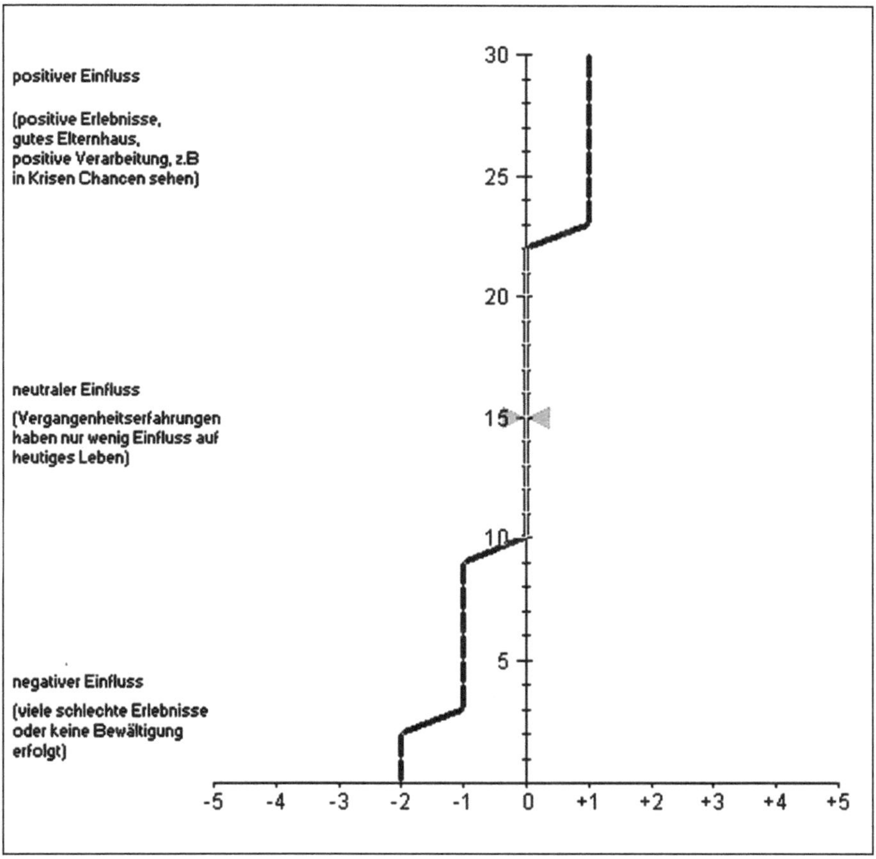

Sinn [E] → Befinden [C]

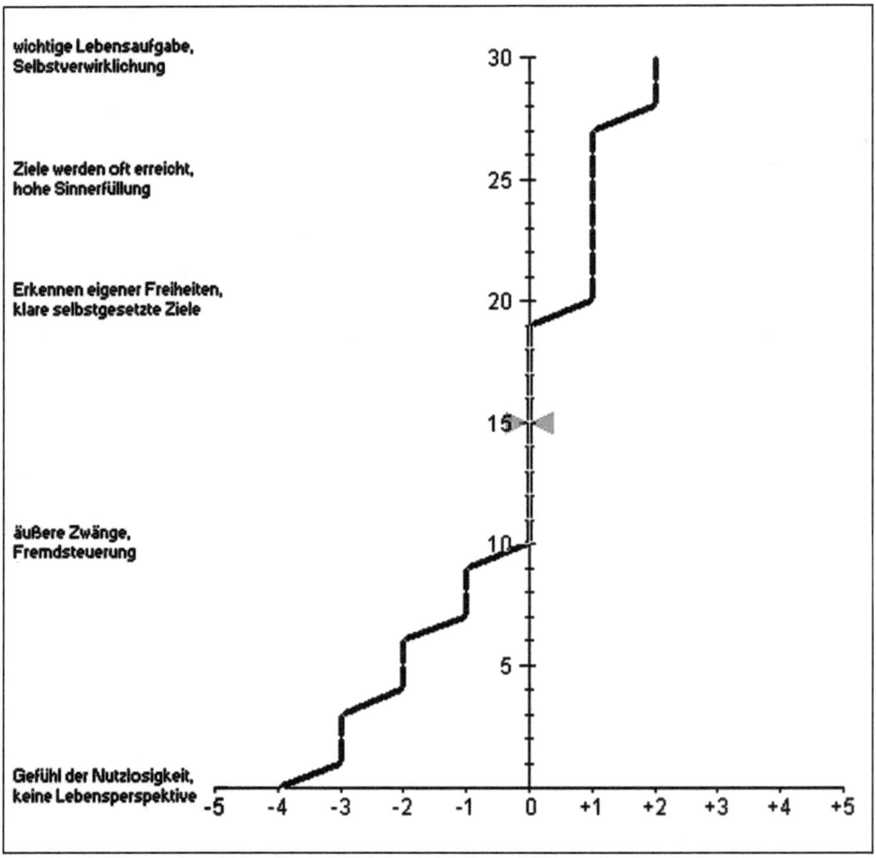

Sinn [E] → Immaterielles Vermögen [F]

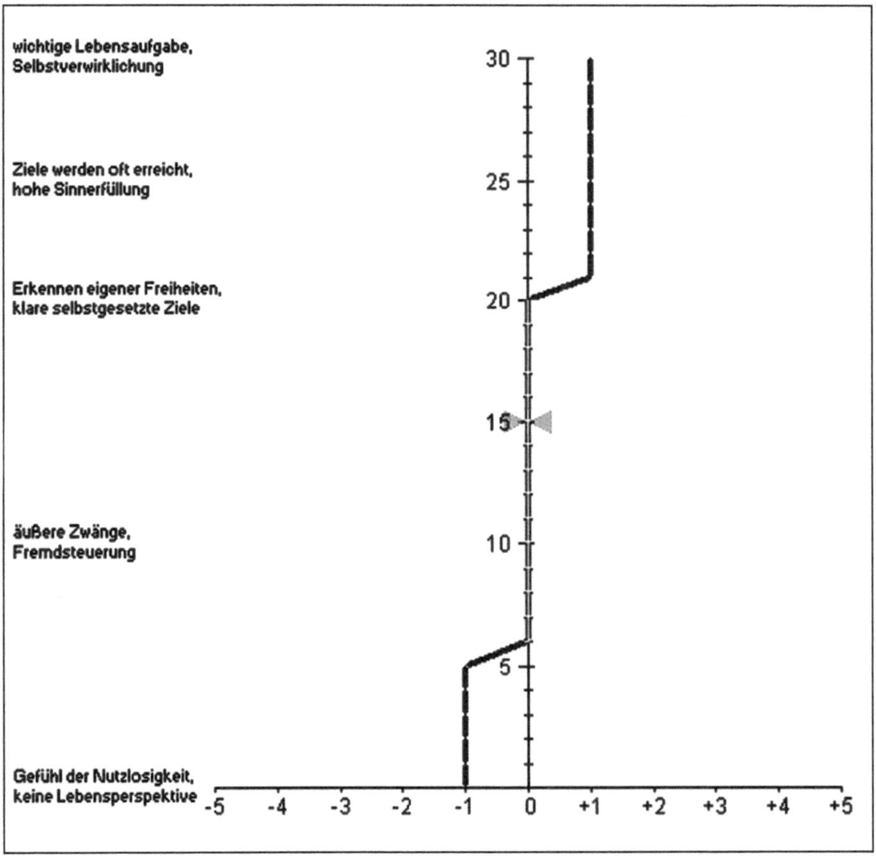

Sinn [E] → Suizidrisiko [M]

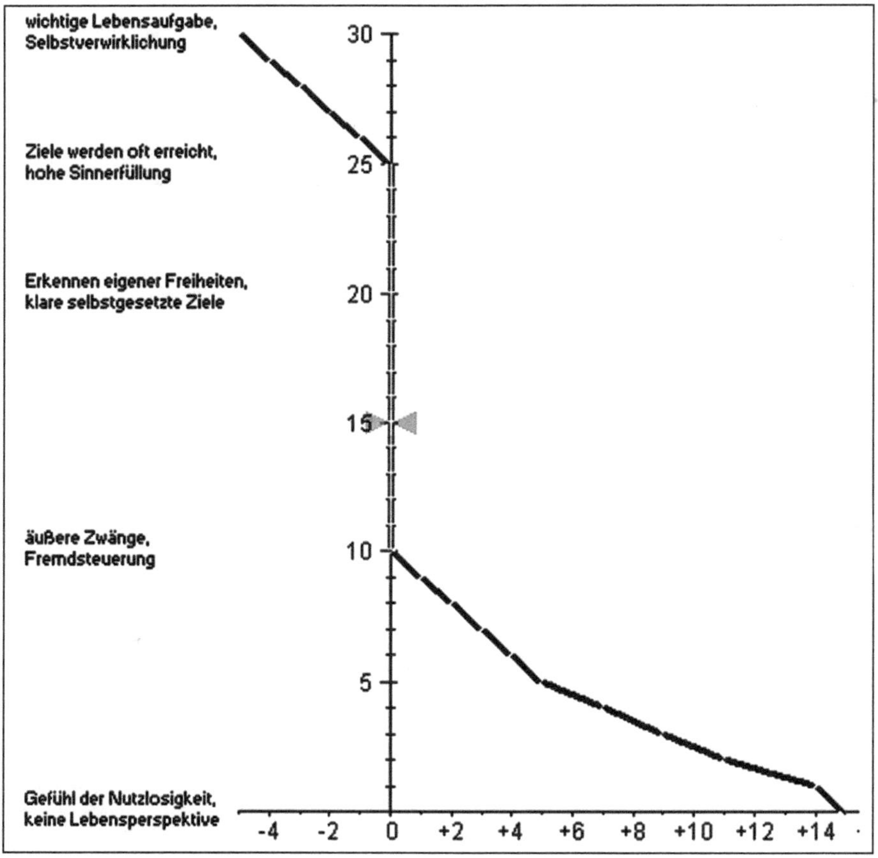

Immaterielles Vermögen [F] → Sinn [E]

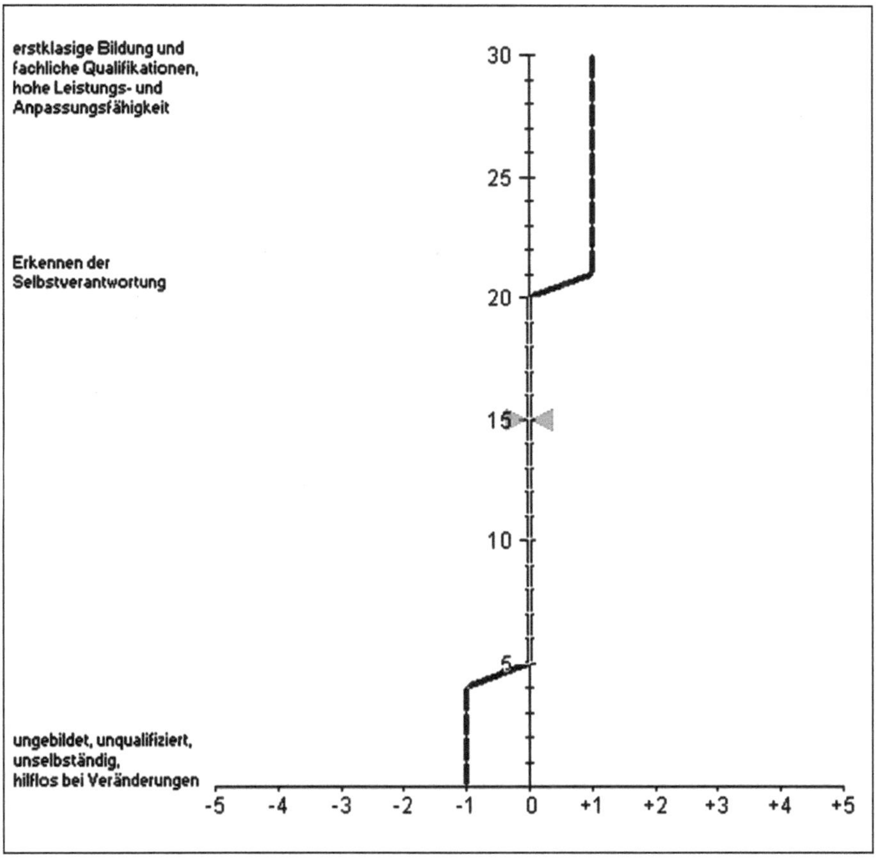

Immaterielles Vermögen [F] → [F]

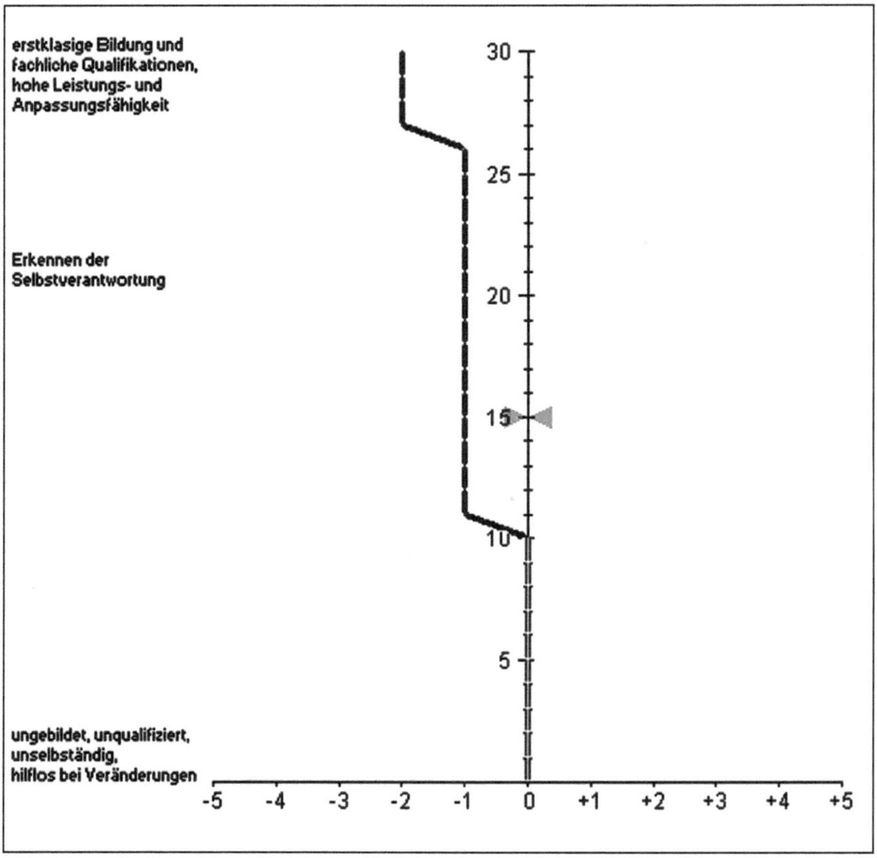

Immaterielles V. [F] → Soz. Integration [K]

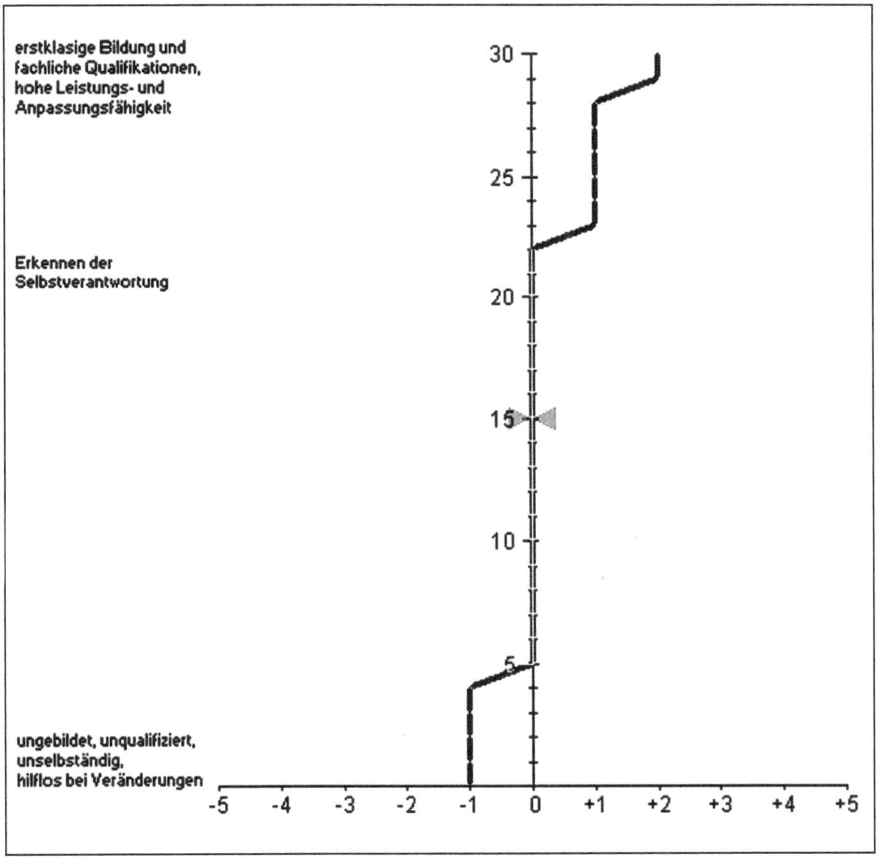

Immaterielles V. [F] → Ressourcen [L]

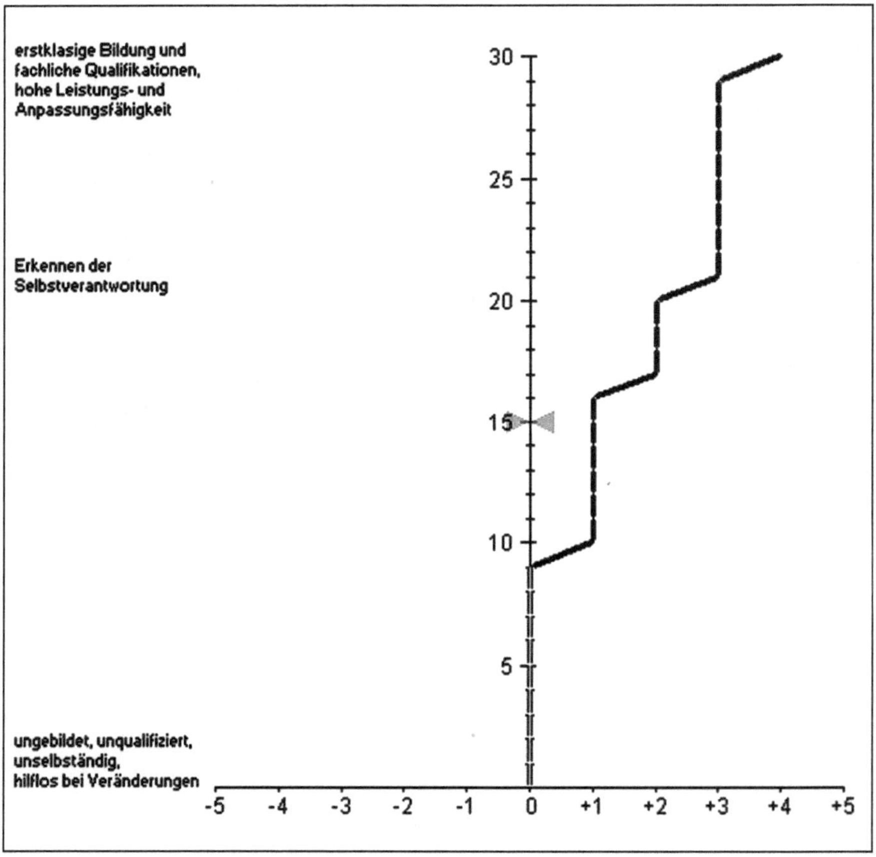

Materielles V. [G] → Beziehungen [I]

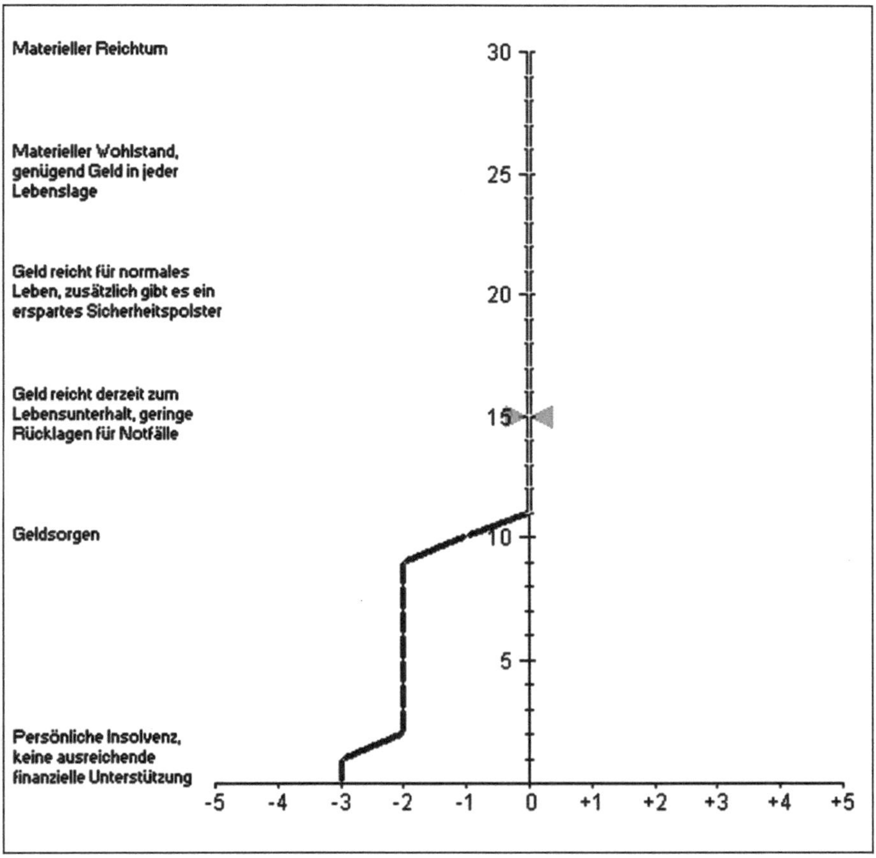

Materielles V. [G] → Soz. Integration [K]

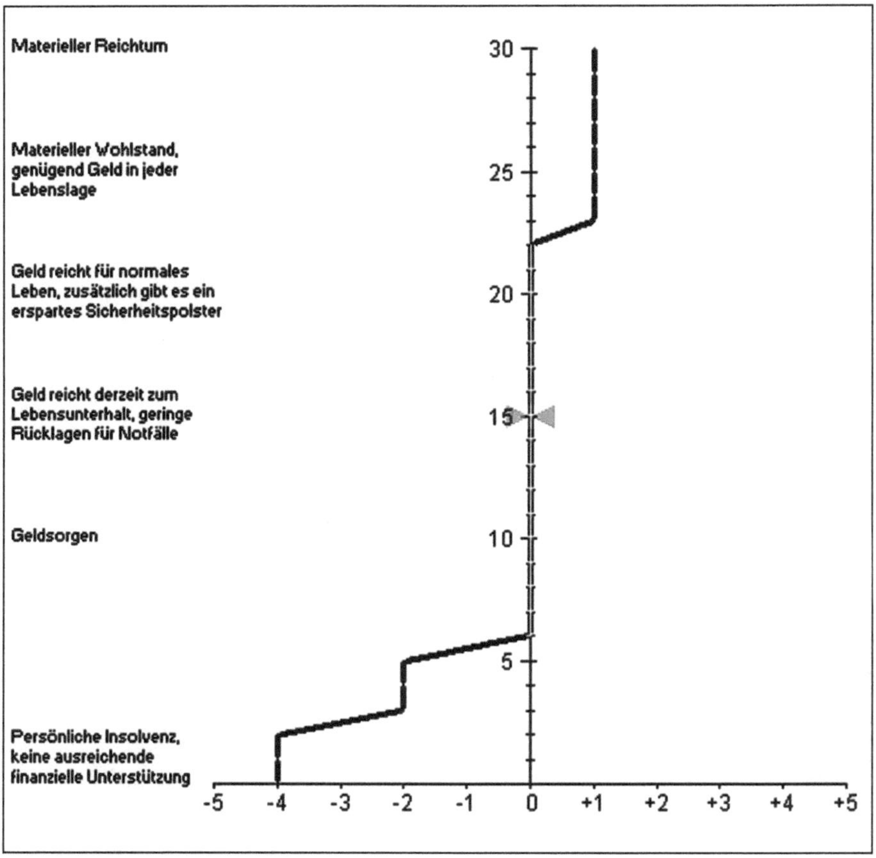

Materielles V. [G] → Ressourcen [L]

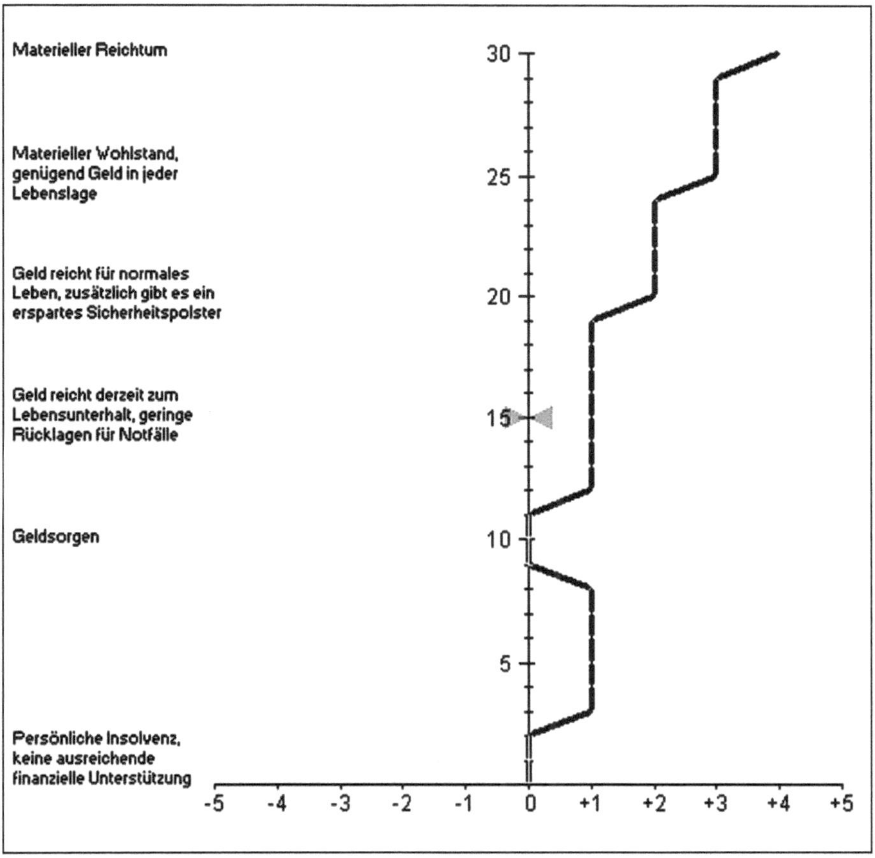

Suchtverhalten [H] → Befinden [C]

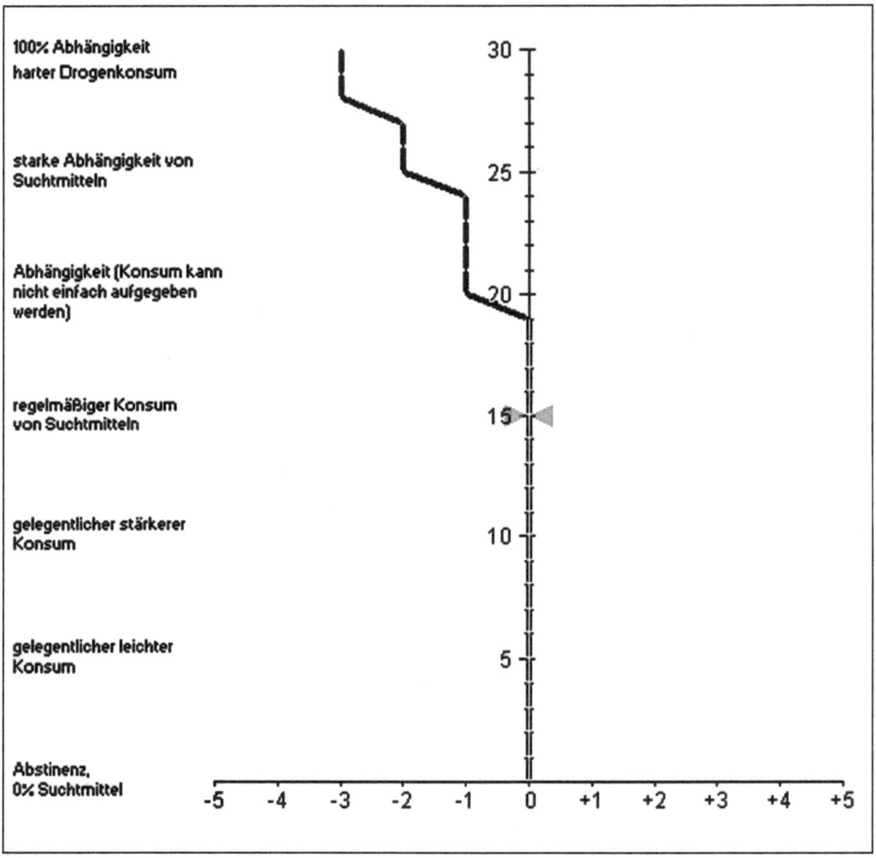

Suchtverhalten [H] → Suchtverhalten [H]

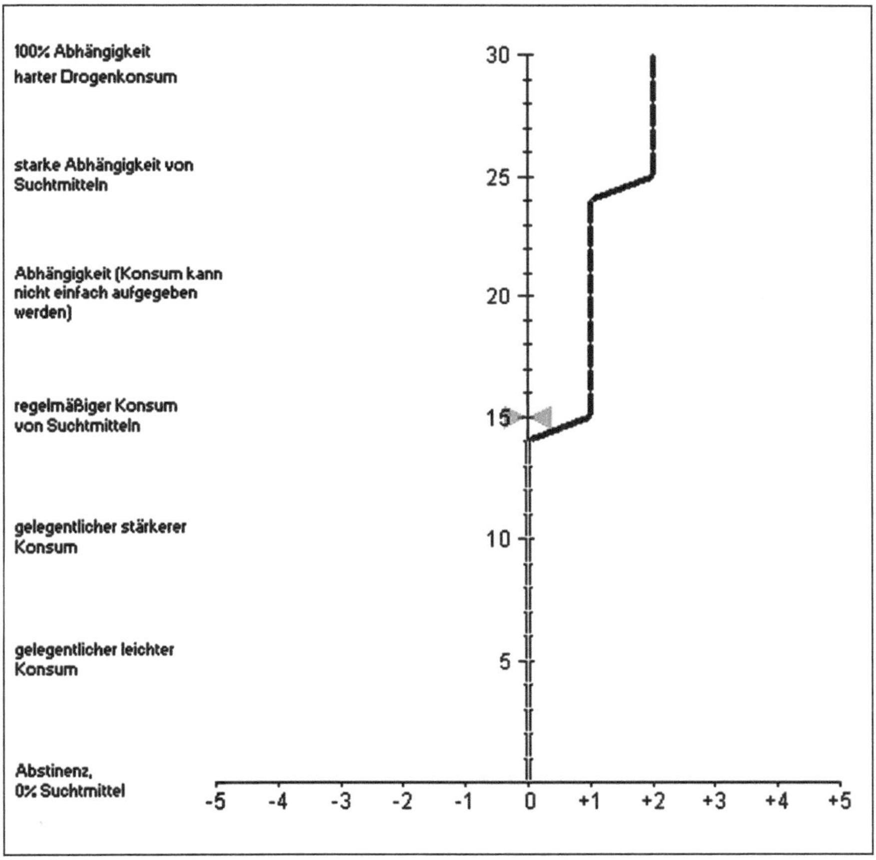

Suchtverhalten [H] → Ressourcen [L]

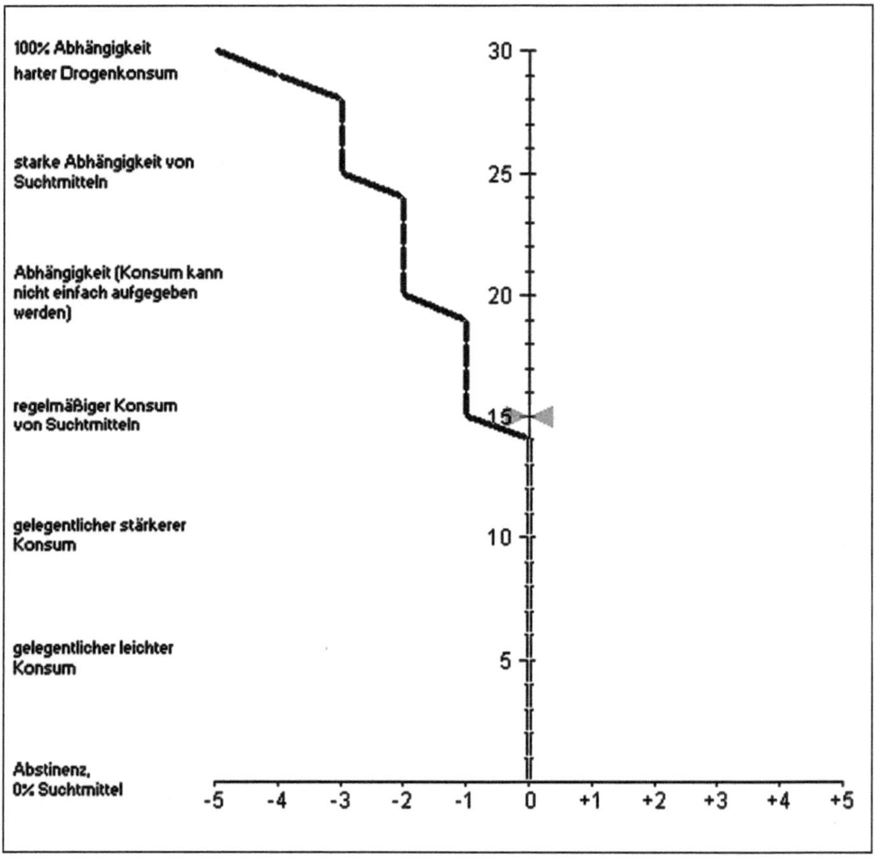

Suchtverhalten [H] → Suizidrisiko [M]

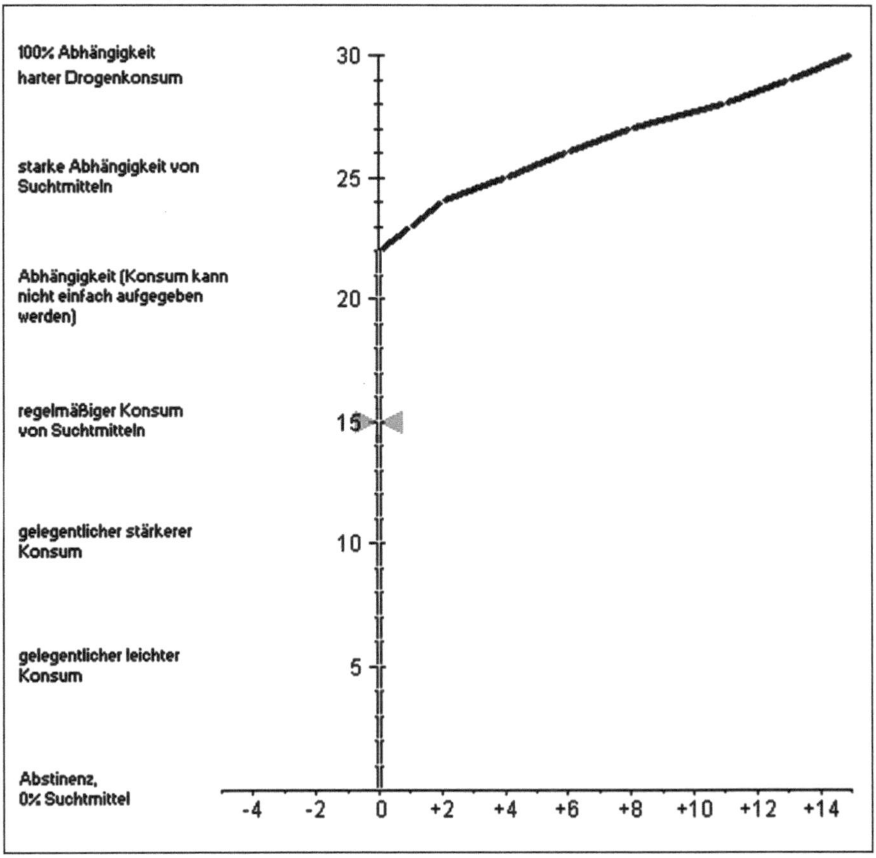

Private Bez. [I] → Einfluss von außen [A]

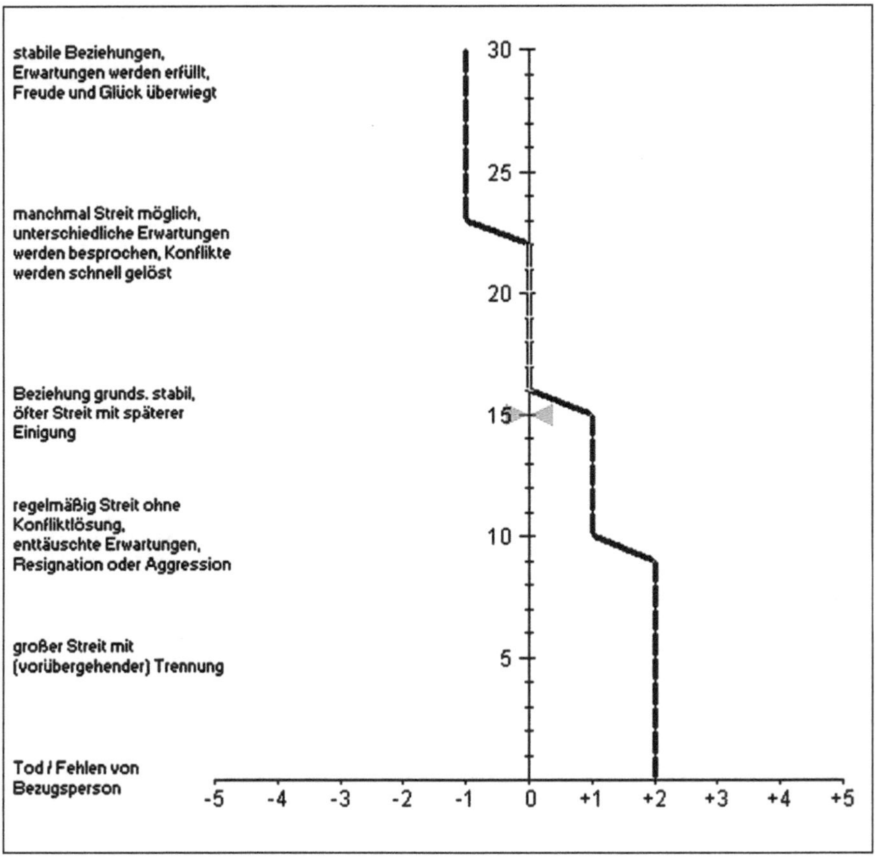

Private Beziehungen [I] → Private Bez. [I]

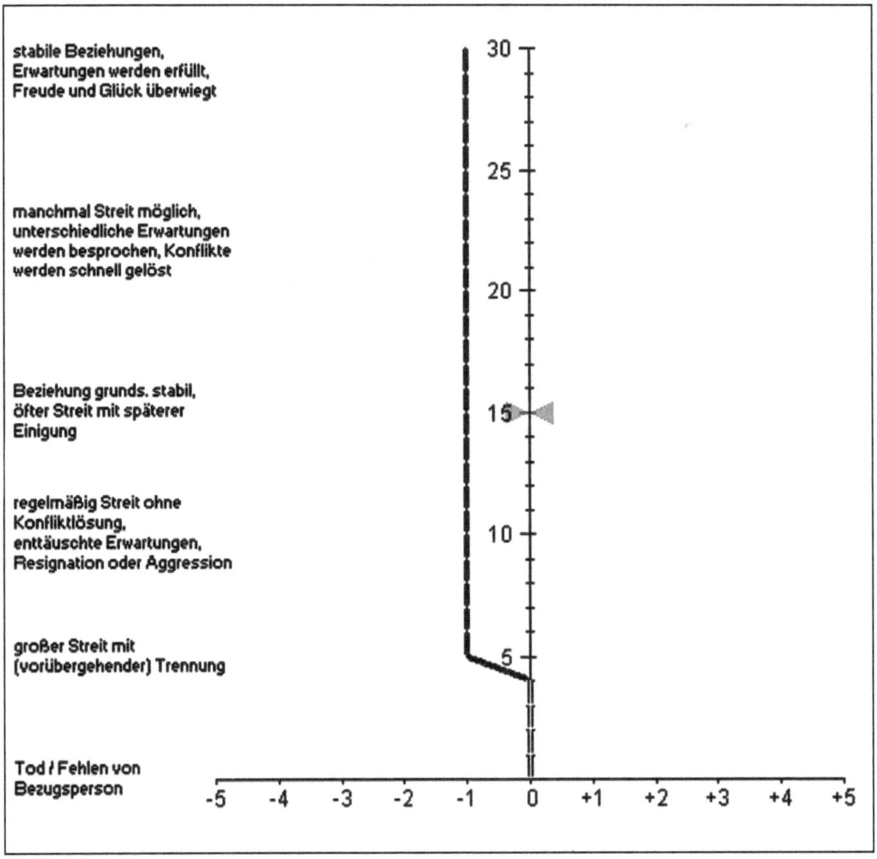

Private Bez. [I] → Suizidrisiko [M]

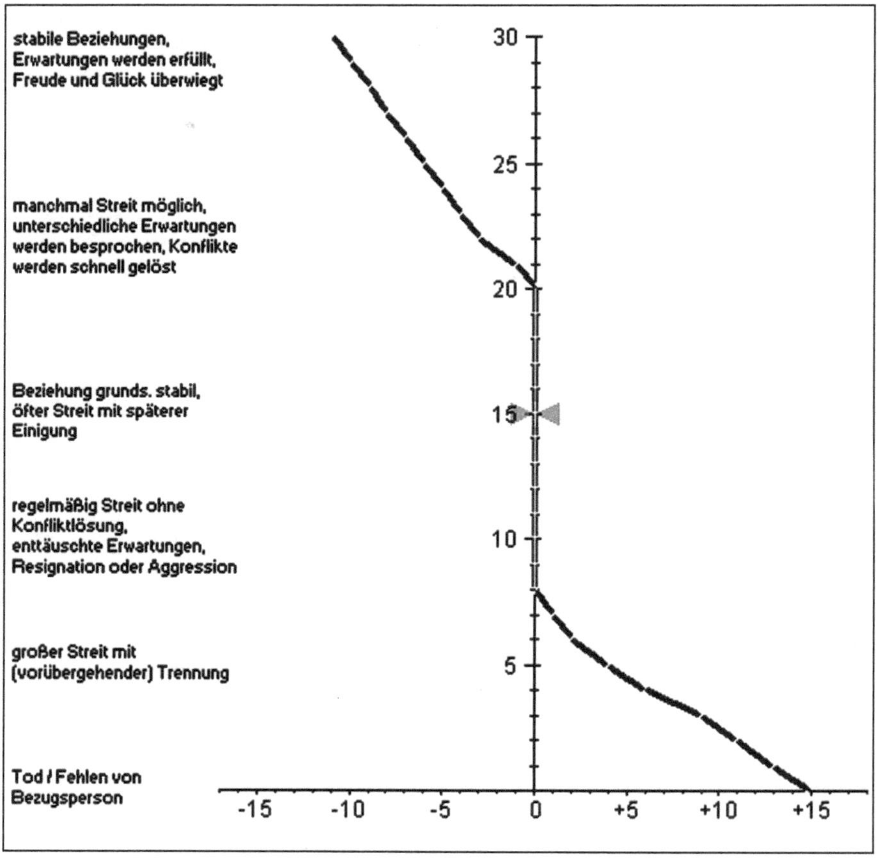

Soziales Umfeld [J] → Einfluss v. außen [A]

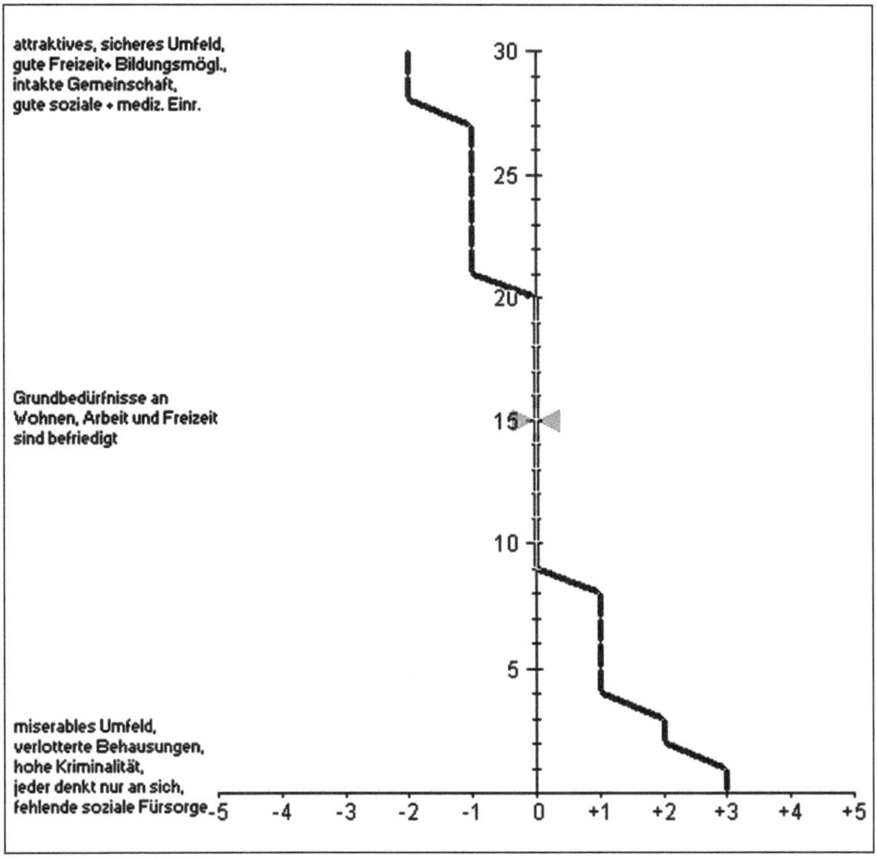

Soziales Umfeld [J] → Befinden [C]

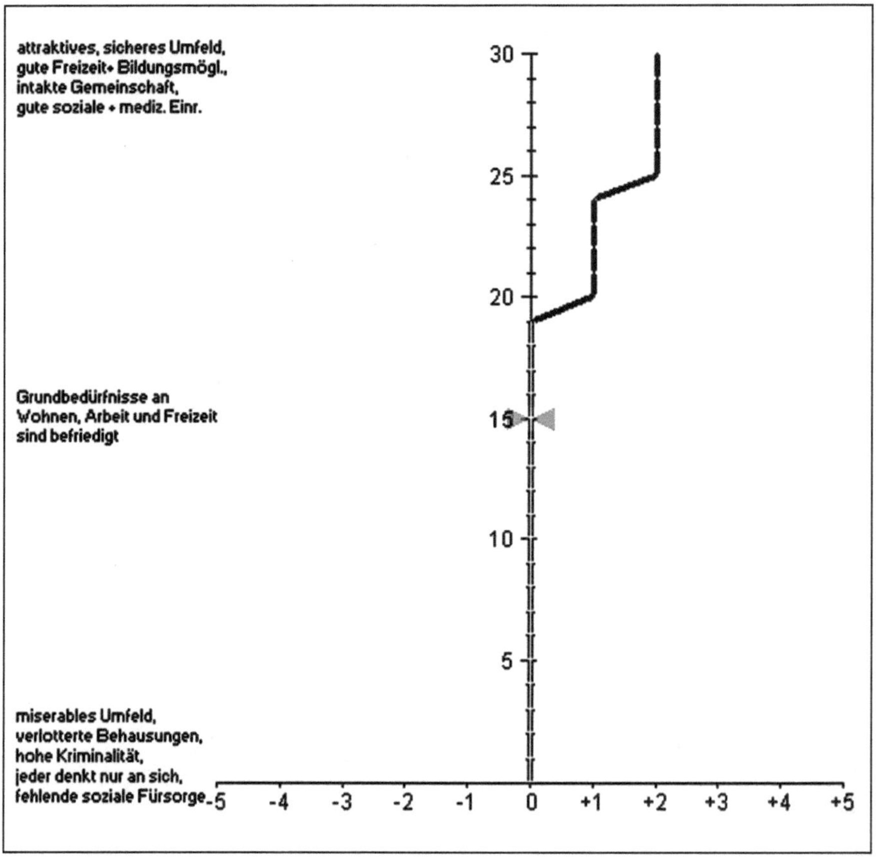

Soziales Umfeld [J] → Soz. Integration [K]

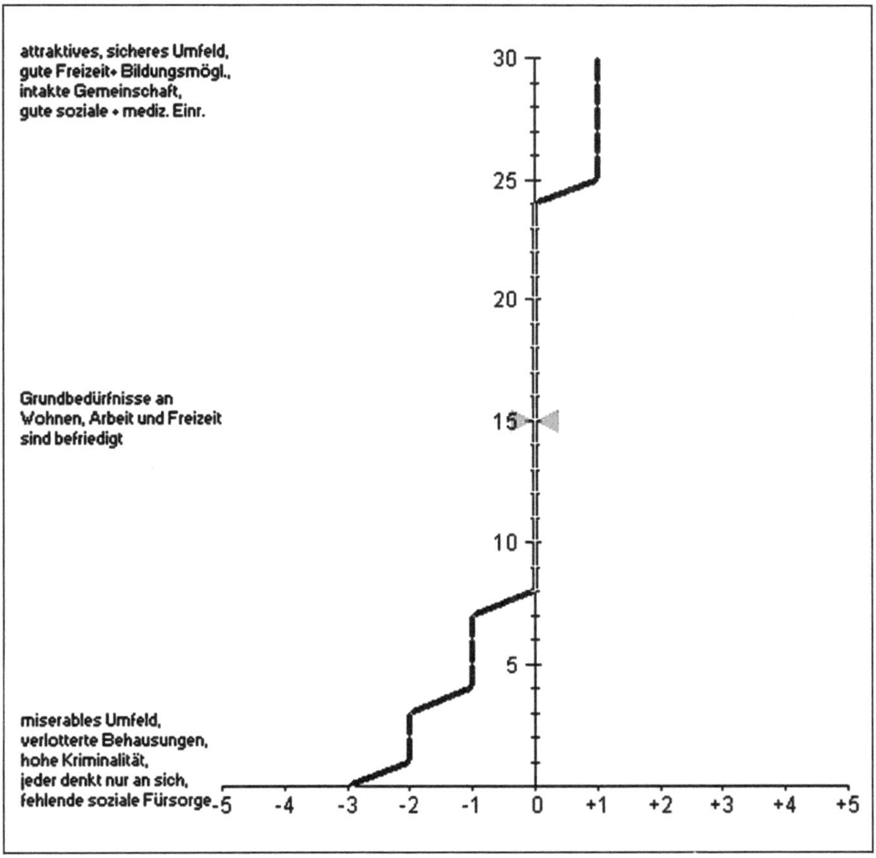

Soz. Integration [K] → Einfluss v. außen [A]

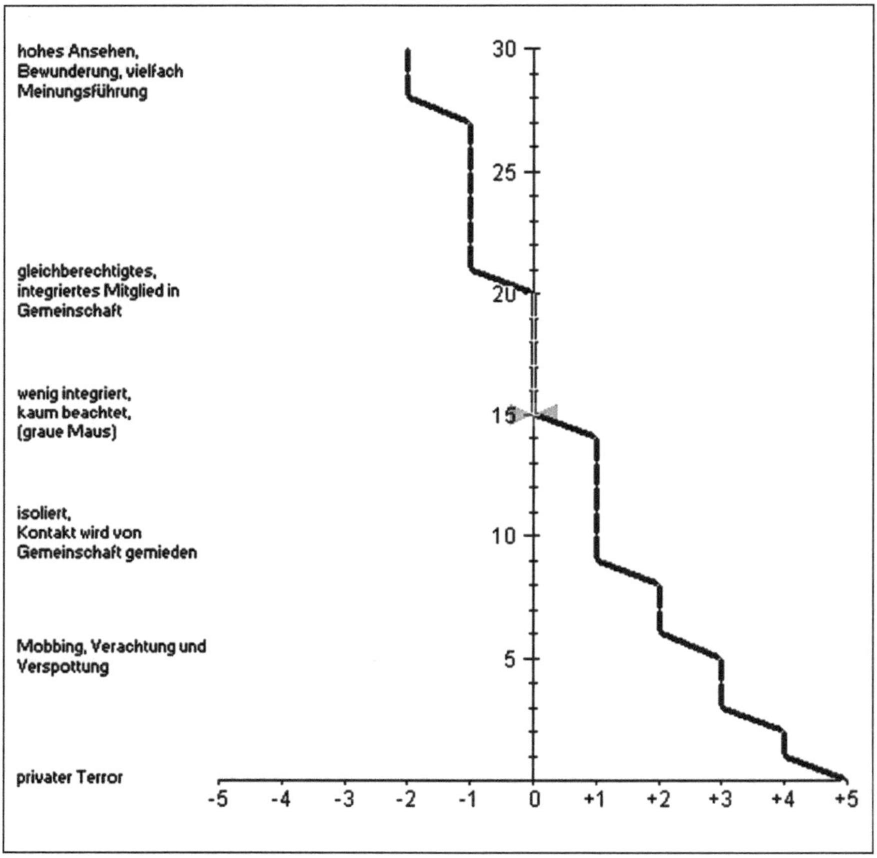

Soziale Integration [K] → Suizidrisiko [M]

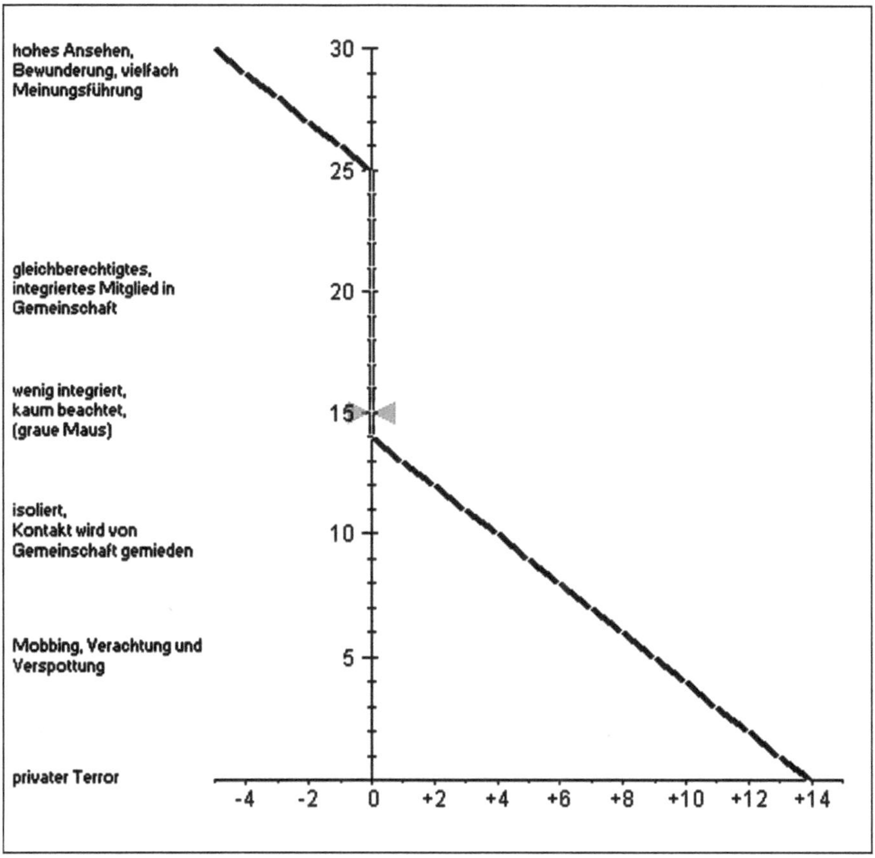

Ressourcen [L] → Materielles Verm. [G]

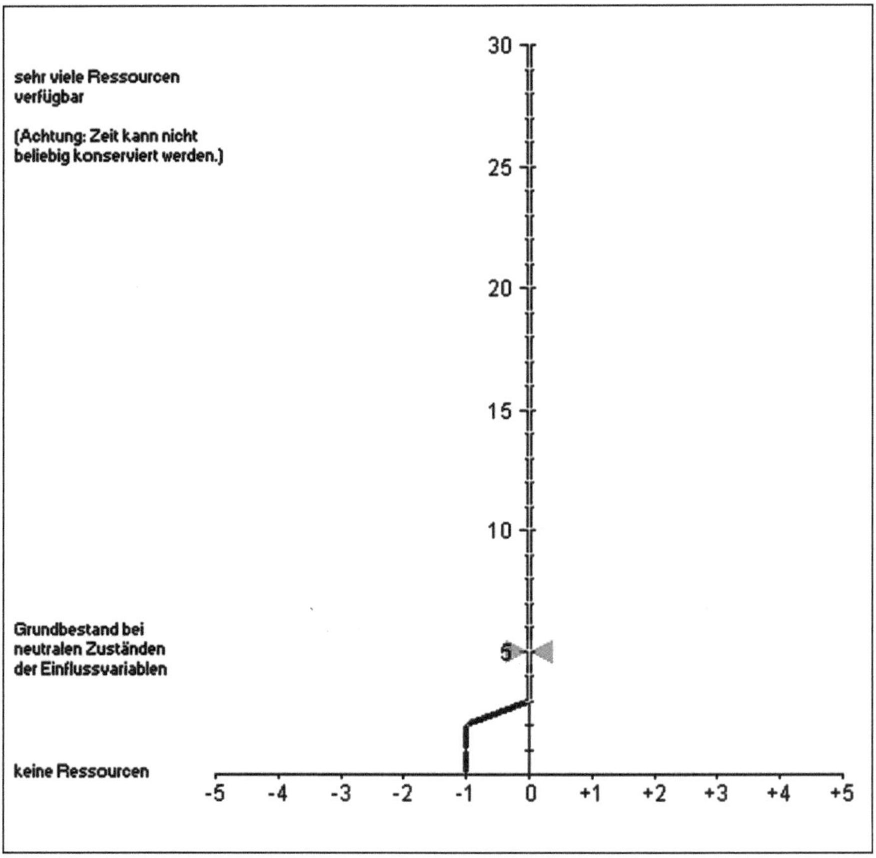

Ressourcen [L] → Ressourcen [L]

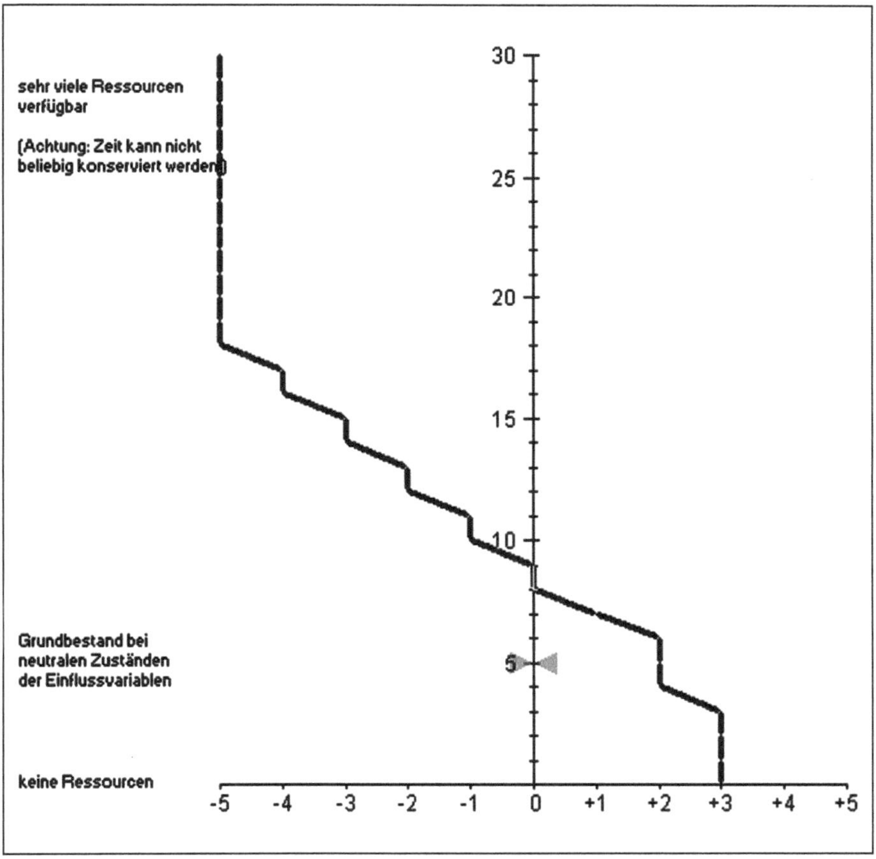

Danke

Ich bedanke mich sehr bei den Experten, die ein interdisziplinäres Projekt erst möglich machen, ganz besonders bei

- **Herrn Prof. Dr. Egbert Kahle** (Universität Lüneburg), der stets für ungewöhnliche Projekte offen ist und der meine Arbeit als Erstgutachter aus der wirtschafts- und sozialwissenschaftlichen Perspektive betreute,
- **Frau Prof. Dr. med. Ute Lockemann** (Universitätsklinikum Hamburg-Eppendorf), die mir als Zweitgutachterin mit messerscharfem Sachverstand und dem notwendigen Humor[113] die für mich neue medizinische Welt öffnete,
- **Herrn Prof. Dr. Bijan Adl-Amini** (Universität Kiel), der mir als Begründer der Krisenpädagogik Einblicke in die Psychologie der Thematik verschaffte,
- **Herrn Prof. Dr. Falko E. P. Wilms** (Fachhochschule Vorarlberg), der mich vor 15 Jahren in die „Kunst des Systemischen Denkens" einführte,
- **Frau Dipl.-Geologin Gabriele Harrer** und **Herrn Dr. Karl-Heinz Oeller** (Malik Management Zentrum St. Gallen), die mich als sehr erfahrene Anwender des *Sensitivitätsmodells Prof. Vester®* bei der Integration der verschiedenen Ansätze in ein Modell unterstützten,
- **Frau Dipl.-Psychologin Yasmin Sautter**, die mich als Paradebeispiel für einen erstklassigen systemischen Coach wichtige eigene Lebensstrategien entdecken ließ und
- **Herrn Dr. Martin Hohendorf** (Studiendirektor i. R.), der als einer der ersten in Deutschland Plan- und Simulationsspiele im schulischen Unterricht einsetzte und mir als Schwiegervater und „kluger Kopf" in allen Bereichen wertvolle Anregungen geben konnte.

Ich danke meiner Mutter, **Regina Oldenburg**, meiner Schwiegermutter, **Ingrid Hohendorf**, und **Manuela Wanuszka** ganz herzlich für das Aufzeigen meiner blinden Flecken durch aufmerksames Korrekturlesen und weitere gute Ideen und meinem Vater, **Ronald Oldenburg**, für die liebevolle und ausdauernde Kinderbetreuung (zusammen mit den anderen Großeltern).

Und ganz herzlich danke ich meiner Frau **Corinna** und meinen Söhnen **Fynn** und **Tom** für viele Episoden des Lebens, die in das Modell eingeflossen sind, und für die großartige Chance, die ihr mir durch eure geduldige Unterstützung im Alltag eröffnet habt. Ihr seid wunderbar!

---

[113] In einer vorigen Fassung hatte ich bei Suizidmethoden als einen Unterpunkt „Erhängen bzw. *Erwürgen*" aufgeführt. Darauf Frau Prof. Lockemann: „Da merkt man doch gleich, dass hier jemand am Werk war, der von Rechtsmedizin keine Ahnung hat. Denn es ist nicht möglich, sich mit eigener Muskelkraft selbst dauerhaft die Luft abzudrehen."

FSC
www.fsc.org
MIX
Papier | Fördert
gute Waldnutzung
FSC® C083411

Kolibri 360 GmbH
Ferdinand-Jühlke-Straße 7
99095 Erfurt, Deutschland
produktsicherheit@kolibri360.de